其实，绩效管理并不难

卢锐军 著

中国石化出版社
HTTP://WWW.SINOPEC-PRESS.COM

内容摘要

本书采用情景对话写法，以管理者的视角，从5大方面、34个场景、129个问题，对绩效管理难题进行释疑解惑，旨在帮助企业各级管理者提高对绩效管理理念的认识、掌握绩效管理的基本方法和工具、提升企业绩效管理水平。

本书作者是人力资源实战派专家，为众多知名企事业单位提供绩效管理培训和咨询服务。本书适合各级中高层管理者、人力资源从业人员学习和参考。

图书在版编目（CIP）数据

其实，绩效管理并不难 / 卢锐军著. — 北京：中国石化出版社，2020.11（2025.7 重印）

ISBN 978-7-5114-6039-4

Ⅰ. ①其… Ⅱ. ①卢… Ⅲ. ①企业绩效—企业管理—研究 Ⅳ. ①F272.5

中国版本图书馆 CIP 数据核字（2020）第 218811 号

中国石化出版社出版发行

地址：北京市东城区安定门外大街58号

邮编：100011 电话：（010）57512500

发行部电话：（010）57512575

http：//www. sinopec-press. com

E-mail：press@ sinopec. com

宝蕾元仁浩（天津）印刷有限公司印刷

全国各地新华书店经销

*

710 × 1000 毫米 16 开本 18.5 印张 231 千字

2020 年 12 月第 1 版 2025 年 7 月第 8 次印刷

定价：58.00 元

序　言

很多次，学员在课后问我："老师，您出书了吗？"

我说："正在写！"

这一写，写了10年。

2008年完成了第一个版本的80%，联系出版社准备要出版了，但是我对内容和结构都不满意，搁置了。2012年重写，这个版本又写了8年。终于跟大家见面啦！

我希望这本书与众不同，不仅仅给人力资源从业人员看，更希望给管理者看；我希望这本书让你读起来轻松点，所以不是用传统的章节结构，而采用了"情景剧"的方式；我希望这本书不要让你"浅尝辄止"，所以采用129个绩效管理问题让你"欲罢不能"！

十年磨一剑。这十余年的培训和咨询经验让我对绩效管理的理解更加深刻，这本书不仅仅是我个人在绩效管理方面的思考和总结，也是我的众多客户领导和学员的问题集结与智慧结晶！

- 绩效管理是被公认的世界性难题，又是一把双刃剑，许多企事业单位的管理者既爱它，又怕它。如何将现代绩效管理的理念与本单位实际相结合？

- 许多单位都不缺乏好的战略目标，却发现没有一套有效的战略实施系统，一方面领导在反复强调战略的重要性，另一方面员工却感觉这个战略目标与自己没有多大关系，如何通过绩效管理的工具将单位的战略目标落地？

- 很多部门经理本着一颗公正的心想给员工一个公平的考核结果，可最后还是发现很多员工认为考核结果不公平，从而影响工作的积极性，如何解决？

- 与员工进行绩效沟通是很多部门经理怕过的一关，许多人希望通过提高沟通技巧来解决这一问题，却发现效果不明显，问题出在哪？

• 许多单位开始推行强制分布考核制度，但却发现许多问题难以解决，如管理者打分尺度松紧不一该如何排序？同一部门不同岗位的员工如何排队？人数少的部门该如何找出末位？我部门的C比其他部门的A还好，怎么处理？

…… ……

上述问题不单是领导和人力资源经理们需要考虑的问题，在越来越重视绩效管理的企事业单位当中，许多中基层管理者也是为此伤透脑筋。本书就是从这样的问题出发，给出我的回答和建议，供读者参考。由于认识上的局限性，可能未必完全正确，欢迎大家批评指正！

感谢我的创业伙伴：杨松、邹艳萍、高岩、王芳，13年一路走来，风雨同行！

感谢在本书创作和编辑过程中提供帮助的许智艳、范媛媛、陈静苑等同事，让你们久等啦！

感谢我的客户和学员，大家对我课程的赞赏和期待是我出书的源动力！

感谢为本次书籍出版精心策划的中国石化出版社的王瑾瑜老师和制作团队，你们的热情和专业，让我信心倍增。

最后特别感谢我的夫人和两个小孩。因为我常年出差讲课和做项目，长期在外奔波，于家庭亏欠很多，你们是我最坚强的后盾！

卢锐军
2020年10月1日，深圳

故事说明

这是一本关于经理人学习绩效管理的旅程记录。

它讲述了一群业务和技术骨干在升任为部门经理之后，所面临的一系列管理角色与观念上的转变，特别是在绩效管理方面的种种困惑。让我们沿着书中人物的心路历程，在他们与绩效管理实战专家的对话中，去探寻在中国文化大背景下管理者应该如何有效推行团队绩效管理工作，去铸造属于自己的绩效之剑！

专家介绍

卢锐军：国内人力资源管理绝对实战派专家。现任深圳市力鼎管理顾问有限公司董事长、首席顾问；曾任中兴通讯薪酬部部长、招聘部部长。卢老师从事人力资源工作23年，担任众多知名企业、行政事业单位的人力资源管理顾问。他提出的人力资源天平理论和“和而不同”的中国式绩效管理思想在业界广受赞誉！

（以下企业和人物为作者虚构，如有重名，纯属巧合，敬请谅解！）

企业介绍

糖人通讯：国内知名的通信设备与解决方案提供商，国有企业，在海内外均设有分支机构。

人物介绍

王亚洲：糖人通讯副总经理，分管人力资源管理工作。在公司工作10年。

马清波：糖人通讯人力资源部经理。在公司工作6年。包容、善沟通。

李一飞：糖人通讯大客户部经理。在公司工作5年。活泼、有冲劲。

张晓菲：糖人通讯客户服务部经理。在公司工作6年。知性、爱学习。

陈文成：糖人通讯办公室主任。在公司工作7年。沉稳、文笔好。

刘安国：糖人通讯企管部经理。在公司工作7年。开放、逻辑强。

目 录

001 前 传

005 第 1 讲 重新认识绩效管理

1.1 绩效管理是给人力资源部门打工吗? 007

为什么说“企业管理=绩效管理”? 为什么投入考核成本可以降低公司总成本? 为什么不让人力资源专业人士来做绩效管理?

1.2 肥田与瘦地：该如何评估绩效? 012

运气是考核的一部分吗? 为什么说“绩效≠结果”? 为什么绩效考核要做除法? 为什么说没有最好的绩效管理，只有最适合的? 绩效目标可以调整吗?

1.3 秘书与打字员：是否高职级员工绩效就一定好? 021

秘书与打字员谁的绩效好? 秘书与打字员谁的薪酬高? 重要的岗位是否扣分概率高? 同一部门不同岗位怎么进行考核比较?

1.4 为什么考核排在末位都是新员工和请假员工? 030

哪些人是考核中容易受伤的群体? 什么是全员绩效管理?

1.5 中国式绩效管理的核心是什么? 034

为什么国外绩效管理方法不好落地? 考核会得罪员工吗? 中国式绩效管理的三大问题是什么? 中国式绩效管理的解决方案是什么?

043 第 2 讲 员工绩效管理怎么做?

2.1 绩效管理是一个系统工程 045

为什么绩效管理总是做不好? 人力资源3P天平模型 如何解决“岗能倒挂”现象? 天平模型中三个模块是什么关系?

2.2 一线部门员工该如何考核? 052

对于员工有一劳永逸的考核模型吗? 什么是目标考核模型? 什么是量化考核模型? 量化考核模型的缺点是什么?

2.3 职能部门员工怎么考核? 060

职能部门适合“积分抢蛋糕”模型吗? 什么是项目奖金模型? 员工考核结果怎么核算绩效工资? 员工考核结果差距不大怎么处理?

2.4 全员绩效管理的“1234”路径 067

一人一表 两个维度 三次沟通 四个环节

075 **第 3 讲 如何给员工制订一人一表?**

3.1 一人一表应该由谁来制订? 078

一人一表可以让HR来制订吗? 一人一表可以让员工本人来制订吗? 制订一人一表的“123”辅导流程 一部一册谁来制订?

3.2 一人一表用什么模型搭建? 084

一人一表适合用平衡计分卡来搭建吗? 一人一表为什么推荐用KGB模型? 除了业务类KPI,为什么还要引入职责KPI? 为什么要引入GS考核? 行为指标KBI考哪些内容? 什么是NNI?

3.3 一人一表的制订原则是什么? 095

不能量化的内容怎么考核? 什么是具象化考核? 为什么要经常化考核?

3.4 如何将公司指标分解到部门? 101

KGB模型适合对部门考核吗? 怎样通过战略解码来分解公司指标? 指标太多了,怎么筛选?

3.5 如何将部门指标分解到个人? 107

如何用“脑图”工具来分解部门指标? 如何用“脑图”工具将岗位级KPI关联到员工? 如何将员工的“指标脑图”转换成一人一表?

3.6 业务类KPI如何设定目标值? 112

为什么业务类KPI设定目标值很难? 业务类KPI设定目标的预算法和增长法 如何让员工主动申报目标? 如何将年度目标分解到月度? 用红绿灯方法设定业务类KPI目标值

3.7 业务类KPI如何设定强弱不同的计分规则? 120

业务类KPI计分适合封顶和保底吗? 业务类KPI如何避免得分钝化

的问题？　业务类KPI为什么要设计强/弱相关计分规则？　什么情况使用弱相关计分规则？　职能部门如果挂靠业务类KPI该怎么计分？

3.8　如何提炼职责类KPI？　128

岗位说明书能代替一人一表吗？　如何从岗位说明书提炼职责类KPI？　如何制订职责类KPI？

3.9　红绿灯考核如何操作？　133

什么是红绿灯考核？　红绿灯考核的句式规范是怎样的？　什么是红绿灯考核的九灯原理？　红绿灯指标谁来考核？　红绿灯考核加减分的度怎么把握？

3.10　滚动GS考核怎么操作？　145

GS和职责类KPI有什么不同？　为什么引入滚动GS考核？　怎样将GS任务滚动起来？　有支持滚动GS的考核信息系统吗？　滚动GS怎么验收？　滚动GS考核的主动创新系数怎么用？

3.11　GS任务做多错多怎么办？　160

GS任务和临时性额外任务有什么区别？　GS考核是否会导致做多错多？　GS可以采取工单加分吗？　当月没有GS任务该怎么计分？

3.12　行为指标KBI如何设定？　170

为什么要引入关键行为KBI考核？　谁来设计KBI？　KBI怎么考核？

175　**第4讲　如何做年度考核？**

4.1　年度考核与平时考核是什么关系？　177

做了平时考核，还有必要做年度考核吗？　年度考核和平时考核怎么衔接？

4.2　年度考核中业绩维度和非业绩维度该如何组合？　181

线性组合方式　平面组合方式

4.3　非业绩维度（KCI）该如何考核？　187

素质能力指标太抽象了，该怎么考核？　KCI怎么做匹配法考核？　KCI的行为量表怎么设计？

4.4　360度评价方法的优缺点是什么？　192

360度考核办法的吐槽　360度考核的意义和适用场景　360度考核的权重怎么配置？　360度考核过程要注意什么？　360度结果除了考核，还有别的用途吗？

4.5 强制分布法的利弊有哪些? 199

强制分布考核一起踩过的“坑” 强制分布法的起源与适用条件 强制分布法千万不要将“末位”妖魔化了!

4.6 强制分布法的常见问题解答 206

我部门的C比其他部门的A还好?! 人数少的部门怎么做强制分布? 不同管理者打出的分数能否在一起排队? 管理者打分尺度松紧不一该怎么强制排名? 部门副职怎么做强制分布排名? 中国企业适合搞末位淘汰吗?

4.7 年度考核结果可以应用在哪些方面? 228

年度考核结果如何与“里子”挂钩? 年度考核结果如何与“面子”挂钩? 年度考核结果如何与“位子”挂钩?

233 第5讲 **如何做三次沟通?**

5.1 绩效管理需要沟通、沟通、再沟通! 235

管理的要义在于沟通 正式沟通和非正式沟通 哪三次沟通?

5.2 绩效目标如何进行沟通? 241

绩效目标制订的双向沟通三步法 为什么让员工参与目标制订? 怎样管控好目标对话的分歧? 目标对话时如何面对老找借口的员工?

5.3 绩效辅导如何进行沟通? 250

为什么要做绩效辅导? 绩效辅导常见误区 不同类型员工怎么做绩效辅导? 绩效辅导的最佳模型:情境领导

5.4 绩效结果如何进行沟通? 260

绩效结果反馈流程 绩效结果反馈要做好哪些准备? 开始正式面谈 如果员工对考核结果不认同怎么办?

5.5 如何进行绩效发展面谈(PDI)? 272

什么是绩效发展面谈(PDI)? PDI流程:GROW模型 个人职业发展规划(IDP)

5.6 员工考核申诉怎么处理? 278

可以赋予员工考核结果申诉的权利吗? 考核申诉流程怎么设计? 考核申诉率可以与管理者的考核挂钩吗?

282 后 记

前　传

故事导入

绩效管理，是让管理者既爱又恨的一种管理方法和工具。

为了转变各部门经理对绩效管理“不愿、不敢、不会”的“绩效三不”问题，提升管理者的绩效管理认识和操作水平，糖人通讯决定引入外部资源，邀请了业内知名的人力资源实战派专家卢锐军老师，作为第三方专家顾问，通过现场与远程沟通方式，对各部门的管理者进行绩效管理的辅导。

这是一个阳光明媚的周一上午，卢老师受邀来到了糖人通讯。人力资源部经理马清波带着卢老师，来到糖人通讯副总经理王亚洲的办公室里，展开了这样一场对话。

王亚洲：卢老师，上个月我和马经理在北京听了您的《中国式绩效管理》现场公开课，课程内容非常实用！真的是给我们这些管理者带来一场及时雨呀！

卢老师：感谢王总赞誉！我们顾问公司十余年来一直致力于人力资源和绩效管理方法的落地，尤其是如何将绩效管理思想与中国文化背景进行融合，希望能够为企业的管理者提供一些参考和帮助，这是我们的荣幸，也是我们的使命所在！

王亚洲：听了您的课让我受益匪浅。实际上，不仅仅是我们企业高管和人力资源管理者要学习绩效管理最新理念和操作方法。各部门的经理，更应该学习绩效管理，他们需要走出对绩效管理的认识误区。

马清波

确实如此！我们公司还有一些部门的经理觉得做绩效管理是给我们人力资源部门打工，觉得我们人力资源部门没事在找事！真是无语啦！

卢老师

听王总和马经理这样一说，贵企业在绩效管理方面应该有不少故事，具体情况是怎样的呢？

王亚洲

我们现在一些部门的经理，尤其是刚刚提拔的一批业务和技术骨干，业务和技术能力很突出，但是在团队人员管理，尤其是绩效管理方面，存在一些认识不足和方法欠缺的问题，公司高层领导很忧虑，我们人力资源部门也感觉责任重大！

卢老师

您说的这一点是很普遍的现象，很多快速成长的企业都面临同样的问题。我们认为：绩效管理不仅仅是公司领导和人力资源部门的事情，更是所有直线经理和全体员工的事情。但是如何让直线经理们认同并接受这一理念，确实需要下一番功夫！

王亚洲

您的观点正是我们希望做的！上次听了您的课后，我们有这样一个计划，公司领导层也很支持。卢老师，我们是否有这个荣幸，邀请您作为我们公司的绩效管理外聘顾问，以定期或不定期的方式，对我们的管理人员进行绩效能力的提升辅导呢？

卢老师

谢谢你们的信任！我也很愿意与大家进行交流探讨，教学相长嘛。那我就恭敬不如从命喽！

王亚洲

那可太好了！择日不如撞日，知道您也很忙，那现在就给您介绍一位年轻干部认识下，他可比较有代表性，也很有想法。马经理，你去叫一下门口的李一飞进来，他正好在门外有一个事情要找我。（很快，李一飞出现在了王总办公室，一个年轻有活力的部门经理。）卢老师，这就是我们一位刚提拔的大客户部经理李一飞，你们认识一下哈。

李一飞

卢老师您好！我叫李一飞，请您多多指教！

王亚洲

小李啊，卢老师是我们公司聘请的绩效管理顾问，业界知名绩效管理专家。以后在绩效管理方面有什么疑难和困惑，要多向卢老师请教啊！

李一飞

王总，您放心，我一定会的！我刚接触团队管理工作，最近碰到了一堆管理问题，正焦头烂额呢，正好可以向专家请教。以后要叨扰卢老师了！

卢老师

没问题，李经理！我们多交流！

王亚洲

卢老师，今天正式聘请您为我公司的绩效管理顾问！待会儿让人力资源部马经理准备一份合作协议。来，我们以茶代酒，预祝合作愉快！

卢老师

承蒙信任，合作愉快！

第 1 讲

重新认识绩效管理

1.1 绩效管理是给人力资源部门打工吗?

为什么说"企业管理=绩效管理"? 为什么投入考核成本可以降低公司总成本? 为什么不让人力资源专业人士来做绩效管理?

1.2 肥田与瘦地：该如何评估绩效?

运气是考核的一部分吗? 为什么说"绩效≠结果"? 为什么绩效考核要做除法? 为什么说没有最好的绩效管理，只有最适合的? 绩效目标可以调整吗?

1.3 秘书与打字员：是否高职级员工绩效就一定好?

秘书与打字员谁的绩效好? 秘书与打字员谁的薪酬高? 重要的岗位是否扣分概率高? 同一部门不同岗位怎么进行考核比较?

1.4 为什么考核排在末位都是新员工和请假员工?

哪些人是考核中容易受伤的群体? 什么是全员绩效管理?

1.5 中国式绩效管理的核心是什么?

为什么国外绩效管理方法不好落地? 考核会得罪员工吗? 中国式绩效管理的三大问题是什么? 中国式绩效管理的解决方案是什么?

1.1 绩效管理是给人力资源部门打工吗？

故事导入

一周之后……

到了季度初，各部门都在忙着做上季度考核，人力资源部穿梭于各部门之间，催促、收集表格、算数据，忙得不亦乐乎；各部门经理也是忙坏了。

当然，这其中最忙的当属公司大客户部的经理李一飞了。李一飞刚刚走马上任，工作上还没有完全理出头绪，现在又加上要做上季度绩效考核的工作，更是焦头烂额。于是，李一飞拨通了绩效顾问卢老师的电话。

为什么说“企业管理=绩效管理”？

李一飞：卢老师，您来评评理，这绩效管理到底是谁的事啊？我们业务部门，整天忙着客户的事情都忙不过来！那边客户催着要我们抓紧项目进度，这边公司财务部一天一个催应收账款的通知，今天人力资源部又催着要我们给员工考核的打分表，还得给员工一个一个评价。这个绩效管理，根本就是在给人力资源部打工嘛！

卢老师：你这个观点，我听很多直线经理讲过，可以说非常普遍！

李一飞：是啊，我觉得业务部门经理肩上背负着上级安排的各种任务和指标，我们每天要想如何去分解指标、帮助和推进员工顺利完成，这才是我们的工作重点所在啊！

你说的工作重点不也是绩效管理工作关注的重点吗？分解指标就是要设定绩效目标，帮助和推进员工完成指标是绩效辅导，现在要做的就是绩效考核，还有平时与员工的业务沟通也属于绩效沟通的范畴，所以你每月在忙业务不也是在忙绩效管理吗？ 卢老师

李一飞 这样说起来还真是这么回事！

很多优秀企业都有这么一个共识：企业管理＝绩效管理。企业存在的目的是什么？不就是为了业绩？所有围绕业绩展开的经营活动既是企业管理的范畴，也是绩效管理的范畴。同样的，一个部门主管，起着承上启下的作用：上面有公司指标和任务的压力，下面有帮助员工发展和成长的需求，这中间就需要绩效管理这样的抓手！ 卢老师

李一飞 这么说来，团队管理与绩效管理目的是一致的喽！

是的，绩效管理可不是给人力资源部打工，而是给你自己打工！绩效管理工作到位了，团队管理自然也水到渠成啦！ 卢老师

为什么投入考核成本可以降低公司总成本？

李一飞 这个道理我倒是明白。可是每个月花在绩效管理上的时间好像太多啦？这样的考核成本是否太高啦？

一方面需要对现在的考核指标和流程进行简化和优化，这也是贵公司聘请我担任绩效管理顾问的目的所在。另一方面，考核成本还是需要必要的支出，投入这块成本最终是为了降低公司的总成本！ 卢老师

李一飞 这个说法有点意思！怎么理解呢？

很多管理人员要承担组织下达的目标任务，尤其是你们这样的销售团队负责人。可问题是我们很多管理者有目标任务，自己冲向了最前线， 卢老师

团队员工却没有被有效带动起来，有的员工在等待指令，有的员工在瞎忙，有的员工无所事事还无事生非、指点江山！领导在干员工该干的事，员工老想着领导该干的问题！这不是错位了吗？

李一飞

卢老师总结得很形象，现实中还真是这样的。绩效管理可以改善这样的局面？

卢老师

是的。绩效管理的作用有16个字：传递压力、激发活力、培育文化、共同成长！最终在团队内部实现“不用扬鞭自奋蹄”！通过绩效管理达到“人人有指标、压力一起背、责任一起担”。好的绩效管理应该让团队每一个人都清楚目标是什么，资源在哪里，我们的工作路径是什么。同时绩效管理也应该帮助员工识别能力短板、提升个人能力，实现员工和组织的共同成长！

李一飞

这样看来，我们绩效管理工作还有很大的改进提升空间呀！

卢老师

是的。绩效管理是需要组织和各级管理者投入很多时间和精力去做的事情。这个过程确实会占用管理者不少时间，但是这个管理成本值得去投入，最终会节省组织的总成本！

为什么不让人力资源专业人士来做绩效管理？

李一飞

这个分析很有道理。但我还有一个问题，我们毕竟是业务部门的主管，也不是学人力资源的科班出身，如果让人力资源部来做绩效管理，他们不是更专业吗？

卢老师

我以前在企业任职时，我的老板曾提出过一个观点：直线经理的第一角色是人力资源经理。很多企业家也都有一个共识：一个好的CEO首先应该是一个好的人力资源管理者。所以管理者的第一要务其实是人的管理。考核有一条基本原则：谁在现场让谁考核！离现场最近的人才是考核最准确的人！人力资源部作为方法论专家，可以提供绩效管理的培训和工具，但具体操作绩效管理的还得是各级管理者，因为你们才是内容专家！所以直线经理必须要承担起员工绩效管理的责任。

李一飞

这点我承认。像我们这些管理者，很多都是从技术或业务高手提拔上来的。单打独斗还行，但是对于如何管人、如何带团队，包括如何考核员工，还真是摸着石头过河。

卢老师

没错！很多管理者的成长都需要经历这样一个痛苦的过程。企业也必须度过这样一个阵痛期。尤其像贵公司这样快速成长的知识型企业，这种问题一般还非常突出。从我们的研究来看，这种转型的过程是企业和管理者都必须付出的代价，这一过程本身无法跨越，但是如果方法得当，是可以缩短周期的。这次贵公司聘请我担任绩效管理顾问，目的也就是借用我们外脑的专业经验来帮助企业内部管理者快速提升绩效管理的能力！

李一飞

确实太有必要了。以前对绩效管理的认识还真有所偏颇。今天卢老师一番话，对我很有启发。既然绩效管理是我的份内工作，我还真得好好研究这事。以前在绩效管理方面的困惑还真不少，不知什么时候可以专门向卢老师当面请教？

卢老师

我们很快就可以见面了。你们人力资源部已经约了我7月25日到贵公司做一个绩效辅导会，专门针对管理者进行绩效管理问题的答疑、解惑。届时记得过来呦！

李一飞

太好了，难得的机会，必须的。到时候我要好好准备一下问题，专门向老师请教。今天占用您不少时间，不再打扰您了，非常感谢！

卢老师

不客气，下次见！

（本次远程辅导结束……）

【读书笔记】

- 直线经理的第一角色是人力资源经理。一个好的CEO就是一个好的人力资源管理者!
- 绩效管理不仅仅是领导和人力资源部门的事情，更是所有直线经理和全体员工的事情。
- 企业管理问题，归根结底是绩效管理问题。
- 绩效管理就是要在团队内树立“不用扬鞭自奋蹄”的文化。
- 绩效管理的16字意义：传递压力、激发活力、培育文化、共同成长!
- 谁在现场让谁考核！离现场最近的人才是考核最准确的人!
- 绩效管理成本的投入最终可以降低公司更大的成本支出。
- 全员绩效管理：人人有指标、压力一起背、责任一起担!

1.2 肥田与瘦地：该如何评估绩效？

故事导入

7月25日上午，卢老师应约来到糖人通讯，进行第一场绩效辅导会……

公司分管人力资源业务的副总经理王亚洲特别召集了几个典型部门的经理来参加这次辅导会，包括大客户部、产品研发部、办公室、生产部和客户服务部等部门。大客户部经理李一飞最积极，第一个来到了辅导会现场。

人力资源部经理马清波主持了辅导会的开场。

马清波：欢迎各位同事参加本次绩效辅导会。这项活动是我们公司今年一项重点工作任务，旨在提升各级经理人员的绩效管理能力。今天是第一场辅导会，特别邀请到了业界知名的绩效管理专家卢锐军老师来给大家做辅导。在卢老师开始辅导前，我们请公司王亚洲副总经理给大家讲话，大家掌声欢迎！

王亚洲：卢老师好！各位同事好！首先特别欢迎卢老师莅临公司，为各位经理们做绩效辅导。我们公司经过十余年的发展，尤其是这几年快速的发展，到了一个突破期。随着外部市场竞争加剧、内部管理的精细化程度的提升，公司管理层一致认为有必要提升公司全面绩效管理水平，而其中最关键的是如何提高各级管理者对绩效管理的认识水平和执行能力。所以我们安排了一系列的绩效辅导培训会，希望在外部专家的辅导下，一方面解决我们企业的实际问题，另一方面提升各位管理者在绩效管理方面的能力。希望大家积极参与，多向专家请教，学以致用！下面大家掌声欢迎卢老师给大家做辅导！

卢老师

谢谢王总、谢谢大家！很荣幸担任贵公司的绩效管理顾问。希望大家畅所欲言，将你们在绩效管理方面的问题和困惑和盘托出，我也必将知无不言、言无不尽！

马清波

谢谢卢老师的坦诚！那我们就直奔主题。看哪一位经理先抛砖引玉，提出你的问题！

运气是考核的一部分吗？

李一飞

好的，那我第一个来吧。之前与卢老师通过一次电话，受益匪浅。正好我这里有一个考核方面的困惑。最近我们部门在搞季度考核，我需要给团队的员工进行考核打分。其中，有两位员工的绩效考核问题，让我百思不得其解，很是纠结啊。

卢老师

噢？那你说说，到底是怎么回事儿呢？

李一飞

我们部门有两个行业客户经理：小张属于大喇喇、吊儿郎当的那种人，平时工作表现一般，上个季度他运气好，碰巧他手上有一个大客户的领导认识我们公司领导。我们公司领导亲自出马，我也跑了好几趟，搞定一个大项目，成了一个大单，同事们都很羡慕小张；而另一个员工小王，是大家公认的踏实勤恳的人，每天来得最早，走得最晚，没事就往客户那儿走，可上个季度成交项目不多。我都不知该如何考核这两个人？按产出，应该是小张，可毕竟不全是他的功劳；按付出，小王可比小张付出多得多，该怎么评价呢？

卢老师

嗯，李经理的问题还是很普遍的。市场是千变万化的，考核中我们经常会遇到这样的特殊情况，在解答你的问题之前，我先给大家分享一个案例，请大家看下投影。

如何评估绩效？

甲和乙是一个生产纯净水的公司分别派往A、B两个县的业务员，这两县的市民收入和经济规模相差无几。一年夏天，A县洪水泛滥，一批居民房屋被淹，供水系统瘫痪，对纯净水需求突增，甲业务员不需东奔西跑，也不用促销、打广告，只要组织供货，万事大吉。而B县整个夏季阴雨连绵，气温不高，纯净水的销售势头不旺。乙业务员使出浑身解数，也收效甚微。

如果你是经理，如何评判两个业务员的绩效？

李一飞：咦，这个案例好像和我们部门的情况很像啊！

卢老师：那你觉得甲和乙谁的绩效好？

李一飞：嗯，按结果来说，确实是甲的业绩好；但是，乙确实也付出了很多的努力啊！这也是我现在最困惑的。

卢老师：其实，这是一个让我们认识绩效管理非常好的案例！我在给一些企业讲绩效管理课程时引用了此案例。学员中的大部分是企业的管理层和直线经理，也有少部分是人力资源专业人员，大家的回答很有趋同性：

- 观点一：70%学员会认为甲业务员绩效好

  理由1：绩效应该看结果，既然甲业务员卖的纯净水多，给企业带来的价值高，就应该认定甲业务员绩效好；

  理由2：绩效规则事先已经定好了，应该强调规则的严肃性，不能朝令夕改。否则谁都可以找出各种理由来修改规则，那也不成其为规则了。

- 观点二：10%学员认为乙业务员绩效好

  理由：绩效管理的目的是为了激励人。而本案例甲业务员卖的纯净水多并不是因为甲的能力强，而更多是运气好；乙业务员虽然市场环境不好，但没有放弃，反而非常努力，这种积极敬业的态度和行为更值得提倡。所以乙的绩效好。

• 观点三：20% 学员认为无法比较这两个业务员的绩效

理由：甲、乙两个业务员都有可取之处，不可偏颇，最关键是看组织导向和事先的标准是什么。

李一飞

那这么说，我和绝大多数的人看法一样喽！

卢老师

实际上对绩效的评判是很复杂的一件事情。在大家普遍的认知中，大部分人会认为甲业务员绩效好，很重要的原因是将绩效和最后的结果完全等同起来。

为什么说“绩效≠结果”？

李一飞

难道绩效不就是主要看结果吗？您能再深入解读下吗？

卢老师

首先需要弄清楚，究竟什么是绩效？类似本案例的问题，我们建议做两道算术题：先做加法，再做除法！

李一飞

好像很有趣！那怎么做“加法”？又怎么做“除法”呢？

卢老师

首先必须明确的是，绩效不等于结果，绩效更不等于卖了多少箱纯净水！绩效不仅看结果，还要看这个结果取得的过程中资源占用情况和员工努力付出的情况。所以绩效是结果与行为的综合。因此绩效要先做加法：绩效表现＝结果＋行为！

李一飞

嗯，我个人还是比较认同这种提法。就像我们部门的情况：有些员工因为偶发因素或组织资源的原因导致当期结果不错，可未必完全是他的贡献；而一些资源条件未必好，却兢兢业业、努力付出的员工应该是要鼓励和肯定的。

卢老师

你说得非常对！今天我们大部分组织因为资源禀赋、历史原因都会存在“肥田”和“瘦地”的情况，如果单纯以结果论英雄，那么谁都想去“肥田”，谁还愿意去“瘦地”？“肥田”产单多容易呀！“肥田”之所以成为“肥田”，那也是组织资源投入的结果，也是很多前人共同努力的结果，本来就有先天的优势，所以在“肥田”者本应做出“肥田”应有的贡献！如果坐吃山空、不努力扩大战果，这种表现组织是不能提倡的。反过来“瘦地”因为资源条件不好，更应该鼓励员工创造条件、迎难而上，从而做出“瘦地”应有的价值。所以绩效表现将结果表现和行为表现综合起来，既符合组织导向，对员工也更公平。

李一飞

非常有道理！可这个案例中似乎A、B两个县的情况差不多，不像“肥田”和“瘦地”差别那么大，且都出现了特殊情况，又该如何评价甲乙两个业务员的绩效？我猜想是否跟做“除法”有关呢？

为什么绩效考核要做除法？

卢老师

是的，对绩效评价而言，不仅要做加法，更要做“除法”。除法的分子是绩效表现，即刚做完加法的结论；除法的分母是绩效目标，结论就是绩效结果。用公式表示：

$$绩效=\frac{表现}{目标}$$

绩效目标在这里面很重要，它与以下三个因素有关：一是组织的战略；二是长期和短期绩效问题；三是目标的调整问题。（卢老师随手在白板画出了下图。）

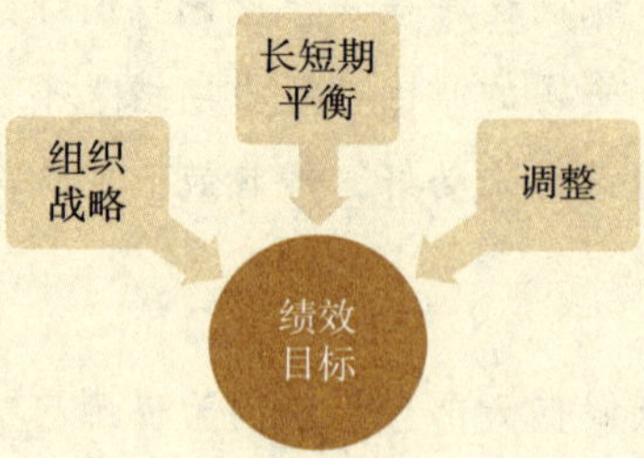

为什么说没有最好的绩效管理，只有最适合的？

卢老师

首先，我们先来看看组织战略对目标的影响。我们都知道，任何组织的绩效目标都必须体现组织当前的战略。一个组织在不同的发展阶段，战略肯定有所不同，其绩效目标也会有差异。我们经常讲一个观点：没有好的绩效管理，只有最适合的绩效管理！这个适合就是绩效管理必须与战略相匹配。

李一飞

有道理，能否结合本案例展开说明一下？

卢老师

拿本案例来说吧。如果这家纯净水公司是一个刚组建的公司，活下来是第一位的诉求，其战略一定是"生存战略"。这时候甲和乙的绩效谁好？估计大家都没有争议，肯定是甲。因为企业要活下来，得将产品卖出去，有现金回来。这时候的考核往往是"成者王、败者寇"，考核只看结果，管理者和员工也都认可，没有争议。但如果这家纯净水公司已经有些年头了，生存已经不是问题，"发展战略"是其当前核心诉求，恐怕"甲和乙谁的绩效好"就两说了。

李一飞

不会吧！毕竟甲卖的纯净水比乙多很多，对组织贡献大呀！？

卢老师

我们换个角度来看一下这个问题。纯净水这个行业如同你们的行业一样，是一个竞争行业，一个县里面不会只有一个纯净水品牌。市场环境的变化对大家机会均等，甲业务员因为市场环境变好了，在A县是卖了很多箱纯净水，可是如果他的竞争对手比他卖得更多，请问你作为管理者会高兴吗？反过来，乙业务员虽然在B县市场环境不好，但人家挺努力，没有放弃，甚至动用各种方法，力争比对手卖得多，你作为管理者是否该表扬他呢？

李一飞

我明白了！怪不得有一年市场环境好的时候我们公司市场业务做得不错，公司总经理还批评我们"贻误战机"，因为我们最大的竞争对手扩大了他们的市场份额。公司还专门作出了"不唯指标唯市场"的指示，为此我们市场部的考核体系还专门增加了“市场占有率”的指标。原来都是有原因的。

卢老师

没错！企业在发展，战略诉求在发生变化，考核指标体系肯定要跟着调整。初创期的企业指标不宜太多，不能分散注意力，以结果导向没有大错；但发展中的企业，需要均衡发展，除了绝对结果指标外，也需要考虑市场占有率、市场增量、战略产品和战略市场等指标。

李一飞

还真是这样的！我们公司现在的指标比以前也多了，而且每年都有一些新的调整。看来绩效指标设定其实是一种战略选择！那您写的第二因素“长短期平衡”怎么理解？

卢老师

有追求的企业都希望做到可持续性发展，这时候指标体系也不能太短视。比如这个案例中，如果甲业务员只是组织供货，别的事都不管，而觉得“万事大吉”，恐怕是有问题的。因为市场环境是瞬息万变的，今年好，不代表明年好；这个月好，不代表下个月好。纯净水这个行业属于快销品行业，除了组织供货，渠道建设、品牌宣传等环节都很重要，这决定了你持续取得业绩的能力。反过来说，如果乙业务员在B县近期销售不理想，如果他能保住甚至提升其市场占有率，同时，在“光景”不好的时候，做好市场准备动作，那就为下个月、下个季度、甚至下一年的市场打下了良好的基础。乙那年夏天的纯净水销售量肯定不如甲，但两个季度一算，全年一算，没准乙的销售量还超过了甲。你又该如何评判乙业务员那年夏天所做的市场准备动作呢？

李一飞

我很认同您的观点。像我们这样的大客户销售部门，产品销售周期很长，不是买卖产品那么简单，前期需要做很多铺垫，后期需要有长期的客户服务流程，才能带来持续的需求。所以我们的考核体系不仅考你“现在”卖多少，还得考你“未来”能卖多少，长短期也得平衡。这个因素我是理解了，可第三个影响因素“目标调整”问题怎么讲？年初目标已经定好，按道理不能随便调整目标，否则规则就没有严肃性可言了！

绩效目标可以调整吗？

卢老师

是的。目标是不能“随便”调整，但不是不能“调整”，不过有“铁”的纪律和“钢”的原则。因为今天组织的目标大多属于预算目标的范畴。什么是“预算目标”，简单地说，就是对组织内外环境的假设目标。如果事先假设的内外环境发生了剧烈变化，那预算目标存在的基础就没有了，一般都要进行目标调整。所以很多组织每季度或半年都有对目标进行修正的机制。像本案例中出现的发洪水、大地震等不可抗力是事先无法预知的，一般会有目标调整的机制，或者对特殊情况剔除处理。

李一飞

这个案例我当时就在思考，除了调目标的选项外，是否有更有效的“调资源”做法？我要是这家纯净水公司的领导，我直接将乙业务员调到A县和甲业务员一起卖。多好的市场机会在A县出现了！市场机会是稍纵即逝的。乙业务员调不动，我就调二线员工过去！

卢老师

小李的市场感觉很好啊！不愧是市场部的经理。我们有一句话，不调目标调手段，调动一切资源去应对市场环境的变化，才是高招！我们总结一下这个案例，看对大家是否有启发。如何评价甲和乙两个业务员的绩效？做两道算术题：先做加法，再做除法。先将两人的结果和行为分别相加，得到两人的绩效表现，这个作为分子。然后将绩效表现除以两人的目标。如果甲的得分高，甲的绩效排在前；如果乙的得分高，乙的绩效排在前。

李一飞

听您这么一讲解，我感觉目标的设定很重要，需要考虑的因素也很多，比如：目标首先要考虑组织所处环境和发展阶段；目标既要考虑结果与过程的平衡，还要考虑绝对结果与相对结果的平衡，同时要兼顾长期与短期的平衡。说实话，定目标不容易。

卢老师

没错，目标的制定是绩效管理的重中之重。虽然有难度，但也是有方法的。我们后面会专题辅导绩效目标的制定。

李一飞

这个案例跟我们大客户部的情况很像，对我的启发特别大。俗话说，只要找到了路，就不怕路远！我有信心在卢老师的指导下将我们团队的绩效管理工作做好。谢谢您！

不客气，希望这种案例辅导的方式对你的工作有所帮助！

卢老师

（辅导会继续进行……）

【读书笔记】

- 绩效是结果和行为的综合。
- 绩效考核要做两道算数题：先做加法，再做除法。

  —加法：绩效表现＝结果＋行为

  —除法：考核结果＝绩效表现 ÷ 绩效目标
- 没有好的绩效管理，只有最适合的绩效管理！
- 绩效目标的设定要考虑3个因素：

  —组织的战略；

  —长期绩效与短期绩效平衡；

  —目标的调整机制。

1.3 秘书与打字员：是否高职级员工绩效就一定好？

故事导入

绩效辅导会还在火热进行中……

大客户部李一飞经理的问题一结束，办公室的陈文成经理马上向卢老师提出了一个很有挑战性的问题，引起了辅导会其他与会经理的强烈共鸣。

秘书与打字员谁的绩效好？

陈文成

卢老师，您好！我是公司办公室的经理陈文成。刚才听到您给大客户部李一飞经理的辅导，我也是深受启发。但我感觉他们市场部的员工还是比较好考核的：第一，他们量化数据很多；第二，他们部门人虽然多，但岗位并不多，员工之间工作内容相似度高，容易比较。我们办公室这种行政部门考核才难呢！数不多，事不少！岗位与岗位之间差异很大。按公司要求，我们也要强制评ABC，怎么评呀？请卢老师给指点下呗。

卢老师

陈经理的问题问得很到位，机关职能部门及其员工考核一直以来都是考核的一个老大难问题。相比于一线的营销、生产、服务等部门的考核，是要难很多，但并不是没有办法。首先还是要解决认识问题，再来说方法论。我就拿陈经理所在的办公室这个部门给大家先说个案例，看下大家的意见。

秘书与打字员，究竟谁的绩效好？

某企业办公室的王主任最近遇到考核难题了。王主任手下有两个员工：小张是公司老总的秘书，主要为老总起草一些讲稿、协调督办一些事情；小李是办公室的文书，主要是打印一些文件、制度、收发邮寄一些信件等。

这两个人总体表现还不错：小李工作虽然简单，但勤勤恳恳，没有什么大的纰漏；小张的表现既有亮点也有纰漏：有时工作出色被老总专门表扬，有时也会被老总批得灰头土脸。

年底要考核了，部门有一个优秀A指标，究竟该给谁呢？

陈文成：这个案例很接地气，很符合我们办公室的现状：打字员这个岗位表现往往是“波澜不惊”，出亮点和出问题可能性不大；而秘书岗的员工做不好容易被领导批，做得好也容易做出亮点。这个问题还真是纠结。

李一飞：我觉得没有什么纠结的。这个A应该评给秘书吧。毕竟这个岗位的工作难度和价值贡献是打字员这个岗位无法比的。绩效考核还是应该体现价值导向。

（这时，客户服务部的张晓菲经理忍不住发言了……）

张晓菲：我不同意李一飞的说法。这个A也应该可以评给打字员。如果考核都比工作难度和价值贡献，那对于那些兢兢业业、勤勤恳恳工作而本身工作难度不高的员工是不公平的，他们永远也没有出头的机会。就拿我们客户服务部来说，虽然我们不像你们大客户部为组织直接创造价值，但我们通过服务工作也在为组织创造价值。所以我觉得考核应该体现一种激励导向，让员工都有奔头！卢老师，您说对吧？

卢老师：看来一石激起了千层浪！我们的经理们都开始结合自己部门情况讨论起来。当然这种碰撞很好！有碰撞才会有反思，有反思才能有进步！这个问题我也曾经问过我授课的学员，大家也是议论纷纷，各有各的主张。在回答这个问题之前，我们还是要搞清楚一个最基本的概念，究竟什么是绩效？绩效与绩效工资、绩效与薪酬、绩效与岗位价值都是什么关系？如果这些关系理不清楚，绩效考核是没有办法做好的。

张晓菲

我很赞同卢老师这种提法，概念上要区分，一定要为打字员“正名”哈！

卢老师

不要着急。我们先弄清楚一个概念：什么是绩效？简单地说，绩效是当期表现和本岗位目标的比较。

李一飞

这个定义是否就是刚才“纯净水公司”案例中提到的“绩效考核要做除法”的概念？

卢老师

没错。绩效考核做除法其实更重要！为进一步明确这一点，我们将刚才这个案例用量化的方法呈现一下，看看大家结论是否有不同？请看下白板。（卢老师在白板上画了一个表格。）各位经理们，如果秘书和打字员的工作目标以及他们的实际完成情况用量化方法如表所示，请问谁的绩效好？

岗位	目标值	实际完成	完成率
秘书	100	90	90%
打字员	80	80	100%

李一飞

如果按照“绩效是做除法”的定义，这个案例应该是打字员的绩效比秘书的绩效好，因为打字员完成了绩效目标的100%，而秘书只完成了目标的90%！但是我还是有疑问，这与我们平时的认知是有差距的，毕竟秘书和打字员这两个岗位的工作难度和任职要求是差距很远的。

陈文成

是啊。现实中秘书这个岗位工作挑战性大，选人时要求很高；而打字员相对来讲工作比较常规，对人要求也没有那么高，如果考核结果说打字员好，似乎有点让人难以接受？

张晓菲

我倒觉得很正常。海尔的张瑞敏说过：将简单的工作做到极致就是不简单，将平凡的工作做到极致就是不平凡！有些部门和岗位的工作可能不复杂，但是人家达到组织预设的目标，就可以考核排到前面。考核不就是为了激励吗？否则如果每次考核都是“重要的”部门和员工排到前面，那这种考核也别考核了，直接用部门难度系数进行排序即可。

卢老师

看来，我们很多朋友陷入了这样一种误区：将绩效和岗位重要性混淆了，将绩效和一个人对组织的贡献混淆了，将绩效和薪酬混淆了，将绩效和绩效工资混淆了！

秘书与打字员谁的薪酬高？

陈文成

我们平时说的绩效不就是指绩效工资吗？您看，今天我们HR专员还专门要我们尽快提交这个季度的考核结果，说是要“发绩效”了。

卢老师

这种说法是不准确的。绩效的英文是Performance，直译过来是“表现”，在企业管理中我们都翻译为绩效。而绩效工资是员工收入结构的一个构成部分。两者差别很大，但又紧密关联。这里面涉及薪酬的概念。问大家一个问题，秘书和打字员这两个岗位相比较而言，谁的薪酬应该高？

（经理们几乎不约而同地都认为应该是秘书的薪酬高。）

卢老师

是的。绝大部分管理成熟的企业中，一定是秘书的薪酬比打字员薪酬高。薪酬策略上我们经常讲8个字：“以岗定薪、按绩取酬”。何谓“以岗定薪”？薪酬首先代表的是岗位间的相对价值。岗位价值高的岗位薪酬就应该比岗位价值低的高。

陈文成

这个观点我是很认同的。但难点是如何比较岗位的“相对价值”？毕竟每个岗位工作内涵都有不同，都有各自的特点，我们该如何衡量一个岗位的相对价值呢？

卢老师

在组织内部进行岗位价值评价虽然是难点，但也有规律可以遵循。岗位价值评价通常会用到因素计点法：即通过一系列事先设定的因素对各岗位进行“称重”，从而得出各岗位的相对价值，该结果是决定岗位薪酬的重要依据。比如本案例中，秘书岗位因其工作复杂、责任大、风险高、岗位替代性少等因素特征，岗位相对价值比打字员的高，因而秘书岗位的薪酬比打字员的应该高，这是对的；秘书的职级也应该比打字员的高，也是对的。但不要认为薪酬高、职级高的岗位绩效就一定好！因为按照前面辅导所说的绩效要做除法的定义——绩效是员工的表现和其岗位目标的比较，很有可能像表格的案例：某期考核下来秘书没有完成其目标，而打字员却完成了目标，那么这期的考核结果就应该是打字员排在前面！

张晓菲

我是否可以这样理解：薪酬是两个岗位之间的比较，而绩效是自己和自己比？

卢老师

完全正确！绩效和薪酬这两个概念的比较体系是不一样的，不能混为一谈！

李一飞

我是理解了这两个概念的区别，但我还是有困惑。因为我们公司员工的绩效工资在收入结构中占比大，且与员工当期考核结果直接挂钩。如果某期考核下来，秘书的考核结果不如打字员，是否会导致秘书的绩效工资总额比打字员的少啦？这样似乎就没有体现价值导向和工作难度？

陈文成

李经理说的情形以前有可能，现在倒不大会。因为我们去年进行人力资源改革时，在人力资源部牵头下，我们行政部门的岗位价值经过一次大的梳理，重新“各就各位”了。目前秘书岗位价值系数比打字员的高很多，所以即便是秘书某次考核结果不如打字员，但实际还是秘书的绩效工资总额比打字员高。以前秘书和打字员是按照员工个人的资历和身份来定岗位系数的，我们作为经理考核起来就很纠结：因为秘书和打字员的岗位价值系数差别不大，明知道秘书工作做得不理想，也不敢考得太低了，怕最后薪酬应用下来秘书拿的钱比打字员的少，以后大家都不愿意干重活、干难活了，所以考核结果往往是“失真”的。所以对于卢老师前面讲的“以岗定薪、按绩取酬”，我是深有体会的。

卢老师

确实如此。一般企事业单位的员工薪酬结构中有一个称为绩效工资（也有称为绩效奖金）的部分。在目标薪酬模型中，绩效工资是一个期望工资的概念。比如，某个员工，单位给他每个月2000元的绩效工资。请注意，这个2000元的前提是希望该员工达到组织设定的目标。如果员工达标，拿到2000元，如果超标，可以拿到2500元，如果低标，可能只有1500元。于是员工的经济利益就与其绩效表现紧密挂钩了：你要想获得个人更好收益，就必须拿出好的绩效表现；要取得好的表现，就必须尽量让自己的绩效表现超出或达到组织设定的目标。这样组织目标就与个人目标捆绑到一起了。

重要的岗位是否扣分概率高?

陈文成

我还是有一个困惑。现实工作中，打字员岗位出现超标和低标的概率都不太高，达标概率挺高的，而秘书岗位可能不太容易超标。

卢老师

陈经理问了一个非常专业的问题。我们有一个观点：绩效的本质是表现的波动。每一个人的绩效表现相对于该岗位的目标而言，都存在三种概率：超标、达标和低标。如图所示：

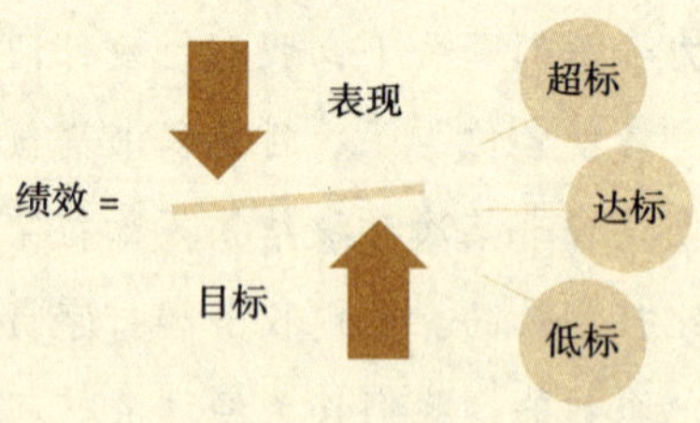

一般规律是：一线组织和岗位表现波动的概率大；二线组织和岗位表

现波动的概率小。这也符合常理：薪酬定级高的岗位，如秘书岗位，目标难度也大，所以高风险与高收益是对应的，因此工作做不好容易挨批，但也有做出亮点的机会；而打字员岗位，工作相对简单，薪酬定级也低，考核扣分机会不多，但加分概率也低。当然如果某一个岗位出现低标的概率远远高于超标的概率，或者反过来，都是不合理的，这说明目标设定出了问题，在后续辅导中我们会专门讲“如何设定合理的绩效目标”。

李一飞

陈经理这个问题在我们市场部更是多见。我们公司在全国设了一些分公司，有时竞争压力大、市场行情不好时，有的分公司每月考核分只有60~70分，而公司总部的职能部门平均分一般都在90分以上，有时市场体系经理们在一块开会，大家都在集体吐槽，怨言不少。

卢老师

无论是组织考核还是员工考核，考核结果的概率控制是一个难点问题，因为这直接涉及目标如何合理地设定。后面我们会专题辅导。类似李一飞提的不同体系考核平衡的问题，很多企业也很普遍，我们后续也会给出一些别的解决方案。大家先不要着急！

同一部门不同岗位怎么进行考核比较？

陈文成

卢老师，我是否可以这样理解：类似我们办公室这样的机关职能部门员工的考核，考核的关键点不在人与人之间工作的差异，而在于每一个人的表现与自己岗位目标比较后的结果？

卢老师

陈经理的理解是完全正确的。我们可以拿陈经理的办公室类比一下：一个部门里面有三个性质完全不同的岗位甲、乙、丙，这三个岗位的活儿都是不一样的：甲的工作输出是100千克，乙的输出是100米，丙的输出是100小时。请问能把100千克、100米、100小时放在一起比较，来决定谁的考核结果是A、B或C吗？

李一飞

那当然不行！这可是数学最基本的原理：单位不相同是不能放在一块来比较的！

卢老师

没错！三个数字、单位不同，不能放到一起直接比较，但是如果用上面的除法公式，我们就可以比较啦。虽然甲岗位输出100千克，组织对甲岗位的要求也是千克；乙岗位输出100米，组织对乙岗位的要求也是米。分子分母是同样的单位，做除法之后，就没有单位，就可以比较啦。针对机关职能部门员工的考核难题，我送给大家一个黄金口诀：先和目标比，再来和人比！先和自己比，再和别人比！机关职能部门内部，岗位与岗位之间差异化大，但每一个岗位的员工都有一个共同的使命就是努力通过良好的表现去达成并超越组织交付的目标，这才是考核真正的目的所在。

张晓菲

我想这个口诀是否也可以推广到部门的考核中：先和部门目标比，然后部门与部门之间比！？

卢老师

完全正确！部门与部门之间工作内容、责任是有差异的，但每个部门都应该承接组织的目标，每一个部门负责人都应有其担当。部门的表现和部门目标一比较，就是部门的考核结果！

张晓菲

太好了，这次辅导对我启发很大。类似我们客户服务部这样的部门，以前总被认为是一个从属部门，考核下来似乎也总难有出头之日。今天听卢老师的辅导，我也明白了一个道理：部门虽然有定位和价值差异，但考核很公平——高价值的部门没有完成组织目标，考核可以排到后面；低价值的部门超额完成组织目标，考核也可以排到前面。这样大家都有奔头呀！

卢老师

是的，全员绩效管理的精髓也在这里。每一个部门或岗位，虽然大家的工作内容不同、责任有差异、价值有区别，但每一个部门或岗位都要承接其对组织的目标。全员绩效管理就是要引导大家劲往一处使、力往一处用，这样组织的大目标才有希望！

（辅导会中场休息……）

【读书笔记】

- 绩效和绩效工资是两个概念：

  —绩效的英文是Performance，表现；

  —绩效工资是薪酬的组成部分；

  —绩效不是发的，是干出来的；绩效工资才是钱。

- 薪酬高的岗位不一定绩效好：

  —绩效是当期表现和岗位目标的比较；

  —薪酬代表了岗位间的相对价值；

  —不要认为薪酬高、职级高的岗位，绩效一定好！

  —没有目标不要谈绩效问题！

- 同一部门不同岗位如何进行比较？

  —先和目标比，再来和人比！

  —先和自己比，再和别人比！

- 绩效的本质是表现的波动：

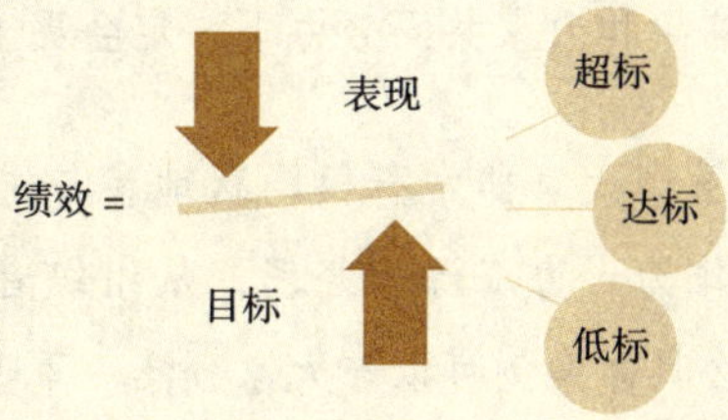

1.4 为什么考核排在末位都是新员工和请假员工？

故事导入

稍事休息后，绩效辅导会继续进行……

人力资源部经理马清波提出一个让各位经理既尴尬又很现实的问题。

马清波：卢老师，您好！刚才您给各位经理进行的案例式辅导，对我们这些专门从事人力资源管理的人更是帮助多多。我们也看到各位经理非常积极地参与到辅导过程中，让我也深受鼓舞，我相信我们公司的绩效管理工作在卢老师的辅导和大家共同努力下一定会更上一台阶！

卢老师：是的！这次辅导会看到大家非常积极踊跃地参与进来，这是一个好的开端。马经理，您作为人力资源部经理，从组织者的角色，应该会看到很多问题，有什么具体案例可以与大家分享一下吗？

哪些人是考核中容易受伤的群体？

马清波：卢老师，我这里还真有一个问题，我也与在座的一些经理沟通过，正想请教卢老师您的意见。我们每年的年底考核，各部门需要对员工进行ABC强制排序，要评出10%的C。结果我们发现有4种员工很容易在年底被评为C：一是新员工、新大学生；二是请长假，如产假、病假的员工；三是准备要离职的员工；四是调动工作的员工。我们人力资源部经常接到这些员工对考核结果的申诉，我们也做过申诉调查，经理们也有他们一些合理的说辞。请问卢老师，这种现象合理吗？

卢老师

这个问题在我所辅导的很多企业中也经常遇到。这样吧，先请我们在座的经理们谈谈对这个问题的看法。

李一飞

以前我们大客户部也将新员工评为C。说实话，我们也觉得对新员工有点不公平，但毕竟我们市场部门考核要拿数字说话，新员工适应工作有一个过程，所以考核上肯定会吃点亏。我们老总说过：烧不死的鸟是凤凰。评C就当是对新员工的一种考验吧！

张晓菲

实不相瞒，将请产假员工评为C的事情，我们客户服务部也干过。我们部门育龄女员工多，一旦怀孕了，我们往往会安排些轻松的工作或减少她们的工作量。这样一来，重活、难活，别的员工得顶起来，所以我们管理者在考核时，如将C评给干活的员工更加于心不忍，有时只好评给孕妇、产妇啦。而且我们与她们沟通过评C的考虑，大部分员工还是理解的。

陈文成

上述情况虽然在我们办公室没有出现过，但我挺能理解这些现象的。比如我听说有的部门将准备离职员工评为C的事情，我知道他们也是不得已而为之。说实话，强制分等级这个事情我们很多经理还是有想法的：一个部门真的非常优秀的时候，员工也都挺努力的，是否也一定要评出10%的C？我自己也困惑这个问题。有时候实在评不出C了，有一个离职员工主动“送上门”，也就顺势而为了。嘿嘿，有点“官逼民反”的意味！

卢老师

强制分布是一个很特殊的考核办法，其起源背景、优缺点和优化方案，后续我们会专题辅导！但是将新员工、产假员工、离职员工和调动员工等评C的问题，既反映出我们对考核的认识不足，也反映出我们考核制度的缺失！

马清波

哦！请卢老师详细展开一下呗！我们正好对这类问题很困惑，也想借此机会将制度完善一下。

什么是全员绩效管理？

卢老师

首先我们来谈一个“全员绩效管理”的概念！什么是“全员绩效管理”：人人有指标，压力一起背，责任一起担！而再看我们的考核现状：每次考核下来，老员工考核排到前面、新员工排到后面；职级高的员工排到前面、职级低的排到后面，这就不是全员绩效管理，而只是一部分人——新员工、低职级员工的绩效管理！这对组织大目标的达成会产生严重损害：我现在是老员工、高职级了，从此可以高枕无忧，也不用担心自己考核成绩排在后面，没有压力，也就没有动力了，这才是组织最大的风险所在。在全员绩效管理中，高职级员工组织投入多，本应有高目标；低职级员工、新员工组织投入少，但也要有自己相应的目标。每一个人都将自己的表现和自己的目标进行比较，这样大组织目标才有希望完成。

马清波

这是否还是前面辅导所说的：先跟目标比，再来跟人比？！

卢老师

是的！但是在现实中，我们很多经理们还是习惯于直接将人与人来比，这样上述的新员工、请产假员工、调动工作员工很容易成为考核的“弱势”群体，所以我建议你们公司的考核制度可以打一些“补丁”。通常很多成熟的企业，会对上述群体的员工有一些考核保护政策。比如规定新员工多长周期内不参与考核；产假期间不参与考核，等等。

马清波

这倒是不错的方法！制度确实有完善的必要性。看来压力还是回到各位经理们身上啦。

李一飞

其实我们也知道“拣漏”不是一个长期的方法。毕竟作为管理者，还是要面对员工，去评价他们的绩效好坏，这才是管理正道！毛主席说得好：“人间正道是沧桑！”正道难度还很大呀！希望在卢老师精心辅导下，我们找到正确又好用的方法！

卢老师

难得李经理有这样的认识！这是我们共同努力的方向！说实话，强制分布考核办法是一个很“强势”的考核办法，优点很突出，缺点也很突出，不仅仅有认识的问题，还有很多操作的细节问题，比如：人数少的部门怎么找末位？不同管理者打出松紧不一的分数能否一块儿排队？我部门的C比另外一个部门的A还好？等等。

马清波

太好啦！这些问题我们全部都遇到过。作为人力资源经理，我也经常要面对经理们和员工质疑的声音，有的时候也是不知道该怎么回应，希望通过卢老师的辅导，既能解决各级管理者的认识问题，也能优化我们现有的考核制度。

卢老师

强制分布考核办法，涉及内容很多，后续我们安排了一场专题辅导！到时候大家要记得来参加哈！

（辅导会继续进行……）

【读书笔记】

- 全员绩效管理：人人有指标、压力一起背，责任一起担；
- 绩效管理不应该只是对新员工、低职级员工的绩效管理；
- 绩效制度要适时打补丁，对“弱势”群体要有保护策略。

1.5 中国式绩效管理的核心是什么？

故事导入

当含蓄内敛、崇尚中庸的中国传统文化，遇上个性直接、主张区分的西方绩效管理思想时，会碰撞出怎样的火花？绩效管理在中国企业的本土化，又将何去何从呢？

人力资源部经理马清波提出了他被困扰已久的问题……

为什么国外绩效管理方法不好落地？

马清波

卢老师，我们公司对绩效管理一直都很重视，各种国外流行的绩效管理方法论，比如平衡积分卡BSC、KPI考核、目标管理MBO，包括现在流行的OKR等，在公司内部都推行过或试行过，但总感觉都没有很好地落地，有点儿力没有透下来的感觉。这中间我们也分析过问题，发现其中一个关键还是执行的人的问题。所以我们组织这场绩效辅导会，目的是提升各级经理们对绩效管理的认识和掌握绩效管理工具的技能。

卢老师

你们前面的分析很有道理。制度是死的，人是活的。好的制度能否落地，关键还是执行的人的问题。人的问题集中表现在“三不”：不愿、不敢、不会。

马清波

哦，能否展开一下呢？

卢老师：第一，不愿。很多管理者主观上并不愿去做绩效管理，认为绩效管理工作是增加了自己的负担，却忽视其作为团队管理的抓手和帮助员工提升的工具的作用。第二，不敢。很多管理者从团队管理角度出发，是有做绩效管理的原动力的，但是不敢得罪人，怕考核影响了团队的和谐。第三，不会。我们一些管理者想考核了，也敢考核了，但是不会考核，这就是方法的问题。所以你们安排这次辅导会对于解决管理者的"三不"问题是肯定有作用的。

李一飞：说实话，这个"三不"我全都经历过。相信别的经理也有同感。

考核会得罪员工吗？

陈文成：卢老师总结的"三不"很到位，也很形象。尤其是"不敢"，是我们的心结。考核真的很容易得罪人！

张晓菲：没错。考核确实是一个得罪人的事情，但是不考核好像也得罪人！

卢老师：是的。张经理看来很有体会！作为一个管理者，有时也很为难：考核得罪人，不考核也得罪人！要想什么人都不得罪，你最好不要当管理者，可以从专业技术方向去发展！我听说你们公司也有"双通道"的员工职业发展通道设计？

马清波：是的！我们公司知识型员工多，一些技术和业务骨干不愿意也不适合做管理者，你非要提拔他当个管理者，对个人、团队、公司都不好。后来我们公司专门设计了"双通道、多序列"的员工职业发展通道，让愿意承担管理责任、具备管理能力的人做管理者，其他技术和业务高手继续往专业方向发展，给予他相应的职级和薪酬待遇，这样大家各得其所，效果不错！

卢老师：看来贵公司做了一次很好的管理实践！我们回到刚才的话题，一个管理者在考核方面是需要有担当的，既然考与不考都会得罪人，那就选择得罪谁的问题？

李一飞

这很简单！考核得罪干得差的，不考核得罪干得好的。那当然是选择得罪干得差的啦，否则把干得好的都得罪啦，我们团队业绩怎么办，管理者业绩也玩完！

张晓菲

这个观点我也很认同！但有的时候，考核文化还是有一个度的问题，好比天平的砝码倾向一边，也会很难平衡，尾大不掉。卢老师，像我们这样一个国企背景的企业，有很多人情世故是需要考虑的，考核的度该如何把握呢？

卢老师

是的，在我们中国企业推行绩效管理还有更深层次的问题！那就是绩效文化。国外很多成熟的方法为什么在国外企业用得好，到中国很多企业却是“水土不服”“消化不良”，没有很好落地？这里面就是我多年一直致力于研究的课题。

中国式绩效管理的三大问题是什么？

李一飞

我想应该是“中国式绩效管理”的问题吧。之前我在网上搜索了一下，卢老师被大家尊称为“中国式绩效管理培训第一人”！我就觉得“中国式绩效管理”这个概念很好，接地气。卢老师，跟我们详细讲讲呗！

卢老师

看来李经理做了不少功课。那我就谈谈我对此问题的研究心得。首先，绩效管理没有好与不好的问题，只有适合与不适合的问题。绩效管理首先要与组织发展阶段、组织战略、组织文化相匹配。国外，尤其是西方国家的很多方法，其形成有其特定环境和适用范围，如果教条地“拿来主义”，囫囵吞枣，肯定会消化不良！其次，西方很多好的方法就像种子一样，能否在本土生根发芽、开花结果，取决于土壤的酸碱度和中间的施肥浇水的过程。中国几千年文化的影响，对于我们今天的企业及管理者都打下了深深的烙印，使得我们的文化土壤与西方是有所不同的。照搬照套西方的东西，肯定效果不好！

李一飞

哦！这个提法挺新鲜的，能否详细展开一下呢？

卢老师

好的。我们先来看下中国式绩效管理的三大突出问题，我用三个字来总结：悟、情、和。这三个字无一例外都受中国传统文化的影响。我们先说第三个字：和。“和”在绩效管理中的体现，就是在考核结果上搞平均主义、大锅饭！比如其中一种表象是考核分差距很小。我曾经见到一家公司部门员工考核结果，两个员工考核成绩，在100分里面只差了0.01分。你们说两个员工之间只有万分之一、那么小的差距？这都拿着显微镜才能看出差别了。还有一种表象，我们很多单位在推行强制分布考核的时候，两头的考核等级比如A和C经常是“轮流坐庄”！

李一飞

呀！卢老师对企业的情况还真很熟悉。不瞒您说，这些事情我们也都干过。有时候也很纠结。你说我们作为现场经理，哪些员工干得好、干得不好，我们不知道吗？其实我们心里都明明白白、清清楚楚。有的时候，员工做不好该批评的也批评了，骂也骂了。但你说给人考核打个低分、评为C还真有点不好意思！以后怎么面对员工呀！？

卢老师

李经理就是非常典型的中国管理者的心态哈。普遍而言，很多中国管理者在考核中愿意做老好人，不愿意得罪人，更喜欢“和稀泥”，大搞“抹平主义”！

陈文成

其实我们作为经理也有苦衷。我们公司年底搞360度考核，我们平时将员工考核严格了，年底员工对我们经理的考核就下“狠手”了。不得已而为之呀！

（陈经理的发言引起了其他与会经理会心的微笑。）

卢老师

呵呵！看来还有这样的顾虑！这也难免。我们很多单位都是双向考核体系，平时经理们考核员工，年底员工也要考核经理呀！不过，陈经理这种想法恐怕不可取。一个管理者如果在考核中表现得没有原则：员工干得好的不说好，干得差的也不敢说其差，真能得到员工广泛的认同吗？！无数实践和理论都已经证明了这一点：管理者考核没有差异化，最终是优秀员工不认同领导的做法，就连表现差的员工也不拽你这个领导！经理们可是两头受气呀！

张晓菲

我非常赞同卢老师的观点！一个公平、公正、严明的管理者，未必所有的员工都会喜欢他，但大部分员工都会很尊敬他。管理者在考核的问题上本就该泾渭分明！

卢老师

没错！为什么绩效管理在西方推行相对容易，到中国就出现水土不服？某种意义上与中西方文化的差异紧密相关。中国文化讲究和谐、中庸，而西方文化简单、直接，在考核中表现更为突出。GE公司前任CEO杰克·韦尔奇在其自传中曾讲过：区分是管理者的重要职能！韦尔奇的观点：作为一个管理者，你给员工下达指标、分派任务，员工完成工作向管理者来汇报，管理者本应当给员工做出合理的评价，这也是管理者基本责任。这一点都无法做到，就不是一个称职的管理者。我以前的工作单位——中兴通讯的创始人侯为贵董事长曾讲过：不能找出C的管理者本身就是C！这些提法其实就是要突出管理者对员工考核区分的责任。西方的绩效文化特别重视“区分”，而中国文化又特别讲“和”，所以中国企业推行绩效管理必然是艰难的。

李一飞

卢老师的“和”字总结得很形象！我们有的时候确实“和”过了头！不知另外两个字“悟”和“情”怎么讲？

卢老师

后面辅导中我们会讲到绩效管理循环有4个环节：绩效目标、绩效辅导、绩效考核和绩效运用。刚才讲的“和”反映的是绩效考核环节的问题。而另外两个字“悟”和“情”就分别体现在绩效目标和绩效辅导环节中。我们很多管理者在制定和下达绩效目标时并不明确具体，很含糊，经常用诸如“尽快”“尽可能”“最大化”“最大程度”等词表达，这种目标经常是让员工在那儿“悟”半天！

陈文成

没错，这叫“只可意会，不可言传”！

卢老师

是的！西方人个性特点比较直接、简单。而我们大部分国人个性是比较含蓄、内敛的，很多表达是需要别人去“揣摩”的。所以我们在表达目标时往往定性和感觉性的东西会多些。这就带来了一个问题，绩效目标如果是不清不楚的、不明不白的，最后的考核结果必然是“和为贵”！

李一飞

我明白啦！看来我们中国管理者在绩效考核中“和”的问题，是由绩效目标“悟”引发的，要想解决“和”，得先从“悟”入手？

卢老师

没错！除了解决绩效目标“悟”的问题外，我们还要解决绩效沟通中“情”的问题！我们中国管理者在对员工的管理过程中，面对员工绩效表现的不足，很多人不会直接指出来，特别抹不开“情面”，总想着：人有自知之明，让员工自己去“悟”吧。殊不知，一些员工的悟性并不高，有些问题你不直接指出来，他们并不认为自己有问题！等你真给他一个不好的结果，他反而会埋怨你领导一头的包。你本想给员工留情面，到头来考核结果出来时，员工可不会给你留情面！

张晓菲

说得太对啦！这一点我特有体会。我以前所在部门有一个员工，绩效表现差强人意，当时其主管顾全其面子，出现问题时也是轻微带过，没有明确指出来，结果部门年底考核给其评在后面时，这位员工情绪特别大，还跟主管吵起来了，这位主管最后郁闷得要死！

卢老师

这就是典型的“好心办坏事”！如果我们将“悟、情、和”这三个字连起来，你们就会发现这是一套完整的逻辑：绩效目标不清不楚，让人去“悟”；绩效辅导又不敢将员工真实的绩效表现告知员工，抹不开“情”面；最后的考核结果必然是“和为贵”！所以中国企业的管理者最后的考核结果去“和”往往是必然的。因为前面两个字是我们管理者弄出的问题，所以必然要通过第三个字“和”为前两个字买单！

中国式绩效管理的解决方案是什么？

马清波

卢老师的分析很透彻！那针对中国企业如何落地绩效管理，有没有好的解决方案？

卢老师

这也就是我多年研究中国式绩效管理的原因！我再送给大家8个字：和而不同、刚柔并济。前者是中国式绩效管理的目标，后者是中国式绩效管理的策略。

陈文成

“和而不同”出自论语“君子，和而不同；小人，同而不和”！不知卢老师如何解读？

卢老师

陈经理国学素养不错！我们借用孔子的经典名言，重新解读下。中国文化讲“和”，而西方绩效管理强调区分，也就是不同！中国式绩效管理就用“和而不同”进行辩证统一。虽然前面我们讲了很多“和”的问题，但中国企业推行绩效管理，“和”搞丢了还真不行！这里的“和”就是打造一个和谐的、有战斗力的、有竞争力的团队！这是我们的总方向。试想一下，一个团队推行绩效管理，搞得大家怨声载道、离心离德，这可不是我们所追求的绩效管理。

李一飞

是的！绩效管理的目的还是应该打造一个高绩效的团队，如果绩效管理最后破坏了团队的作用，那就做偏了。

卢老师

没错！这是绩效管理的总方向。但另外一方面，这种和谐绝不是不加区分的大锅饭式和谐。所谓的“你好、我好、大家都好”，最终结果是大家都不好！这种和谐其实是假和谐、伪和谐！所以和谐应该是建立在有一定区分基础上的：对组织内干活、干得多、干得好的员工，我们要给予正向激励；对于那些不干活、干得少、干得差的员工，我们还是要给予适度的鞭策。只有建立在有区分基础上的和谐才是真正的和谐！不加任何区分、没有差别的和谐都是伪和谐、假和谐，最后都是我们管理者去买单。

李一飞

看来这是一个辩证关系：既要区分，还要和谐！

卢老师

完全正确！“和”，我们可以做到不同；而不加任何区分的“同”，最后一定导致不和！

陈文成

看来卢老师重新解读了《论语》的经典思想：君子，和而不同；小人，同而不和！有点意思！要做到和而不同，难度不小呀！有什么好的办法呢？

卢老师

这得用到中国式绩效管理策略：刚柔并济！怎么讲？绩效目标要避免“悟”的最好方法就是学会刚中带柔。绩效目标通常是刚性的，一旦设定不能轻易更改，但绩效目标的制定过程要充分体现“柔”性，让员工参与进来，充分沟通、充分酝酿，这样的目标当然也就减少让员工去“悟”。

李一飞

可是现实当中我们很多目标设定正好是反过来的：制定目标过程很刚，结果应用却很柔！

卢老师

是的，这就是我们的问题所在！考核大棒经常是高高举起、轻轻放下！这正好搞反啦。考核大棒年初凡是快举的，年末必然是慢放！我们提倡大棒一定要慢举，方能快放！所以制定绩效目标时一定要柔、要慢，要充分沟通、充分协商，这样制定的目标通常不会让人去悟，目标结果兑现时也容易落地。

李一飞

嗯，我们确实需要改进一下目标制定流程。那“柔中带刚”怎么讲？

卢老师

绩效辅导与沟通要讲究“柔中带刚”：给员工进行绩效沟通和辅导要讲究方法，多表扬、多肯定、多鼓励，这是柔的体现；但员工做得不足的地方，还是要实事求是、坚持原则，以恰当方法适时指出，这是刚的体现。中国古钱币“外圆内方”，不就是柔中带刚的最好体现？！

张晓菲

太精辟啦！与员工沟通要因人而异、注意方法，这是“圆”的体现，但是该讲的话要讲到位、该坚持原则要坚持，这就是“方”的体现。

李一飞：我明白了卢老师中国式绩效管理的路径：通过“刚中带柔”去解决绩效目标“悟”的问题；通过“柔中带刚”去解决绩效沟通中抹不开“情”面的问题，最终就能实现考核结果的“和而不同”！

卢老师：李经理总结得很好！这就是中国式绩效管理的内涵！西方的绩效方法源自西方的文化环境，有其产生的背景和适用条件；但如果直接用到中国的企业中，忽略中国文化的大土壤环境，就会水土不服。希望中国式绩效管理能帮助更多的中国企业更好地落地绩效管理。

马清波：非常感谢卢老师的精心辅导！时间过得很快，一晃到中午吃饭时间了。今天上午辅导会到此结束，下午2点我们继续。谢谢大家的参与！

（上午辅导会结束……）

【读书笔记】

- 考核中的三不：不愿、不敢、不会！
- 考核得罪人，不考核也得罪人；管理者想什么人都不得罪，最好不要当管理者！
- 中国文化讲“和”，西方绩效思想讲“区分”，中国式绩效管理要“和而不同”！
- “和”，我们可以做到不同，而不加任何区分的“同”一定导致“不和”。
- 所谓“中国式绩效管理”，就是根据西方企业成熟的绩效管理思想，结合中国管理者的文化特质，创新性地提出“和而不同”的绩效管理核心理念，并提出一整套特别适合中国企业的“刚柔并济”的绩效管理实战方法论。
- 中国式绩效管理的三大问题、解决策略：

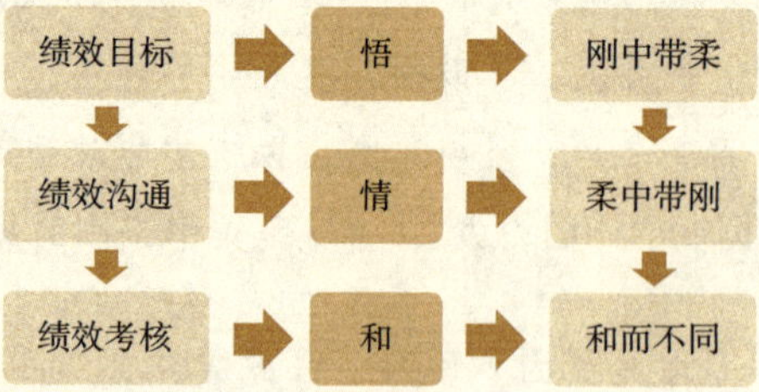

第2讲

员工绩效管理怎么做？

2.1　绩效管理是一个系统工程

为什么绩效管理总是做不好?　人力资源3P天平模型　如何解决“岗能倒挂”现象?　天平模型中三个模块是什么关系?

2.2　一线部门员工该如何考核?

对于员工有一劳永逸的考核模型吗?　什么是目标考核模型?　什么是量化考核模型?　量化考核模型的缺点是什么?

2.3　职能部门员工怎么考核?

职能部门适合“积分抢蛋糕”模型吗?　什么是项目奖金模型?　员工考核结果怎么核算绩效工资?　员工考核结果差距不大怎么处理?

2.4　全员绩效管理的“1234”路径

一人一表　两个维度　三次沟通　四个环节

2.1 绩效管理是一个系统工程

故事导入

上午的辅导会引发了与会者的普遍共鸣，因公没有参加的其他经理下午也早早来到了会场。公司分管人力资源工作的副总经理王亚洲中午在听了人力资源部经理马清波的汇报后，非常高兴，下午专程来到了辅导现场，因为他也有几个很关心的问题希望得到老师解答……

为什么绩效管理总是做不好？

王亚洲：下午的绩效辅导会正式开始。非常感谢卢老师上午的精心辅导，相信大家都有较大收获。下午参与人员也多了很多，说明大家积极性很高。卢老师在我们公司已经是家喻户晓了！

卢老师：不敢当，王总客气了。上午的辅导会大家很踊跃，辅导的一些问题都很典型，希望大家下午继续积极参与！

王亚洲：那我就先抛砖引玉吧！先提出一个我思考很久的问题。我们公司对绩效管理工作很重视，但管理层总感觉这力没有完全透出来。绩效管理各方面的动作也都在做，但感觉总有不到位的地方。不知道该如何改进？

卢老师：我想问题可能是多方面的。绩效管理工作不到位，可能与执行有关，但很多时候与绩效管理的顶层设计有关联。绩效管理系统不是孤立的，为了绩效而做绩效管理往往效果并不好。绩效管理是一个系统的工程，不能孤立地去理解和执行。

王亚洲

这个观点我非常认同！“头痛医头、脚痛医脚”是解决不了根本问题的，而且问题还越来越多。那怎样构建系统逻辑？

卢老师

人力资源管理中有三个核心模块：岗位（Position）、绩效（Performance）和薪酬（Payment，广义是激励体系）。三者之间不是孤立的，它们的英文单词又以P打头，所以我们统称为人力资源3P核心体系。十多年前，我在研究人力资源3P的时候，发现三者组合起来其内涵特别像我们生活中用来称重的天平，所以我称之为“人力资源的天平模型”，请大家看一下投影附图：

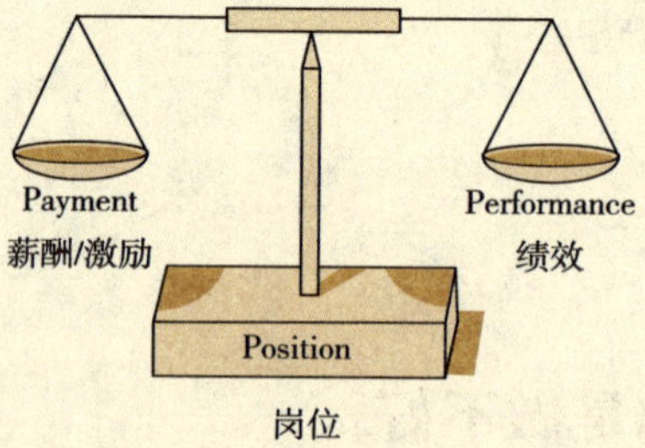

人力资源3P天平模型

王亚洲

嗯，确实很形象！岗位是人力资源管理的基础，所以是天平的基座；绩效和薪酬激励是天平的两端，平衡很重要！

卢老师

王总一语中的！这三者的关系：岗位管理是基础、绩效管理是核心、薪酬激励是根本！为什么这样说呢？我们人力资源管理的目的是为了激励人，但是激励一定要有依据，这个依据就是绩效。不以绩效作为激励的依据，该激励的没有被激励，不该被激励的总被激励，这个组织就乱套了！而绩效和薪酬激励的基础都是岗位，这是人力资源管理的基础，也是绩效管理的基础。我们很多企业绩效管理推行效果不佳，与岗位管理不到位是有很大关联的。而绩效与薪酬两者关系更加微妙，绩效与薪酬激励是天平的两个托盘，两者之间正好形成了两个对等的承诺：绩效是员工对组织的承诺，薪酬激励是组织对员工的承诺。两个承诺对等，天平才能平衡，组织才能和谐！

王亚洲：也就是说，绩效管理要很好地落地，需要我们人力资源的岗位管理与薪酬激励模块相互配套？

卢老师：没错！我们参与过很多企业的人力资源咨询项目，发现很多单位里面的绩效管理和薪酬激励经常是两张皮，没有有效地对接起来。绩效管理“自己玩自己的”，在那里“空转”，薪酬激励没有或只有部分加上“负载”，天平完全没有发挥应用的威力。

王亚洲：说实话，我们公司也确实有这样的问题。那如何运转这个天平？

卢老师：关于天平模型我们总结了“三个六”（请大家参见第二幅投影）。第一个六，绩效的关键是区分“六干”：干与不干、干多干少、干好干坏。第二个六，薪酬激励的核心是建立“六能”机制：收入能增能减、岗位能上能下、人员能进能出。两个“六”打通了，才能实现组织的“六六大顺”，最终就能实现第三个六，岗位管理的“六同”：同工同酬、同岗同薪、同绩同奖！

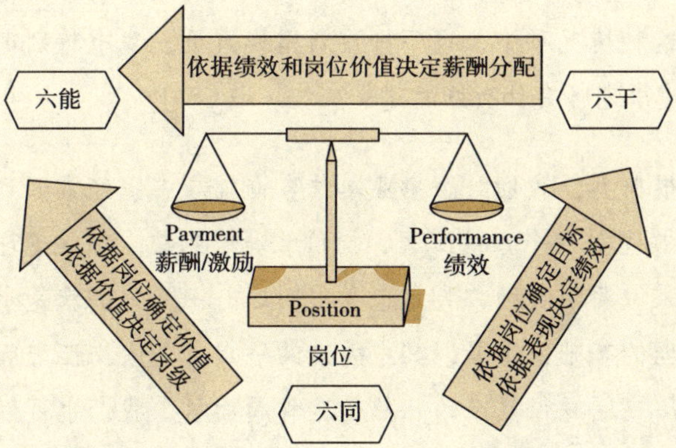

如何解决“岗能倒挂”现象？

王亚洲

这“三个六”总结太好啦！一个企业真能够将岗位、绩效和薪酬很好地打通，善莫大焉！说到这里，我最近还真遇到一个难题，一直没有想到好的解决方案，这个天平模型给了我一些启发！

卢老师

哦，王总可以给大家说说这个案例！

王亚洲

上周，我们公司一个部门的经理到我办公室吐槽了一个案例：他们部门的一个岗位有两位员工：A员工资历老、岗级高、拿钱多，但是工作能力一般、干活意愿度还差；而B员工是一个新人，岗级低、拿钱少，但是工作能力不错、干活意愿度高。

卢老师

嗯，这种现象叫作“岗能倒挂”！一些有历史的企业里面经常会有这种现象。

王亚洲

是啊，“岗能倒挂”也就算了，这个部门经理吐槽说考核已经做不下去了：因为A员工能力差、干活意愿度差，所以领导往往安排一些简单工作，怕复杂的工作他搞不定，影响部门考核结果，结果简单工作人家考核得分还比较高；B员工能力强、意愿度高，能者多劳，领导安排的往往都是重活、难活，结果得分还不高。所以这个经理很纠结，觉得特别对不起B员工：岗级低、拿钱少、任务重、考核还差。其实我们都知道问题根源在于“人岗匹配”的问题，可是我们这样的单位因为历史问题，这种情况不少，也不好重新置换人员。我也特别理解这位经理，不知道卢老师有什么好的建议？

卢老师

这个案例很典型，我们给企事业单位咨询辅导中也经常遇到。人力资源3P天平模型是一个系统工程，岗位管理不到位，绩效管理就会出问题，以此来做薪酬激励，肯定也会出问题。一步错，就是步步错。所以岗位管理的基础很重要，其中关键的一点就是人岗匹配问题。当然一些企业历史问题很复杂，已然是这种局面了，我们也可以考虑从绩效和薪酬的联动中去做文章。

王亚洲

哦，怎么联动呢？

卢老师

提两个思路参考一下：一个是岗绩分离；一个是绩效工资打包模式。所谓“岗绩分离”是指将我们企业里面的岗位工资和绩效工资分开来处理。岗位工资代表了员工的历史、资历，先不宜大动，绩效工资反映员工当期表现，我们重点从绩效工资里面做文章。采取岗绩分离后，员工可能有两个系数，一个系数是岗级或职级系数，决定了岗位工资；另一个系数是岗位系数，影响员工的绩效工资。岗级系数跟着人跑，而岗位系数跟岗位变动，绩效工资易岗易薪！

王亚洲

嗯，这个方式对我们这样的国企是不错的解决方案！像刚才“岗能倒挂”的案例，员工岗位工资先不动，保持稳定性。重点是动绩效工资。通过岗位评价，只要是同样岗位，绩效工资取同样的系数，而跟员工的岗级没有关系啦。卢老师，您前面讲的另一个方案，绩效工资打包怎么处理呢？

卢老师

所谓绩效打包也是在“岗绩分离”的基础上，进一步将不同员工的绩效工资打包，形成奖金池，然后重新定义新的考核分配规则，可以用目标或量化考核方法进行分配。这个在后续辅导中我们将专门提到这些方法。

王亚洲

太好啦！卢老师这次辅导能解决我们不少现实问题。今天分享的天平模型是一个很好的顶层设计框架！

天平模型中三个模块是什么关系？

卢老师

是的。人力资源很多问题是联动的，不能孤立去运行。天平三者的关系，我们这里还总结了三句话。第一，岗位与绩效的关系：依据岗位确定目标、依据表现决定绩效；第二，岗位与薪酬的关系：依据岗位确定价值、依据价值决定岗级；第三，岗位、绩效与薪酬的关系：依据绩效表现和岗位价值决定薪酬分配！

王亚洲

最后一句话是否可以概括为上次公开课时说到的薪酬设计的核心是“以岗定薪、按绩取酬”？这个我记忆特别深刻！

卢老师

是的，王总记性很好！决定员工薪酬高低有两个核心变量：岗位价值和绩效表现。岗位价值决定了员工薪酬的基点，而绩效表现决定了这个基点上的薪酬波动。

王亚洲

薪酬问题确实更为复杂，不仅仅与绩效考核有关，还与岗位评价有关联。薪酬问题看来还得专题辅导！

卢老师

是的，贵单位是一家国有企业，我想薪酬制度肯定还有很多历史遗留问题，改革起来会更艰难一点，但是也有办法和规律可以遵循，以后我们可以深度讨论一下。回到绩效这个主题，如果绩效效果要落地，一定要从“三子”应用入手！

王亚洲

哦，哪三子？

卢老师

薪酬激励除了前面说的“六能”，还有一个“三子”：面子、里子和位子！考核结果要跟面子挂钩，通过考核评先评优、强制分等，人是爱面子的；考核结果要与里子挂钩，里子就是绩效工资与奖金；考核结果还要与位子挂钩，业绩好的，升职空间大，业绩不好，还可能有降职可能。如果考核下来，既不跟面子挂钩、也不跟里子挂钩、还不跟位子挂钩，那这样的考核基本上就是流于形式啦。

王亚洲

我们现在也是感觉考核应用力度不足，考核动力不够。绩效管理推行真是一个系统工程，不仅仅需要岗位基础到位，还需要薪酬激励的保障机制。看来我们需要认真检讨下制度。谢谢卢老师！

（辅导会继续进行……）

【读书笔记】

- 人力资源3P天平模型：岗位是基础、绩效是核心、激励是根本！
- 薪酬差异化分配原则：以岗定薪、按绩取酬！
- 绩效表现要区分“六干”：干与不干、干多与干少、干好与干坏！
- 薪酬激励要实现“六能”：收入能增能减、岗位能上能下、人员能进能出！
- “六干”与“六能”要打通，才能实现“六六大顺”，标志是“六同”：同工同酬、同岗同薪、同绩同奖！

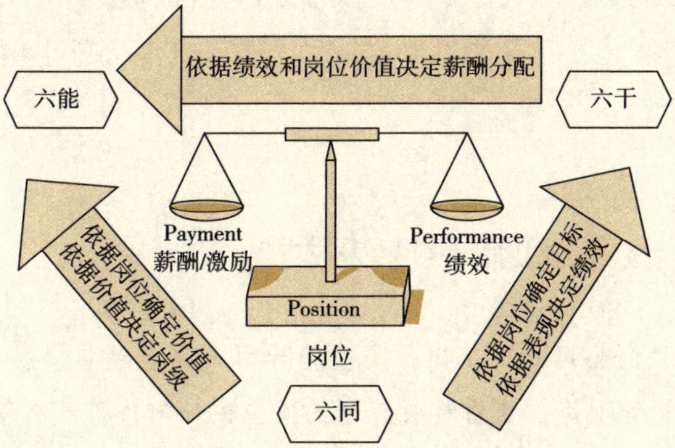

2.2 一线部门员工该如何考核？

故事导入

下午的辅导会继续进行……

人力资源部经理马清波提出了一个关于员工考核的问题……

对于员工有一劳永逸的考核模型吗？

马清波：卢老师，我们公司的员工岗位类型差异很大，有销售、服务、研发、生产、职能管理等，您看绩效管理工作应该如何推行？有没有比较好的考核模型都能适用这些岗位？

卢老师：首先我们得强调绩效管理的方法没有好与不好，只有适合与不适合的。每一种方法有其优点，也往往有其缺点。从大类上来分，有两种员工考核模型：目标考核和量化考核。目标考核模型所有岗位都能用，是个“万金油”！而对于销售、服务、生产、操作、研发等一线岗位，固然可以用目标考核模型，但是如果能找到合适的量化考核模型，效果会更好；对于管理者和机关职能管理等二线岗位，一般用目标考核模型多；有的时候针对一线岗位也会将两个模型进行混合使用。

马清波：哦，能否将这几种模型详细展开一下？

什么是目标考核模型？

卢老师

好的，我们先从目标考核模型开始。这个模型适用范围是最广泛的，组织考核和员工考核经常会用到。所谓目标考核模型：事先针对某员工岗位设定好目标，这个目标的载体俗称为“一人一表”，官方语言就是业绩合同、绩效合约、目标任务书等。一人一表好比一个“筐”，将组织对员工的一些结果和过程要求都往里面“装”。考核时就用员工的表现去和这个一人一表的内容进行逐一对标，通过权重算出考核结果，再用此考核结果应用到前面说的“三子”——面子、里子和位子中。

马清波

这么说来，我们公司大部分部门实行的就是目标考核模型。我们要求每个部门为员工制定业绩合同，每季度结束要求经理们根据业绩合同进行评价打分，然后再用来计算绩效工资，年底会以此考核结果作为评优或晋升的依据。

陈文成

嗯，这个模型就是上午卢老师在辅导中提到“绩效要做除法”的含义，我们办公室也是这么推行的。问题是我们办公室的很多工作不好量化，给员工设计业绩合同是难点，而且考核结果出来差距也不大！

李一飞

我们大客户部也是用的目标考核模型。虽然我们的客户经理的工作好量化，但是每年年初为这业绩合同里面某个指标的具体任务数字也是吵得不可开交！

什么是量化考核模型？

卢老师

是的。目标考核模型的难点也是在于目标的设定，后续我们会专题辅导如何制作业绩合同。这个模型的优点是：目标导向作用强、注重稳健和平衡。其缺点是：考核激励路径长，目标体系比较复杂。所以对于一线岗位来讲，目标考核模型有时不够“解渴”，大家希望考核体系更简单、短平快。还有一种模型是量化考核模型，一线员工考核也经常用到。其原理是针对岗位主要工作成果或工作内容进行量化标价或积分，然后根据员工工作数量和工作质量，核算绩效工资。最典型的量化模型有生产线的计件工资和计时工资、销售岗位的提成工资、服务和操作岗位的计价或积分考核、研发设计岗位的项目制考核等。

马清波

我们生产线用的就是计件考核，效果还不错。相对于目标模型，量化模型简单、透明、导向直接。公司内部也讨论过，想在别的部门也推行量化考核。

张晓菲

我们客户服务部近期就在讨论，是否可以对服务热线的员工实施全量化考核，但是我们有顾虑，怕这种方法会引起服务质量的下降。

卢老师

量化考核模型的优点很突出，相对于目标考核模型而言，激励直接、更刺激！但是不是所有岗位都适合采用。我们总结了三个适用条件：一岗多人、工作好量化或颗粒化、工作重复再现。不符合这三个条件的，我们一般建议还是用“万金油”的目标考核模型。

张晓菲

我们客服部的服务热线员工似乎符合这三个条件。如果我们部门引入这个方法，那应该如何应用呢？

卢老师

类似服务类岗位，建议可以用双池量化积分或计价模型。该模型可以理解为“跳水比赛”模型。跳水比赛中，每一种跳水项目有一个难度系数（难度分），运动员跳完后裁判会给质量系数（完成分）。两者的结合就是运动员的得分。将此思路用到服务类工作中，我们可以将服务岗位的工作进行分类，一般抓大放小，工作的颗粒度不能太大，也不能太小，通常建议10~20个颗粒度；然后引入工作价值评估模型，对每一个工作（颗粒度）进行价值评价，确定该工作的“难度系数”，即为该工作的基准积分；统计员工的工作数量，用工作数量乘以工作基准积分，就是员工的工作量积分。

张晓菲

我明白了。这种方法简单明了，确实能体现“干与不干、干多干少”的区别，那质量该如何保证？我们可不希望员工为了数量、牺牲服务质量！

卢老师

正是因为如此，我们的量化积分模型不能只有一个工作量积分，还有工作质量和职业化行为积分。请见投影附图。

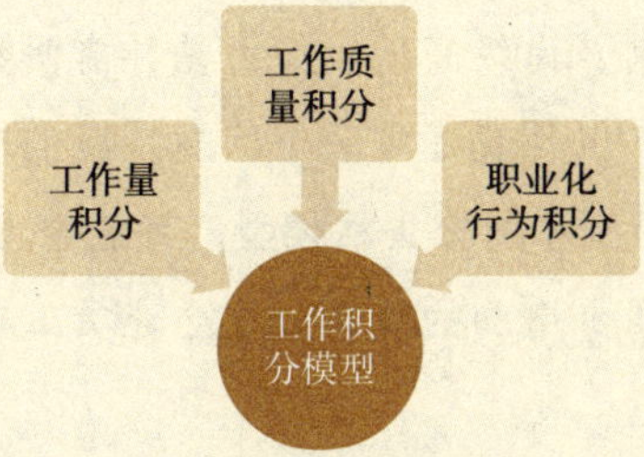

- 工作量积分：将每一个工作进行价值评价，确定基准积分，乘以员工的工作数量得到工作量积分；
- 工作质量积分：建立岗位各项工作质量标准，一般予以加减分；
- 职业化行为积分：组织内部的共性职业行为积分，如劳动纪律、团队、创新等，采用加减分方法。

卢老师

在量化积分模型中，员工的工作积分=工作数量积分 ± 工作质量积分 ± 职业化行为积分。因为员工岗位是同质化的，所以通过此方法可以将同一岗位不同员工进行客观、量化的比较。

张晓菲

我们客服部员工考核现在用的是目标考核，每个员工有一份业绩合同，每月会有一个考核分，然后用这分去计算绩效工资。如果按照量化积分模型该如何计算员工绩效工资？

卢老师

在目标考核模型中，绩效工资是按员工的岗位或职级系数分配到每个员工身上的。如果用量化积分模型，就需要将员工的绩效工资打包到一块变成一个“奖金池”的概念，然后将员工所有的工作积分合并成一个“工作池”，通过每个人的工作积分在总工作积分的占比来分配奖金池。这也就是所谓的“抢盘”或“分蛋糕”模型。我们也称为“双池量化积分”模型。这个方法对员工的刺激效应很明显。谁动了谁的奶酪？干活、干得多、干得好的，会动了不干活、干得少、干得差的人的奶酪！

张晓菲

这思路确实不错！我们客户服务部的客服热线的员工，因为历史原因，存在同工不同酬、岗级和能力倒挂等现象，这个双池量化积分模型对于打破员工身份限制、岗级高低、能力差异有明显好处，充分体现多劳多得、优劳优得！但是我还有一个问题，我们客服热线的工作是有淡旺季之分的。按照刚才的分蛋糕模型，可能会出现员工在旺季很忙、但绩效奖金却不会同步增加的现象。这会让员工感觉不好，有什么解决方案呢？

卢老师

张经理的顾虑很有道理。这种量化积分模型确有此方面的缺点：一个员工在2个月里面都拿到2000工作积分，但最后绩效奖金可能是不一样的，这还取决于别的员工的工作积分和总奖金包是多少。解决方案有两个：一是设立奖金蓄水池来调节淡旺季总奖金盘子；二是将量化积分模型改成计价模型。计价模型的原理是在积分模型的基础上，通过奖金总盘子测算每一个工作积分的单价，比如1分对应1元钱，无论在哪个月2000分必然是2000元。这种方法对员工刺激会更显性，但是也有缺点哟！

马清波

我知道缺点：有可能旺季时会导致部门的奖金池爆盘！

卢老师

完全正确！马经理反应非常快。量化计价模型的缺点也在这。解决方案也有两个：一是单价测算留有余量，要考虑淡旺季平衡；二是公司给部门的一次分配奖金池要根据业务量进行弹性调整。

张晓菲

卢老师，您说到我们心坎上了！马经理，将我们部门列为试点呗！看来，光改绩效考核方案不行，薪酬分配总盘也要跟得上啊！

马清波

是啊，这个绩效改革牵涉面很广，这真是一个系统工程！刚才卢老师介绍的方法，优缺点讲得非常透彻。回头我们得系统思考一下。

量化考核模型的缺点是什么？

李一飞

各位同事，我这里倒有一个不一样的看法，供卢老师、人力资源部和其他同事们参考一下。按道理我们市场部因为量化数据多，应该是最好采用量化考核模型的。但实际上前几年我们大客户部对大客户经理用过奖金提成的方法，效果不好，还出了很多问题。

卢老师

哦，这情况有点意思，李经理能否详细讲一下当时什么情况？

李一飞

是这样的。前几年，我刚到大客户部，也是大客户经理，我们部门的绩效工资就是收入提成模式，这与许多企业销售岗位考核模式一样，我们当时也是认为很合理的。可一段时间后，领导与员工都发现问题了：一是客户资源分配不均匀，分到肥田者明显占便宜；二是大客户营销，主要靠团队力量，收入提成模式会破坏团队的合作，尤其是某些项目靠公司品牌和领导出马拿下时，员工有点“不劳而获”的感觉；三是员工行为比较短期化，不太顾及长远，且容易出现偏科现象，不太注重战略产品和战略市场的布局；四是员工重销售结果，忽略销售过程管理。所以后来我们发现问题越来越多，调成了现在的目标考核模式。

卢老师

李经理说的他们部门这个案例很好。这也是我们必须要知道量化考核模型的缺点。每一种考核模型有其优缺点，没有好与不好的问题，关键是适合：适合组织战略、适合当前发展阶段、适合岗位特点。量化考核模型的优点是简单、透明、激励路径最短；而缺点是员工会比较功利、短视和偏科。而目标考核模型的优点是目标导向全面，可以根据组织发展阶段及战略不同去调整目标内容；但其缺点是目标体系会比较复杂，考核激励路径比较长，且有岗位适用范围的限制。

李一飞

那卢老师对我们销售岗位员工的考核有何建议？我们内部也反复讨论过，也很纠结这个问题。一方面我们希望销售部门要以结果导向；另一方面我们希望这种结果是公平合理且符合组织导向的。

卢老师：如果是新组建的单位，对销售岗位的员工，我们一般建议用提成模型或产品计价模式，简单刺激。对于市场资源划分要注意肥瘦搭配，同时要考虑到个人贡献度的修正。而就你们大客户部的目前考核现状来看，建议可以考虑使用混合模型：一部分绩效奖金通过提成等模型予以体现；另一部分绩效奖金可以通过目标考核模型体现目标导向和销售基本动作等过程管理，这样可将两种方法的优点充分发挥出来。

李一飞：混合模型这个创意不错，那该怎么混合呢？

卢老师：可以采取加分混合或乘法混合。比如绩效奖金A是量化部分（提成/计价/计分）；绩效奖金B是目标部分（绩效基数 × 考核得分）。加法混合就是A+B；乘法混合就是A× 考核得分。如果力度再大点，可以先乘法再加法：A+A× 考核得分。

李一飞：呀！这么多学问，回头我得好好研究一下如何操作。因为涉及奖金部分改革，还得请人力资源部马经理大力支持啊！

马清波：只要是有助于提高业绩、提升员工积极性的改革，我们都全力支持！

（辅导会继续进行……）

【读书笔记】

- 目标考核模型是“万金油”，各种岗位都能胜任，尤其是职能管理岗位。
- 量化考核模型用于一线销售、生产、服务、操作、维护、研发、设计等岗位。
- 一线岗位的三个特点：一岗多人、工作好量化或颗粒化、工作重复再现。
- 量化考核模型很刺激、激励效果好，但是容易引发员工功利性和短期行为。
- 目标考核模型激励路径长、激励效果不如量化考核，但是考核指标体系平衡性好，可以弥补到量化考核模型的不足。对于一线岗位，可以将量化考核和目标考核结合起来。
- 无论是目标考核、还是量化考核，最终都要区分员工表现的“六干”：干与不干、干多与干少、干好与干坏。
- 目标模型关键是给员工设定一人一表（业绩合同、绩效合约）。
- 量化考核模型的关键是建模确定工作/事情的难易程度。

2.3 职能部门员工怎么考核？

故事导入

几个部门经理还在热烈讨论着员工考核模型。绩效专家卢老师介绍的量化考核模型给办公室经理陈文成带来了很大冲击，因为办公室之前一直用的是目标考核模型，他希望能找到新的突破点。大家的讨论给他带来灵感，他想出一个新的办法，希望马上分享给大家……

职能部门适合“积分抢蛋糕”模型吗？

陈文成：卢老师，刚才听到您介绍的双池量化考核模型的方法对我启发很大，尤其是“跳水比赛”的模式我觉得很好，是否可以用到我们办公室这样的管理支撑部门的员工考核中？

卢老师：哦，有点意思！那陈经理能否具体讲一下你的思路，大家一起来评估一下？

陈文成：我是这样考虑的。我们办公室可以执行类似的“任务工单制”。我们经理给员工安排工作好比是下任务工单，每个工单我们有一个类似“跳水比赛”的难度系数。员工做完工作后，我们经理对每个任务工单评价一个质量系数。月底时将员工完成的工单全部汇总出来，通过难度系数和质量系数计算每一个工单的“工分”，然后通过这个工分再来二次分配员工的绩效工资。

陈经理挺有创意的！这里说的“任务工单”是量化积分模型的一种使用特例，我们也称为“项目奖金模型”。一般适合于项目管理制单位的绩效奖金分配。比如软件开发项目团队、工程建设类项目团队。其他经理看下陈经理的建议是否可行呢？

卢老师

张晓菲

我个人不倾向于用这个方法。因为刚才卢老师提到，使用量化考核模型的岗位是有3个条件的：一岗多人，工作好量化，工作重复再现。你们办公室员工的工作可不像我们客户服务热线的员工，这3个条件基本都不太符合，我认为用起来应该是有问题的。对吧，卢老师？

张经理讲的是对的！每一种考核模型有其适用条件，如果不适用，效果可能适得其反。陈经理的“任务工单”的方法在理论上可行，但在实践中我们并不主张，原因有二：其一，办公室各岗位之间工作内容差异化大，不是同质化的，不同员工的任务难度不可比，员工会抱怨难易程度的不均。而像同质化的岗位，每个人分到任务难易程度的机会是均等的。其二，办公室有些工作是重复再现的，而有些是领导临时交办的任务，别的不说，来一个临时任务，就得重新设定任务难度系数，这个临时操作会比较麻烦。而类似销售、客服等岗位，我们只需要在年初设定好积分或计价规则，一年基本都是不变的。

卢老师

陈文成

卢老师说的第二点原因我特别认同。我们办公室的工作太杂了，别的部门不管的我们都得管！所以我们办公室自己也开玩笑称我们部门为“不管部”。而且很多任务临时性、突发性特别强，我们还真不知道该怎么考核！唉，看来我们还得用回目标考核模型咯！

什么是项目奖金模型？

陈经理也不要灰心，类似办公室这样的职能部门考核本来就是考核的难点。这个世界性的难题，目前业内还是有一些共识的解决建议的，

卢老师

我们也有一些创新成果来解决诸如任务多变性等问题，后面也会专题介绍。总体来讲，大部分的职能机关部门考核我们还是建议用目标考核模型，中间也可以用“项目奖金模型”做一个小补充。

陈文成

哦，项目奖金模型怎么操作呢？

卢老师

对于可以执行二次分配的机关职能部门，我们将员工的绩效奖金包中切出一小块，如5%用于项目奖金池，其余95%还是按照目标薪酬模型作为员工的绩效基数。当然，这个项目奖金池也可以找上级申请专项奖金包。然后通过公司或部门的项目管理委员会，对于跨部门和跨岗位项目进行立项，评定项目级别和项目奖金总额；项目结束后评定项目质量和成员贡献，再来进行二次分配。这个方法有助于打破部门及岗位壁垒，有利于合作，但也会引发人为的“造事”导向，会冲击员工的本职工作体系。

马清波

我们公司之前为鼓励各部门创先争优，也曾经设过类似的“专项任务基金”。各个部门可以在每年年初通过申报专项任务来组建项目团队，并获得专项基金的支持；项目结束时进行评估并对项目成员进行专项奖励。第一年刚推出时，大家积极性特别高涨。到了第二年，我们管理层发现各个部门申报的专项任务很多本来就是部门的本职且应该做好的工作，有时为了申请专项基金，变出一些花样来，我们发现“假动作”太多，所以后来全部收紧了审批权限。今天卢老师这么一点评，思路就清晰了。这种“项目奖金模式”重点是要鼓励跨团队协作和公司级重大创新的项目，不是什么项目都能申请的。

卢老师

考核具有强烈的导向机制，这种导向机制需要我们在具体使用过程中不断修正，这样考核激励办法才会是匹配组织发展的。

员工考核结果怎么核算绩效工资?

陈文成

卢老师，我明白了，我们办公室这样的职能部门主体还要以目标考核模型为主，那具体该怎样操作，尤其是绩效工资如何兑现呢?

卢老师

这得用到我们前面辅导中讲的除法公式：绩效=表现/目标。通常目标考核模型是先给员工设定一人一表（也称为业绩合同、绩效合约、目标任务书），每次考核周期结束时，将员工的表现和一人一表的各个指标进行对标，算出员工的考核分，再将该考核分转换成考核系数（一般将考核分直接除以100得到），然后再用以下公式兑现绩效工资：

绩效工资1=绩效基数×岗位系数×考核系数

绩效工资2=绩效基数×部门考核结果×岗位系数×考核系数

绩效工资3=部门绩效奖金包×岗位系数×考核系数/Σ（岗位系数×考核系数）

陈文成

我们目前用的似乎是这个公式1。

卢老师

是的，很多公司会用到公式1。在公式1中，“绩效基数”通常在一个部门甚至一个公司内是固定值，如1000元。“岗位系数”要通过前面我们所述的“岗位价值评价”得到，但目前很多单位取的是员工的职级或职务系数；“考核系数”就是根据员工考核得分转换的系数。

陈文成

公式2比公式1中多了一个部门考核结果的修正?

卢老师

是的，很多企业将部门的考核结果和员工考核结果联动起来，这样可以引导员工关注部门总体目标，正所谓“大河涨水，小河满”。

张晓菲

但是我觉得公式2中将部门考核结果与员工考核结果挂钩也不完全合理。比如一个员工绩效很好，但因为其他员工拖部门后腿了，他得为其他员工去买单，似乎也不太公平啊。

卢老师

公式2确实有此“嫌疑”！但是其主导思想是要将员工绩效奖金与组织绩效结果捆绑，这也是合理的。为避免过强的关联，很多企业在具体使用时会对部门考核结果进行收敛处理，即将部门的原始考核分换算成波动幅度较小的系数代入计算。比如部门考核结果是90分，对部门绩效奖金包的影响系数可以是0.95；部门考核结果是110分，绩效奖金包系数设定成1.05。这样部门的考核结果对员工的绩效奖金会产生影响，但不会太大。

马清波

但是公式1和公式2都有一个问题，即如果部门或员工考核结果很好的时候，那组织的绩效奖金盘就要爆盘，怎么处理呢？

卢老师

如果用公式1和公式2，上级组织通常就要设立奖金蓄水池，考核结果不好的时候，扣的绩效奖金回流进蓄水池；但如果考核结果好的时候，蓄水池就要补水进来。目前很多企业采取的是先将绩效奖金分配到部门，再由部门进行二次分配的方案，这时通常会用到公式3，也称为“分蛋糕”模型。这个模型中绩效奖金池是不会爆盘的，但员工的奖金预期会减弱：这个月考核结束了得多少钱，员工自己是不清楚的，还取决于团队的奖金包和其他员工的考核得分。这个模型在薪酬总量管控很严格的单位很受欢迎。

员工考核结果差距不大怎么处理？

陈文成

经卢老师这么一辅导，关于考核结果如何兑现绩效工资的问题我是彻底明白了。但我还有一个问题，就是我们机关部门员工的考核分数通常差距不大，甚至就像卢老师您前面讲的，一个月下来两个员工只差了0.5分，这个结果兑现到绩效工资上也是毛毛雨，员工也没有感觉！奖得员工不心动，罚得员工不心痛！这种考核的正负向激励作用都没有起到，该怎么解决呢？

卢老师

陈经理的问题很好，这是很多企业的通病！通常有一种处理方式不是拿原始考核分计算绩效工资，而是将原始考核分在部门内部进行强制排序，然后根据排序等级对应的系数来计算绩效工资。这样会将原始考核分比较小的差距做放大处理。

陈文成

嗯，我们年底就是这样干的，将员工考核得分按照一定的强制分布比例转换成考核等级对应的系数，来计算年终奖。这样说来，我们职能部门的考核重点还是要放到目标考核模型中。但是从我们办公室情况看，我们部门员工岗位的工作不好量化，各岗位之间也不是同质化的，不好比较，这个目标考核模型估计应用起来难度不小吧？

卢老师

是的。职能部门员工的考核是世界性的难题，因为不好量化和非同质化的原因，通常还用不了量化考核模型，所以必须回归到目标考核模型。目标考核模型是“万金油”考核模型，适用范围很广。不仅仅可以用到职能部门员工考核中，还可以用于对于组织考核、管理人员考核，甚至一些公司一线人员考核也会直接用目标考核模型。从目前辅导了解的信息看来，贵公司对部门和员工也主要是用目标考核模型，所以我们后续辅导的重点也会围绕目标考核模型展开。

马清波

那目标考核模型的关键点应该是一人一表，这个该怎么制订呢？

卢老师

一人一表是目标的载体，这个非常重要，后续辅导中我们将给出详细的制订方法，大家先不着急。职能部门考核虽然是难题，但是根据我们的实践看，还是有好的解决方案的，虽然这个方法有其困难。俗话说得好：“只要找到了路，就不怕路远！”

马清波

好的，谢谢卢老师！各位经理们，我们先休息一下，待会精彩继续！

（辅导会中场休息……）

【读书笔记】

- 职能部门员工考核不适合用量化考核模型，主要还是用目标考核模型。
- 职能部门员工考核可以适度引入项目制考核作为补充；项目制考核重点要引导跨部门或跨岗位协作，而不能将本职工作列入项目制考核。
- 目标考核模型计算绩效工资基本公式：绩效工资＝绩效基数 × 岗位系数 × 考核系数。
- 目标考核模型的关键是制订一人一表。

2.4 全员绩效管理的“1234”路径

故事导入

稍事休息后，绩效辅导会继续进行。

经过前面的辅导，大家对各种岗位类型所采取的考核模型有了更清楚的认识，因为糖人通讯现阶段员工的考核主要以目标考核模型为主，所以卢老师开始就“如何做好目标考核”进行专题辅导……

马清波

卢老师，您前面辅导的关于不同岗位类型员工考核模型的原理和利弊分析让我们耳目一新，打开了我们的思路。以前只是一种无意识的探索，现在变成了有目的的尝试，这太好了！王总参加公司的总办会议，先行离开。他走之前专门让我谢谢卢老师的专业辅导。这次辅导会结束后，我们也会尝试选择销售及服务线的个别部门做一些量化考核模型的试点，但因为历史原因，我们公司除了生产线采取量化计件考核模型外，管理者及员工均是用的目标考核模型，这中间也有不少的困惑，所以想请卢老师就目标考核模型的实施要点给经理们做一些讲解！

卢老师

谢谢王总的认可和各位经理的积极参与。目标模型是一种主流考核模型，无论是部门考核还是员工考核均可以用，而量化考核模型往往只能针对特定的一线岗位才能用。即便是用量化考核的岗位有时也会加入目标考核模型来抑制量化考核的某些缺陷。所以全面掌握目标考核模型是有必要的。那该如何推行目标考核模型呢？企业内部必须构建全员绩效管理体系，请大家看下投影。

一	·一人一表
二	·两个维度
三	·三次沟通
四	·四个环节

一人一表

马清波

这个全员绩效管理的“1234”路径总结得很好，也好记！第一个是一人一表。我理解是否就是我们公司所说的业绩合同？

卢老师

没错！一人一表是通俗的说法，不同单位叫法不一样。有的称之为业绩合同、有的是绩效合约，有的叫目标任务书或目标承诺书，有的称为考核责任书，等等。叫什么不重要，但这一人一表太重要了，它是目标考核模型的起点也是关键点。前面我们说了目标考核模型是要做除法的，分母是“目标”，而“目标”的载体就是这一人一表。可以想象一下，如果一人一表没有制作好，目标就会有问题，会导致分母出问题，再导致分值、也就是考核结果出问题，那考核应用起来必然也出问题。所以一步错、步步错！现在很多企业推行全员绩效管理，一个重要的衡量标准：是否每个人都有一人一表？无论是管理者还是员工。

马清波

这一点我们公司倒是做得不错。所有的人，上至总经理，中到部门经理，下到普通员工，每个人都有业绩合同。虽然质量方面我们觉得还有提升空间，但我们王总的思路是：先固化、再优化！先立靶子，再来打靶！

卢老师

这个思路挺好！一人一表很难在初始化阶段就做得完美，它有一个逐步完善的过程。同时随着组织战略的变化和员工岗位职责的调整，一人一表一定要跟着调整。所以一人一表的调整永远在路上！

李一飞

卢老师，我有一个困惑，为什么这个一人一表不叫“一岗一表”？在我们大客户部，我们很多类似的员工都是一个岗位：大客户经理，直接定义成一岗一表不是更合理吗？

卢老师

李经理问得很好！这里面有几方面的原因：其一，即便是同样的岗位，如大客户经理，落实到每个人去干时，其市场区域、客户范围、目标任务值都是有所不同，所以同类岗位，我们是一岗一模板，落实到人来签署业绩合同，还是一人一表！其二，在许多组织里面，两个员工岗位名称听起来一样，但实际上工作内容还是有一定差异的，为了体现“做什么，考什么”的原理，我们在设置业绩合同时，其指标和权重都有差异，实际上还是“一人一表”！

两个维度

李一飞

我明白了！那您说的“两个维度”是什么？

卢老师

我们企业对人的考核通常讲5个字：德能勤绩廉！我先问下大家，你们企业更强调哪个字？

李一飞

毫无疑问肯定是“绩”字！我们管理层和公司文化经常强调“绩为先”！

卢老师

没错！这也是很多企业的诉求。所以“两个维度”中第一维度是指“业绩”维度，而第二维度的说法，不同企业可就差别大了，比如有的企业强调“能力”，有的是“品能”，有的重视“价值观”，有的是“领导力”，等等。所以第二维度我们一般就统称为“非业绩维度”！

马清波

我们公司就比较重视能力素质考核！年底考核，我们所有的人除了评定业绩外，还要对能力素质进行评定，通常就是“七三开”：业绩占70%权重，能力素质占30%权重。

你们用的是线性加权组合方式，最后得到一个数字结果。还有一种组合方式是平面组合方式，将业绩和非业绩（价值观、能力、素质等）独立成两个正交的维度：X轴和Y轴，形成一个平面结构，每个维度各自100%权重，然后通过4个象限或9宫图进行员工考核等级的评定。

卢老师

李一飞

貌似挺“高大上”的方法？但这样是否太复杂啦？

李经理可别嫌它复杂，很多大企业发展到一定阶段，有了更多诉求时，很多会用到这个方法。后面我们专题辅导年终考核时再说这两种组合方式的优缺点。

卢老师

三次沟通

陈文成

卢老师，那三次沟通指的是什么？我们以前都知道考核结果出来要跟员工进行反馈沟通，这应该算一次吧？

是的。我们以前说的绩效结果反馈的沟通是第三次沟通。而第一次沟通是指绩效目标的沟通，第二次沟通指的是绩效过程的沟通，即绩效辅导中的沟通。这三次沟通是一个整体，不能偏颇。实践证明，前两次沟通做得好，第三次沟通才更容易。

卢老师

张晓菲

卢老师这三次沟通的提法太好啦！我们以前过分地强调最后绩效结果的反馈沟通，却忽视了前面的沟通，其实是本末倒置！我以前对员工考核时，就遇到很难沟通的情况，“痛苦”了N次后，才发现问题还是在于前面的目标大家没有沟通到位。后来我们强化了目标方面的沟通，最后发现结果沟通变得也容易了。

张经理给了我们一个很好的现身说法的案例！这三次沟通中第一次目标沟通最重要，第三次结果沟通是最难的，而中间的辅导沟通却是最花时间的，需要考验管理者的耐心，因为过程沟通不是一次，要根据不同员工、不同情况进行不同层次的沟通！

卢老师

四个环节

李一飞：那四个环节是什么呢？

卢老师：各位请看下投影。

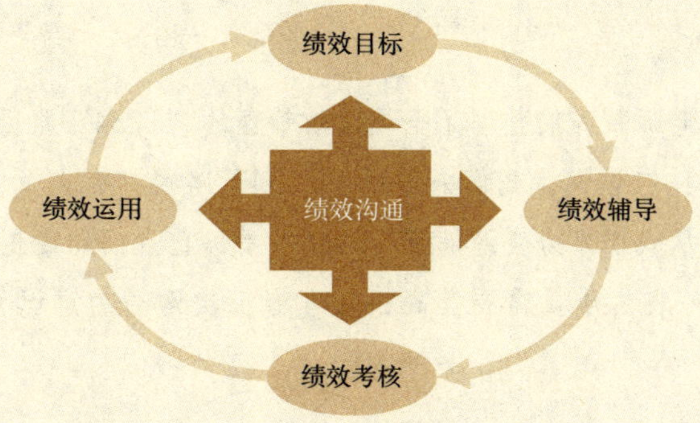

李一飞：咦，这个循环外面4个步骤很像PDCA循环？！

卢老师：没错，就是质量管理专家戴明博士提的PDCA循环，也称为戴明环！绩效管理的全流程就是一个PDCA的过程：Plan（计划）-Do（执行）-Check（检查）-Action（改进行动），形成闭环，周而复始。PDCA循环的核心就是持续改进，我们做绩效管理也需要不断完善。如果一个企业一年只做一次考核，这个循环就转一次；如果一个月做一次考核，这个循环就会一年转12次。每一次对组织都是一个持续改进的过程。

李一飞：这个PDCA循环好像就是企业的深度学习系统！

卢老师：李经理总结得很好！企业用PDCA循环构建绩效管理全流程，就会进入一个自我进化、螺旋式上升的通道中。

张晓菲：从这张图我们也可以很清晰地看到绩效管理和绩效考核的区别：绩效考核是一个点，而绩效管理却是一个完整的管理过程。

是的。绩效考核是对过去的评价，只具有回顾性。而绩效管理不仅仅评价过去，更重要的是激励未来。

卢老师

李一飞

卢老师将“绩效沟通”放在绩效管理循环的中央位置，是否强调沟通重要性？

是的。这个循环的每一个环节都需要做好沟通，所以我们也称为4+1循环。

卢老师

马清波

非常感谢卢老师帮我们整理了全员绩效管理的“1234”路径，很贴切、也很好记忆！应该说，我们公司这“1234”路径都有在做，但又都不是很理想。从我们人力资源部评估的情况看，重点问题还是在“1”和“3”：一人一表的质量需要提高；管理者三次沟通的意识和能力需要加强。

是的，这也是很多企业在推行全员绩效管理中普遍存在的两个问题，后续我们也将针对这两个短板做专题性辅导。

卢老师

马清波

那太谢谢卢老师啦！各位经理，今天辅导会到此结束。下一次辅导会时间是下下周三，主题是一人一表的辅导。请各位经理准时参与。最后我提议大家以热烈的掌声感谢卢老师今天的精彩辅导！谢谢！

（本次辅导结束。）

【读书笔记】

- 全员绩效管理的“1234”路径：
  - 一人一表：业绩合同、绩效合约、目标任务书等；
  - 两个维度：业绩维度与非业绩维度（德能勤廉等）；
  - 三次沟通：目标沟通、辅导沟通、结果沟通；
  - 四个环节：绩效目标、绩效辅导、绩效考核、绩效运用。
- PDCA循环，也称戴明环，从Plan(计划)–Do(执行)–Check(检查)–Action(改进行动)，形成闭环，周而复始。PDCA循环的核心就是持续改进。
- 绩效管理的全流程是一个闭环：

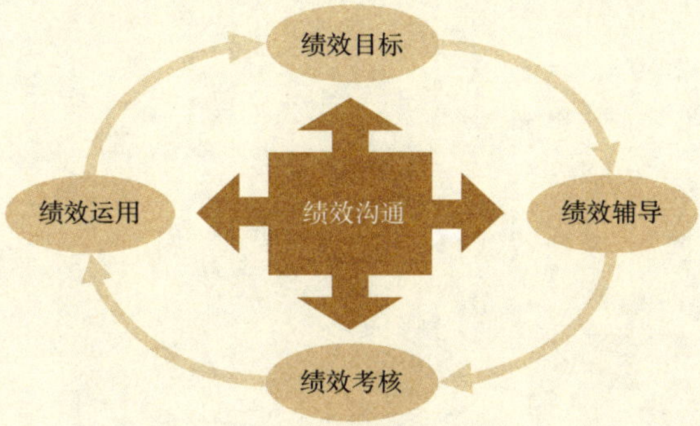

第3讲

如何给员工制订一人一表？

3.1　一人一表应该由谁来制订?

一人一表可以让HR来制订吗?　一人一表可以让员工本人来制订吗?　制订一人一表的"123"辅导流程　一部一册谁来制订?

3.2　一人一表用什么模型搭建?

一人一表适合用平衡计分卡来搭建吗?　一人一表为什么推荐用KGB模型?　除了业务类KPI，为什么还要引入职责KPI?　为什么要引入GS考核?　行为指标KBI考哪些内容?　什么是NNI?

3.3　一人一表的制订原则是什么?

不能量化的内容怎么考核?　什么是具象化考核?　为什么要经常化考核?

3.4　如何将公司指标分解到部门?

KGB模型适合对部门考核吗?　怎样通过战略解码来分解公司指标?　指标太多了，怎么筛选?

3.5　如何将部门指标分解到个人?

如何用"脑图"工具来分解部门指标?　如何用"脑图"工具将岗位级KPI关联到员工?　如何将员工的"指标脑图"转换成一人一表?

3.6　业务类KPI如何设定目标值?

为什么业务类KPI设定目标值很难?　业务类KPI设定目标的预算法和增长法　如何让员工主动申报目标?　如何将年度目标分解到月度?　用红绿灯方法设定业务类KPI目标值

3.7 业务类KPI如何设定强弱不同的计分规则?

业务类KPI计分适合封顶和保底吗?　业务类KPI如何避免得分钝化的问题?　业务类KPI为什么要设计强/弱相关计分规则?　什么情况使用弱相关计分规则?　职能部门如果挂靠业务类KPI该怎么计分?

3.8 如何提炼职责类KPI?

岗位说明书能代替一人一表吗?　如何从岗位说明书提炼职责类KPI?　如何制订职责类KPI?

3.9 红绿灯考核如何操作?

什么是红绿灯考核?　红绿灯考核的句式规范是怎样的?　什么是红绿灯考核的九灯原理?　红绿灯指标谁来考核?　红绿灯考核加减分的度怎么把握?

3.10 滚动GS考核怎么操作?

GS和职责类KPI有什么不同?　为什么要引入滚动GS考核?　怎样将GS任务滚动起来?　有支持滚动GS的考核信息系统吗?　滚动GS怎么验收?　滚动GS考核的主动创新系数怎么用?

3.11 GS任务做多错多怎么办?

GS任务和顺时性额外任务有什么区别?　GS考核是否会导致做多错多?　GS可以采取工单加分吗?　当月没有GS任务该怎么计分?

3.12 行为指标KBI如何设定?

为什么要引入关键行为KBI考核?　谁来设计KBI?　KBI怎么考核?

3.1 一人一表应该由谁来制订？

故事导入

过了两周，卢老师应约来到糖人通讯，进行第二场绩效辅导会……

本场辅导主题是一人一表制订。经过第一场辅导后，各部门经理对于各种考核模型有了一定认识，也知道了绩效管理关键的节点在一人一表。第一场辅导会在公司内部产生了很好的影响，来参加辅导会的经理们比上次更多了。

人力资源部经理马清波主持了辅导会的开场。

马清波

欢迎各位同事参加第二场绩效管理辅导会。第一场辅导会下来，效果很好。我也听说今天一些同事为了这次辅导会，还改变了出差行程，感谢大家的参与。下面请大家用热烈的掌声欢迎我们公司的绩效管理顾问卢锐军老师！

卢老师

谢谢大家！上次辅导会大家非常踊跃积极，提出了很多问题，一方面让我对贵公司绩效管理推行现状有了更进一步的认识；另一方面教学相长，一些问题也让我对绩效管理有了新的反思和总结。本场辅导会重点是辅导一人一表，这也是绩效管理的关键节点！看哪位经理在这方面有什么问题，谁先来抛砖引玉？

一人一表可以让HR来制订吗？

李一飞

卢老师，那还是我先来吧！我认识您最早，每次辅导也都是我“打头炮”。上次经您辅导后，我感触特别多，帮助我们澄清了对绩效管理很多错误的认识，很多观点也让我耳目一新。但是现在深入思考下来，也产生了新的困惑，希望卢老师给指导一下哈！

卢老师

好啊！反思是我们成年人最重要的学习模式。李经理可以将你的困惑跟大家说一下，大家可以集思广益，共同进步！

李一飞

嗯，是这样的。上次说到绩效管理很重要的是要先定好规则，这个规则就是绩效目标。而绩效目标的载体就是今天要辅导的一人一表。但这个一人一表由谁来制作呢？我们作为直线经理，倒不是想“甩锅”，不承担责任。确实我们都是从业务或技术高手提拔上来的，也不是管理科班出身，而这个一人一表这么重要，如果我们来做，做出来质量不高，岂不是后患无穷？上次听了卢老师您的辅导，感觉绩效管理是一门深奥的学问。我在想，这个一人一表是否该让人力资源部来牵头，毕竟他们更专业，或者聘请你们这样的专业咨询公司来制作呢？

（李经理的发言引起不少与会者的点头认同，人力资源部经理马清波马上接话啦……）

马清波

我可不赞同李经理的观点！虽然我们是学人力资源管理的，公司也要求我们人力资源要靠近业务，可是我们也不可能对公司涉及的所有专业都很熟悉、很精通呀！制订一人一表时，一定要对组织目标、业务要求和员工特点都很熟悉，才能制订出合适的一人一表。卢老师，我说得对吧？

卢老师

马经理说的是对的！李经理的担忧也不无道理！一人一表的制订需要业务部门和人力部门通力配合才能完成得好！首先，我们必须明确，人力资源的工作不仅仅是人力资源部门的工作，而是所有直线经理都应该参与进来的。上次辅导我们说过一个观点：直线经理的第一角色是人力资源经理！直线经理们如果不参与一人一表的制订，不说绩效目标的问题，后续考核和沟通都会出问题。其次，考核中有一条基本原理：谁在现场让谁考核，谁是离现场最近的人一定是考核最准确的人！所以在制作一人一表时，人力资源部门和业务部门一定要分工合作。具体来说，人力资源部门和外部咨询公司应该是“方法论专家”，直线经理们应该是“内容专家”。人力资源部门应该提供一人一表的模板、培训、辅导和信息化系统，而直线经理要负责具体的落地执行。

一人一表可以让员工本人来制订吗？

陈文成

卢老师，您刚才讲的“谁在现场让谁考核”这个观点很好！问题是在现场的有两个人，一个是员工，一个是直线经理，那一人一表为什么不让员工来制订呢？我感觉员工对他们工作更熟悉呀，这样制订一人一表不是更有操作性吗？而且员工参与制订一人一表也代表组织对员工的一种信任，这样岂不是更好地激发员工积极性？

李一飞

陈经理这个观点我可不认同！让员工参与一人一表的制订固然可以激发员工的主动性，但是“道德风险”不低呀。人从保护自己角度出发，大部分情形还是趋利避害的。让员工来写一人一表，很多员工给自己定的目标任务偏低，后期沟通起来很费劲。而且像我们大客户部，大客户经理很多，岗位是同质化的，如果每个人都写一人一表，到时候统一起来也是很麻烦的。

张晓菲

嗯，我也不赞成由员工来制订一人一表。我们客服部之前让后台岗位员工来写业绩合同，结果员工写的都是他们正在干的事，而组织希望他们干的事很多都被遗漏啦。这跟“觉悟”没有关系，还是一个员工“站位”问题。所以我倾向于直线经理来制订一人一表，可以将组织的要求和岗位的定位很好地结合起来。

卢老师

各位经理的发言很好，这种讨论特别有价值！结论也慢慢收敛啦。从实际操作经验来看，一人一表还是要直线经理来牵头制订。陈经理的建议很好，如何能发挥员工的主观能动性？后续三次沟通辅导中，我们会讲到一个“双向沟通三步法”，对于某些非同质化的岗位，我们可以让员工来参与制订目标，但是一人一表的发起和结束还得是直线经理。

马清波

感谢卢老师为我们人力资源部解围呀！一人一表的制订工作很重要，我们人力资源部既没有人手、也没有能力替业务部门来制定呀。刚才您讲到我们人力资源角色定位应该是一人一表的“方法论专家”，不瞒您讲，我们离专家还是差距很大的。这次我们聘请卢老师您这样的资深专家进场辅导，就是想学习如何将“方法论和内容”结合起来呢！

制订一人一表的“123”辅导流程

卢老师

根据我们多年参与一人一表的辅导经验，我们总结了一个“123”的辅导流程，效果不错！“123”指的是：一次培训、两轮辅导、三次作业。首先我们要给直线经理们培训一人一表的框架和每个模块的设计方法。培训后马上安排“家庭作业”——一人一表模板，让直线经理参照这个模板，选几个典型岗位去制订员工的一人一表。然后约定3~4天后我们咨询顾问入场辅导“家庭作业”，可以一对一或一对多形式；直线经理们根据顾问老师的建议回去再修改“家庭作业”，再约定时间进行第二次辅导，然后再完成第三次作业。经过“123”的辅导流程后，一人一表的质量都很高，将“方法论和内容”完美地结合了！

张晓菲

这方法不错！以前我们经理们参与过很多培训，听的时候明白啦，但做起来还不是那么回事，知易行难呀！这种“123”的培训+辅导流程可行，以后我们客服部的服务能力提升培训项目也可以参考这种流程来设计，这样才能做到“知行合一”！

是的！这种培训＋辅导的方法还有一个好处是将我们的方法论转移给了直线经理。授之以鱼，不如授之以渔！之前一些客户的领导曾和我抱怨，说咨询公司在现场时大家会干，离开了不会干，我们也希望给企业留下一些方法和工具，这才是更持久的东西。尤其是一人一表会随着组织机构调整、业务流程变化，经常要调整，所以直线经理们掌握这种能力和方法，未来应变性会很强！

卢老师

马清波

这个太好啦！那我们人力资源部是否可以派人跟学卢老师的辅导流程？我们公司这几年发展很快，干部队伍补充了很多，我们学会了，也可以成为半个辅导专家啦！

当然可以呀！我们之前在企业做人力资源工作时，也是这样成长起来的。

卢老师

一部一册谁来制订？

（企管部的经理刘安国开始发言啦……）

刘安国

卢老师，您好！我是公司企管部的刘安国。上次辅导会时出差了，很遗憾没有参加您的辅导。我们部门负责对下属分（子）公司和机关职能部门考核。刚才听到您讲到一人一表的制订问题。我有一个困惑，针对部门管理者来讲，其一人一表是否就是我们给部门设定的业绩合同？

刘经理，幸会！我们很多客户单位的组织考核与员工考核也是分离的。对于员工考核是一人一表，对于部门考核就是一部一册。对于平时考核，我们一般将部门的考核结果直接等同于部门负责人的考核，这样处理简单点；但是对于年底综合考评，组织考核结果代表的是负责人的业绩维度，还需要增加非业绩维度，比如管理能力、价值观的评价等。

卢老师

刘安国

那我明白啦！我们公司也基本是这样操作的。我这有一个新的问题，这个一部一册由谁来制订呢？按您前面所说，应该是直线经理来制订。我们这些部门负责人的直线经理是各部门的分管领导，都是公司领导，他们可不会来制订呀？

卢老师

刘经理说的是实情。根据我们的咨询经验，通常建议企业内部成立一个负责组织考核的小组，你们企管部肯定是牵头部门，相关的人力、财务、业务部门派骨干参与。届时由这个小组来制订一部一册初稿和组织考核管理办法，我们咨询公司如果参与辅导，也是辅导这个小组。初稿出来后，与部门及各分管领导沟通后修改，最后再上公司的总经理办公会，通过后即为正式的一部一册。

刘安国

嗯！这个主意很好，比较好落地操作。虽然我第一次参加辅导，马上学到了“真经”，下次辅导绝对不缺席啦。谢谢卢老师！

卢老师

不客气，大家多交流！

（辅导会继续……）

【读书笔记】

- 直线经理的第一角色是人力资源经理。
- 谁在现场让谁考核！谁是离现场最近的人一定是考核最准确的人！
- 一人一表的制订要由直线经理来牵头制订。
- 制订一人一表时，直线经理是内容专家，人力资源经理是方法论专家。只有内容和方法论结合，才能制订高质量的一人一表。
- 一人一表制订流程推荐“123”模式：一次培训、两轮辅导、三次作业。
- 部门的业绩合同，也称为一部一册。通常由负责组织考核的牵头部门成立工作小组，制订一部一册初稿，然后上会讨论通过。

3.2 一人一表用什么模型搭建？

故事导入

绩效辅导会继续进行……

通过经理们的讨论和卢老师的辅导，大家对“谁来制订一人一表”的问题有了基本共识，也厘清了人力资源部和各业务部门在一人一表制订中的分工。但是对于如何制订一人一表，大客户部李经理还是有许多困惑，像往常一样，李经理又第一个“开炮”啦！

一人一表适合用平衡计分卡来搭建吗？

李一飞

卢老师，既然一人一表由我们直线经理来牵头制订，可我们该如何给员工制订一人一表呢？现在我们公司对部门有KPI考核，我们各部门对员工也有KPI考核，这个KPI和一人一表是一回事吗？

卢老师

那还是有较大差别的！KPI是一人一表中一个重要的组成部分，但是一人一表包含的内容要多很多。回答这个问题前，我先问下刚才认识的公司企管部刘安国经理：目前我们公司对下属分（子）公司和职能部门是用什么框架模型考核的？

刘安国

是这样的，我们公司一直以来都是用平衡计分卡进行组织考核。按照平衡计分卡四个维度提炼各部门KPI指标。这几年使用下来，感觉平衡计分卡对分（子）公司使用效果还不错，但是对于总部职能部门感觉效果不太好，近期也想着要优化一下，正好借着这次辅导也希望能找到优化方向！

马清波

刘经理说的是实情，我们人力资源部负责公司员工考核体系，我们了解到，很多部门也是直接将部门平衡计分卡的指标简单拆分，作为对员工考核的KPI，我们也很困惑，这个方法科学吗？

卢老师

好的！在回答两位经理困惑前，这里我们先说下平衡计分卡这个方法的优缺点。平衡计分卡，英文是Balanced Score Card，简称BSC。是20世纪美国两位专家卡普兰和诺顿提出来的。一个重要的出发点是针对一个上市公司的业绩评价，不要仅仅看财务维度，还要看客户维度、内部流程和员工的学习成长，共四个维度。BSC 强调：一个可持续发展企业，其评价指标应该是注重财务和非财务指标的平衡、结果与过程指标的平衡、短期指标与长期指标的平衡。应该说，平衡计分卡是一个非常好的管理工具，其理论体系非常完美，对于经营实体，比如上市公司、分（子）公司、事业部的评价我们都是推荐用BSC的方法。但是国内外很多企业实践下来，发现对企业的职能管理部门和对员工的评价，如果也延续用平衡计分卡，就感觉效果不好，所以很多国内先行的企业在一部一册和一人一表制订中就没有继续沿用平衡计分卡。

刘安国

哦，愿闻其详！

卢老师

平衡计分卡这个理论当时的出发点就是针对上市公司评价用的。一个上市公司作为一个经营实体，四个维度评价的提法是非常合理的，也是必须的。但是对于职能部门和普通员工，不是经营实体，如果按四个维度去套用，很多无法使用。比如财务维度指标，很多部门和员工根本没有办法去提炼财务指标。于是很多单位就会把组织的财务指标挂靠到职能部门和员工身上，让大家产生了很多不理解：你考我的事，不是我真正干的；我干的事，你还没有考！这也违背了考核的基本原理：做什么、考什么！

一人一表为什么推荐用KGB模型？

马清波

确实如此，我们公司现在好多部门对员工的考核也存在这样的问题。那请问卢老师，一人一表用怎样的框架模型更好呢？

卢老师

根据我们的咨询实践经验，我们的建议是：针对分（子）公司、事业部考核可以继续参考平衡计分卡的考核框架，但是对于职能部门的一部一册和对于员工的一人一表我们更建议用KGB的考核框架模型。

李一飞

咦，这个KGB读音听起来很像苏联间谍机关“克格勃”？

卢老师

哈哈，李经理很会联想！这样倒是很好记忆！KGB是指三个考核组成部分：关键指标KPI、关键任务GS、关键行为KBI。请大家看一下投影附图。

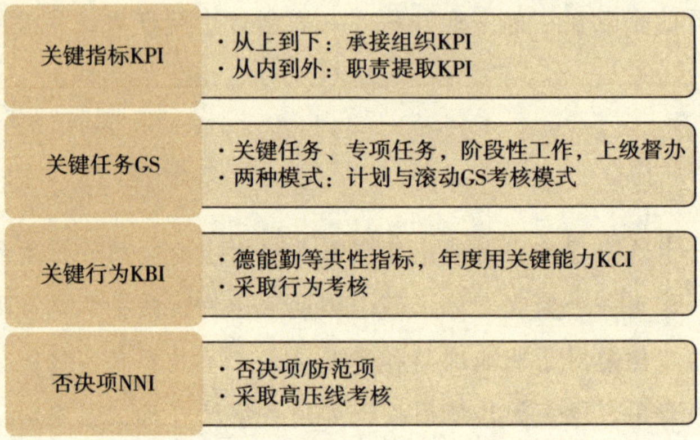

马清波

这个模型跟我最近在学习的华为公司的PBC模型也很相似啊！

卢老师

是的，华为的PBC（个人业务承诺书）是从IBM引入，也是关键指标和关键工作的组合。不仅仅是华为，中国很多知名企业对员工的考核模型都从平衡积分卡转换成类似KGB这样的考核模型了。

除了业务类KPI，为什么还要引入职责KPI？

李一飞

这个模型第一部分是KPI，是否和我们公司现在执行的KPI一样呢？

卢老师

名字一样，但是内涵上有所扩充。我们这里的KPI包括两种类型：一个是从上到下的，一个是从内到外的。前者是通过战略解码得到的KPI，一般称为业务类KPI；后者是通过岗位职责提炼出来的KPI，一般称为职责类KPI。

李一飞

我明白了，是不是第一种KPI在我们前台业务部门用，而第二种KPI在中后台的管理支撑部门用？

卢老师

那倒不完全是这样的。即便是前台业务部门或业务岗位，也会有第二种职责类KPI。

李一飞

有点意思，具体怎么说呢！

卢老师

业务类KPI通常是从上级分解得到，比如公司将经营指标分解给部门，部门再将指标分解给相应员工，所以业务部门员工的一人一表的KPI比较重要的来源就是这一类，指标往往都很好量化。业务类KPI表达方式往往都是×××率、×××比、×××度等。计分规则相对也比较容易，加减乘除即可。

马清波

我们公司现在对于各部门和员工考核基本是这种方式，感觉这类指标对于业务部门和业务线员工还挺合适的，但是对于职能部门及员工考核，似乎出了问题，大家意见还很大。其他经理们也可以补充一下！

陈文成

是的，我们现在对部门考核的KPI很多都是这些经营类的指标，这些指标跟市场销售部门关联度很大，考核挂钩是应该的，可是我们办公室这样的职能后台部门，跟这些指标直接关联度很小，现在考核还占了很高的权重，确实感觉不合理。我们的部门拿这样的指标再去考核员工，意义也不大。

张晓菲

是的，现在我们客服部也遇到同样的问题。我们客服虽然也靠近用户，承接客户满意度、客户投诉率这样的指标是应当的，可是，收入、利润指标我们也无法直接控制，确实感觉应该优化指标。

卢老师

今天辅导会企管部的刘安国经理也在现场。企管部负责公司组织考核。刘经理，可否请你介绍一下当初组织考核指标的设计思路？

刘安国

各位经理们请平息“怒火”哈！我们企管部负责组织考核工作，这几年也做了很多探索。组织考核包括对分（子）公司、办事处、事业部和部门考核。这些年来，我们一直用平衡计分卡的考核框架。说实话，对于分（子）公司、办事处和事业部用起来还是比较顺畅的，大家对指标体系意见倒不大，有意见的地方主要是对指标的目标设定高低问题，大家会讨价还价！（与会者会心地笑起来。）但是对于部门考核，尤其是中后台部门考核，一直没有找到好的办法。当初将经营指标挂靠到所有部门，也是不得已而为之。一方面，公司的几个大指标肯定是所有部门、所有人都有关联，同呼吸共命运吧；另一方面，对于这些部门也不好量化，不知道该怎么考核。正好这次辅导非常及时，我们也希望请卢老师帮我们诊断一下，下一步该怎么优化！

卢老师

好的，理解！这也是为什么员工考核和组织考核我都推荐用KGB考核模型的原因所在。传统的KPI考核有其片面性，对于量化指标多、一线经营单位和员工考核是很好用的，但是对于职能部门往往不好用。职能部门的工作特点是“数不多，事却不少”，两种事情特别突出：一种是常规职责的工作；一种是领导交办、督办的重点任务。常规工作我们推荐用职责类KPI考核，领导交办、督办重点任务我们用GS进行考核。所以我们推荐的KGB模型适应性更好，各种组织和员工岗位都能胜任！

陈文成

经卢老师这一点拨，我就豁然开朗啦！我们办公室这样的部门，都是一些常规工作和领导交办的重点事项，看来我们的考核思路需要调整一下啦。

李一飞

我们大客户部对大客户经理的考核，量化指标是挺多的，但感觉都是一些结果指标，算总账用的。我们平时也有很多过程管理的工作和一些常规工作要求，比如客户联系频率、CRM记录、标准销售行为要求等，有时候也会给大客户经理下达一些营销专项任务等，这些如果能纳入考核，可就太好啦！

卢老师

是的。对于销售岗位，传统的KPI侧重结果，而销售过程管控其实很重要。没有好的过程，哪来好的结果。因此对于一线销售岗位的一人一表，我们通常建议是以业务类KPI为主体，增加一些职责类的KPI，考核销售基本动作要求，也可以有适度的GS（关键任务）考核。而对于中后台部门和二线员工，因为业务类KPI不多，所以一定要突出职责类KPI和GS考核。

马清波

老师这一解释，感觉KGB考核模型对各种岗位的适应性明显比传统的KPI要好很多。那我有一个新的问题，业务类KPI，从上到下制订，用量化来计分，这都好理解；而职责类KPI，从内到外是怎么制订的？

卢老师

所谓职责类KPI，是通过工作分析，从该岗位的岗位说明书的岗位职责里面提炼出来的KPI，我们形象地表达从内到外。比如说你们人力资源部的“薪酬福利岗”，如果我们给这个岗位的员工制订一人一表，显然，这种后台管理的岗位依靠从上到下制订业务KPI是不现实的，KPI主要来源还是职责类KPI。我们通过工作分析，薪酬福利岗的职责有：工资发放、社保缴交、薪酬报表等。我们据此再来提炼指标，这就是职责类KPI。

马清波

其实我们公司王总在听了您的公开课后，也要求我们人力资源部内部试点做一人一表，我们也是根据每个岗位职责提炼了一些指标，比如工资发放的准确率、薪酬报表的及时率等。这些是否就是您所指的职责类KPI？

卢老师

指标提炼方法是对的，但是职责类KPI我们不主张用×××率、×××度来表达。因为类似像“工资发放”这项岗位职责，单独用一个“工资发放准确率”指标来描述可能并不完整，还有“及时率”“投诉率”等维度的问题。所以对于职责类KPI，我们推荐一个“红绿灯考核”的方法。

李一飞

这个“红绿灯考核”方法是否类似于大街上的红绿灯？

卢老师

是的，李经理反应非常快！“红绿灯考核”方法其实就是仿照我们大街上的三种交通灯来制订的。绿灯行、红灯停、黄灯等。对于职责类KPI，我们需要提前界定绿灯和红灯的行为标准，绿灯出现加分，红灯出现减分，如果是黄灯，则不加不减分。

李一飞

这个有点意思！那应该怎么制订红绿灯行为标准呢？

卢老师

李经理先不急哈，后面我们要专题讲述红绿灯考核的方法，这里我们先将KGB的考核框架整体构造出来。

为什么要引入GS考核？

陈文成

卢老师，KGB模型中，对于KPI的两个来源我们有了一些概念，那这个GS关键任务该怎么解释？英文原意是什么呢？为什么翻译成关键任务？

卢老师

GS是来源于目标管理的一个方法，英文是Goal Setting，中文直译过来叫“目标设定”。不过，现在意译更多。有的企业翻译成专项任务、督办任务、重点任务等，不过翻译得最多的是关键任务，和KPI关键指标对应起来。

李一飞

我还以为是汉语拼音首字母，叫“搞死”！（大家哄堂大笑。）

卢老师

李经理非常幽默！这个GS有些单位还真是将它称作搞死系统。GS是一个好工具，业内俗称它为“执行力的抓手”，GS对于提升组织的执行力、改进管理作风、提高管理效率非常有帮助！

陈文成

刚才说GS也有单位称之为督办任务，这个与我们办公室负责的督办任务是否一回事呢？

陈经理说到点上啦。GS有两大来源：一个就是你们办公室负责的公司级的督办任务系统，另一个就是各部门年度重点任务的分解。

卢老师

陈文成

我们现在的督办流程是这样：公司总经理办公会开完后，我们办公室督办秘书会将办公会确定的重要事项督办给各牵头部门，然后月底会收集各部门完成情况，给领导们出一个督办任务完成简报。但是没有跟部门或员工考核挂钩，公司领导也是感觉一些事情安排下去好像没有着落，管理推动效果不太好，也希望我们办公室优化一下这个督办流程。是否可以将督办任务和这个GS结合起来？

完全可以，这是GS的价值所在，也是对职能部门及员工考核重要的突破点。比如，总经理办公会结束之后，督办任务往往不是下达给一线作战部队，而是下达给各职能部门牵头，比如人力资源部牵头做什么事、市场部牵头做什么事、财务部牵头做什么事……这些牵头做的事就是部门级的GS。其实职能部门对组织的贡献往往不是直接的经营指标，而是这些具体的任务事项。

卢老师

刘安国

我们企管部最近也在优化对职能部门的考核办法，卢老师这么一解释，给我们提供了一个新的思路。确实对公司各职能部门挂靠权重很大的经营指标，大家感觉关联度不大，而且指标最后都是集体加分或减分，也没有多少区分度，如果能将这个GS执行起来，倒是体现出了“做什么、考什么”的原理。

没错！不仅仅对组织考核，对员工考核这个GS也能发挥巨大作用。比如我是部门负责人，我部门被上级领导下达了一个GS任务，我肯定第一时间将该任务分发给相应职责员工。届时员工向部门经理汇报，部门经理向公司领导汇报；然后每一级向下验收和考核。考核的结果又跟部门或个人考核挂钩。这样就形成了一个环环相扣的“任务树”结构，执行力会很强。

卢老师

陈文成

这个太好啦！我们公司现在的督办任务体系，我们办公室就是一个“传令兵”，对各部门完成情况没有太多话语权，领导也不甚满意。如果纳入部门的GS考核中，确实能提升管理执行力。这里我有一个具体问题，就是我们的总经理办公会每两周例行召开，有时也会临时性举办讨论一些重大事项，如果列入考核，任务经常在变，该如何处理呢？

卢老师

这是一个非常好的问题。GS有两种考核模式，一个是计划GS考核，一个是滚动GS考核。所谓计划GS考核，就是在月度或季度初将GS任务先列出来，然后设定任务权重，考核周期结束时进行考核验收，计算总分。但我们经常遇到“计划赶不上变化快”的情况：有临时增加的任务，也有临时取消的。所以我们根据实践情况，创新了一个新的方法，叫滚动GS考核：随时有任务、随时下达，随时完成、随时考核。还有信息化工具来支撑，效果不错。后续我会分专题来讲解一下滚动GS考核的操作方法。

陈文成

太期待了，这样可以一举两得：一方面我们办公室负责的督办工作可以更好地推动、提升组织的执行力；另一方面，对于我们这样的中后台部门能够找到更符合实际的考核办法。

李一飞

其实不光是你们职能管理部门，像我们大客户部这样的业务部门也可以使用这个“搞死”（GS）方法，有时我们也会给大客户经理下达一些临时性的市场专项任务，以前没有载体考核，现在GS提供了一个不错的思路！

卢老师

确实如此！不仅仅管理部门可以使用GS，其实很多一线部门考核中都可以使用它。只是要注意不同部门或岗位的GS权重是不同的。所以说KGB模型适用性很广泛。

行为指标KBI考哪些内容？

马清波

卢老师，KGB的最后一个KBI的B是否应为英文单词Behavior？

是的。KBI翻译过来就是关键行为指标。这项内容在一人一表中通常权重不高，一般月度或季度一人一表我们配置KBI为10%权重。KBI主要是考核一些共性内容，跟岗位没有太直接关联，诸如劳动纪律、职业行为、学习成长、创新争先之类的东西。

卢老师

马清波

KBI如果是共性内容，要是让每个部门都个性化来设置，岂不是费劲还五花八门？

没错！所以关键行为指标（KBI）我们通常建议由你们人力资源部出具两个字典：一个是针对普通员工的行为指标字典；一个是针对管理者的行为指标字典。这样各部门在设置一人一表时可以从字典去选择KBI，当然我们也允许各部门做一些个性化设置。

卢老师

什么是NNI？

李一飞

这样比较好！我们直线经理有所为、有所不为，分工协作！卢老师，我还有一个问题，看到您的PPT中，KGB下面还有一个NNI，这是什么？

NNI的英文是No No Indicator，简称NNI。一个No是不能干，两个No那是坚决不能干的。我们通常翻译为否决项。大家千万不要理解为“负负得正”哈！

卢老师

李一飞

我觉得用现在流行语翻译就是no zuo no die！

太好啦！为李经理点赞！这个翻译很传神！NNI在企业里面，一般都是一票否决的。我们单位有否决项吗？

卢老师

马清波

那还挺多的！比如：安全生产、廉洁、案件，以前还有计划生育！

看来还真有不少否决项！一般企业中都会有这些内容，一旦违反，就一票否决，通常NNI不设权重。有些企业甚至不将NNI放到一人一表，

卢老师

而是放到企业规章制度中，因为制度管辖权比一人一表更高。也有一些单位专门出具类似《高压线》或《员工负面行为清单》之类的文件。

李一飞

那如果NNI没有权重，KGB就是100分权重啦！所以这个模型就以KGB命名啦？

卢老师

是的。一人一表我们特别推荐这个KGB框架模型，适用范围很广、很灵活，各种岗位都能胜任，可以根据岗位需要灵活配置KGB的权重。好，我们稍事休息一下，后面来讲述一人一表的制订原则和具体技巧。

（辅导中场休息……）

【读书笔记】

- 平衡计分卡适合对分（子）公司、经营机构、事业部考核。
- 职能部门和员工考核推荐用KGB考核框架：

  —KPI（Key Performance Indicator）：关键业绩指标；

  —GS（Goal Setting）：关键任务；

  —KBI（Key Behavior Indicator）：关键行为；

  —NNI（No No Indicator）：否决项。
- KPI的两个来源：

  —从上到下的业务类KPI，用量化方法考核；

  —从内到外的职责类KPI，用红绿灯方法考核。
- GS的两种模式：

  —计划GS考核模式；

  —滚动GS考核模式（推荐）。

3.3 一人一表的制订原则是什么？

故事导入

课间休息时，经理们还在热烈讨论卢老师给出的一人一表的KGB框架模型，确实感觉比单纯的KPI考核更加实用和落地，但是具体到如何制订一人一表，大家还是有些困惑。

辅导会继续进行……

不能量化的内容怎么考核？

李一飞：卢老师，刚才我们在课间讨论KGB考核模型时，发现有一个问题，请您给重点辅导一下哈！我们发现除了业务类KPI可以通过传统量化方法计分，其他的职责类KPI和GS好像都不好量化考核，尤其是KBI，考的是诸如德、能、勤之类的内容，这些更不好考核，太抽象啦！

张晓菲：可不是嘛？年底人力资源部让经理们给员工做能力测评，评价的也是类似于“学习创新能力、团队合作能力、执行能力”这些抽象指标，评价量表的选项让我们难为死啦，什么“很强、超强、一般强”“很好、较好、一般好”。每次考核都让我们很纠结，感觉打分的手都在“发抖”：到底是超强还是很强呢？（大家会意地笑了起来。）

马清波：张经理批评的是对的！每次设计这种量表时我们也很为难。正好借着这次辅导机会请教一下卢老师，类似这类很抽象的指标，我们该如何考核呢？

好的，我来重点说明一下这个问题。我们都知道，容易量化的东西很好考核，那不能量化是否就不能考核了呢？不是的！一人一表制作时要把握一个“三化”原则，大家请看投影附图。——卢老师

能量化的量化

不能量化的具象化

考核过程经常化

什么是具象化考核？

李一飞：这个“能量化的量化”好理解，“不能量化的具象化”怎么讲？

卢老师：具象化与抽象化正好是相反的概念。文学经常要用到抽象，抽象后会很有意境，而考核一定要反其道用之！考核一抽象就会变成“空对空”考核！比如“学习创新能力”就是一个抽象概念，而“很强、超强”也是抽象概念，用抽象去考抽象永远是考不明白的。举个例子，我问大家一个问题，当我们评价一个人品德有问题时，我们脑海里面在想什么？

张晓菲：那肯定是想：这个人一定是干了什么坏事，才会认为他品德有问题。

李一飞：没错呀！当我们看到某个员工某类事情老干不好，就得到结论：这个员工这方面能力是有缺失的。这就是所谓的具象化评价？

卢老师：是的，李经理理解完全正确。所谓的具象化，简单地解释就是行为化、事件化！我们在考核中很多内容其实都不好量化，所以一定要学会这

种具象化手法。如果用俗语来解释“能量化的量化、不能量化的具象化”就是：有数说数，有事说事！

李一飞

老师这个总结很精辟！有数说数、有事说事！大道至简！

卢老师

在制订一人一表时这个口诀很重要！有些岗位对组织是在贡献数字，有些是在贡献事情，有些既在贡献数字也在贡献事情！贡献数字的，我们拿数字来衡量他，贡献事情的，我们拿事情来衡量他！既贡献数字也在贡献事情的，我们就一起来衡量，通过KGB模型进行加权。

陈文成

这个总结很到位！像我们办公室各岗位的工作，确实对组织的贡献不是直接的数字，但是我们也没有闲着，要么是常规工作履职，要么是领导下达的专项任务。这样我们的考核重心就不应该是量化的经营指标，而应该是具象化的事情？

卢老师

没错！我们之所以推荐KGB模型，也是这个理由。严格意义上说，除了第一种业务类KPI是量化的，其他的职责类KPI、GS、KBI和NNI都是具象化的。比如说NNI否决项，为什么否决啦？还不是因为有具体事件才否决的！这是典型的具象化考核！

为什么要经常化考核？

李一飞

这两化原理明白了，那对于第三化——“考核过程经常化”，您认为考核周期要多久一次合适呢？

卢老师

我建议绩效文化成熟、考核流程完备的单位，要做到月度考核，而对于考核制度还不太成熟的单位，至少也要季度考核，我们坚决反对一年只考核一次。如果这样的话，还不如不考核。当然考核也不要太过频繁，日/周考核就没有必要，毕竟考核的成本比较大，还是要结合组织的实际情况。

马清波

我们公司现在就是季度考核周期，前期也找各部门经理做过绩效管理的调研，有些经理希望月度考核，有些经理还希望取消季度考核，直接合并到年度考核。我们也很困惑，正好想向卢老师请教一下这个考核周期的问题。

陈文成

不瞒各位，上次人力资源部马经理他们调研时，我就希望取消季度考核，直接合并到年度考核！我当时的考虑是：对于我们这样的后台部门，员工工作也不太好量化，如果将上级挂靠到部门的那些经营类KPI，直接挂到员工身上，既没有意义，也没有区分度，干脆到年底一起360度考核一下，省得每个月还闹心。反正都是拍脑袋，干脆拍一次就好啦。不过，听到卢老师介绍的KGB模型和“有数说数、有事说事”的口诀，我感觉找到了一点窍门。虽然我们办公室这样的部门工作不太好量化，如果能从具象化的角度入手进行评价，我觉得平时考核就有必要、也有意义啦！

李一飞

我们市场部门还是主张做月度考核。我们希望考核结果能更快速反应出员工的绩效表现，并能尽快去兑现激励措施，这样会更刺激，考核效果也更好。我们市场部门比较注重结果导向，希望考核更直接一点。

张晓菲

我也是倾向于考核周期要密一些。目前的季度考核稍微长了些，比如第一个月某个员工有一些好或不好的表现，当时可能记住了，过了两个月全忘掉啦。有的时候，还真要搞一个小本本记下来，否则季度考核时全忘了，或者只记住最近发生的事情。

卢老师

没错！张经理描述的是一个典型的考核效应，叫“近因效应”。近因效应是指当人们记录一系列事物时对末尾部分内容的记忆效果优于前面内容的现象。信息前后间隔时间越长，近因效应越明显。举个例子，如果一个单位是年度考核，没有平时考核，往往决定员工年终考核结果的是最后三个月，前面九个月发生的情况都会淡忘啦。

张晓菲

嗯，感觉这样对员工不太公平！

陈文成

不仅不公平，还会产生错误导向。如果员工知道领导是“近因效应”考核模式，干脆前九个月不好好干活，后三个月知道领导要考核啦，使劲在领导面前晃来晃去、表现一下，这都什么事嘛！（经理们会心地笑了起来。）

卢老师

非常好！大家在考核周期上逐步形成了一些共识。我还要补充一点，也是更重要的理由，考核的目的不是为了考核，而是为了改进工作、达成组织的目标！遗憾的是，我们很多单位的考核是为了考而去考，这就没有意义啦。我们强调平时考核，就是希望绩效管理的PDCA循环周期加速起来，比如平时考核一结束，马上通过闭环给员工反馈一个信号：你这个月的绩效表现离组织期望目标还有多远，下一步该如何努力。这也是PDCA循环最核心的思想：持续改进！

陈文成

确实应该如此。现在考核就像走过场。员工前面出现的问题，不及时反馈纠正，等到3个月后或更长时间去考核，黄花菜都歇掉啦，起不到督促和改进作用。

马清波

前期我们人力资源部调研时，很多员工也反映这类问题，感觉考核在一些部门形式主义严重，考核就像是秋后算账的行为，考核的真正价值没有体现出来！

卢老师

是的！我们提倡考核过程要经常化，一方面是希望减少考核的“近因效应”，提高考核的精准度；另一方面，也是希望通过快速的闭环反馈机制，促进员工的改进、纠偏和提升。

李一飞

我也很认同这点。只是有一个顾虑：经常化考核成本是否很高？毕竟我们直线经理日常业务工作也很多，如果采取月考核，那考核成本是否是季度考核的3倍、年度考核的12倍？

卢老师

哈哈！李经理开始算账啦！其实这个考核成本算得并不对！首先，以月考核举例，考核直接成本中，一人一表就不需要做12个月的，年初制订好，管12个月。其次考核的间接成本中，还有管理成本和机会成本的问题。因为好长时间不去考核，考核的不精准、考核意义的扭曲，会让管理者花费更多的管理成本，效果还不好。当然，考核频率的度也要注意。我不建议搞日/周考核，可以有周报制度、开周例会点评。所以我建议有条件的单位做月度考核，至少要做季度考核，反对一年只考核一次。另外，考核的信息化系统要尽快上线。大组织应该在考核流程成熟后上线私有云考核系统，对于中小型单位，建议上线性价比更高的公有云考核系统。

马清波

感谢卢老师的建议！我们近期也在优化考核框架，关于考核频率问题我们也准备做适度调整，上报公司批准执行。当然一人一表还是核心，三化原则很重要，我们继续请卢老师辅导各位直线经理如何制订一人一表。

（辅导会继续进行……）

【读书笔记】

- 一人一表的三化原则：
  —能量化的量化（有数说数）；
  —不能量化的具象化（有事说事）；
  —考核过程经常化。
- 考核的目的不是秋后算账，而是为了改进工作，达成组织的目标。
- 有条件的单位建议做月度考核，至少也要做季度考核；考核要避免“近因效应”。

3.4 如何将公司指标分解到部门？

故事导入

绩效辅导会继续进行……

通过前期辅导，大家对于一人一表的KGB模型和三化原则有了深刻理解，但是对于如何制订一人一表，大家还是有很多具体的困惑。企管部刘安国经理负责组织考核的工作，他对于如何从上到下分解KPI有很多想法，这次刘经理抢先发言……

KGB模型适合对部门考核吗？

刘安国：卢老师好！我们企管部负责组织考核工作，我也一直在牵头负责公司的KPI指标分解工作。前面您辅导说的KGB模型对我们组织考核工作启发也很大，有时单纯靠KPI确实无能为力，KPI+GS是不错的组合。前者对于分（子）公司、业务单元效果很好，后者对于总部职能部门应该很有效果。同时，您将KPI分成两种类型：业务类KPI和职责类KPI，我们之前主要关注业务类KPI，忽略了职责类KPI的存在价值。这次辅导会，也可以让我们企管部重新梳理一下组织考核的问题。

卢老师：刘经理总结得很到位！其实KGB模型不仅仅用在一人一表，也可以用到对部门的考核中，我们很多客户在这方面做了很有益的尝试。

刘安国：卢老师，我这里有一个具体的问题：如您所说，KPI有两个来源，其中第一个是从上到下的KPI，称之为业务类KPI。我们这几年也是从上到下分解上级指标。但是这种业务类KPI，该挂到哪个组织？挂多少权重？我们一直没有找到特别科学合理的方法。实话讲，有时候也是拍脑袋。所以前面辅导中，一些经理吐槽我们将一些经营指标没有差别的挂靠到职能部门，我们也没有更好的招数！

怎样通过战略解码来分解公司指标？

卢老师

好的！我们来展开说说这个问题。KPI第一个来源，应该是从上到下，套用更流行的说法，叫作“战略解码”。现在很多集团大企业都在推行战略解码的动作。大家请看投影附图。所谓的战略解码分解KPI：就是先将公司战略分解成关键成果领域KRA（Key Result Area），然后再分解一级KPI、二级KPI、三级KPI。一级KPI，就是公司级的指标，一般考核经营班子；二级KPI就是一部一册的内容，考核到部门；三级KPI就是一人一表，考核到员工。

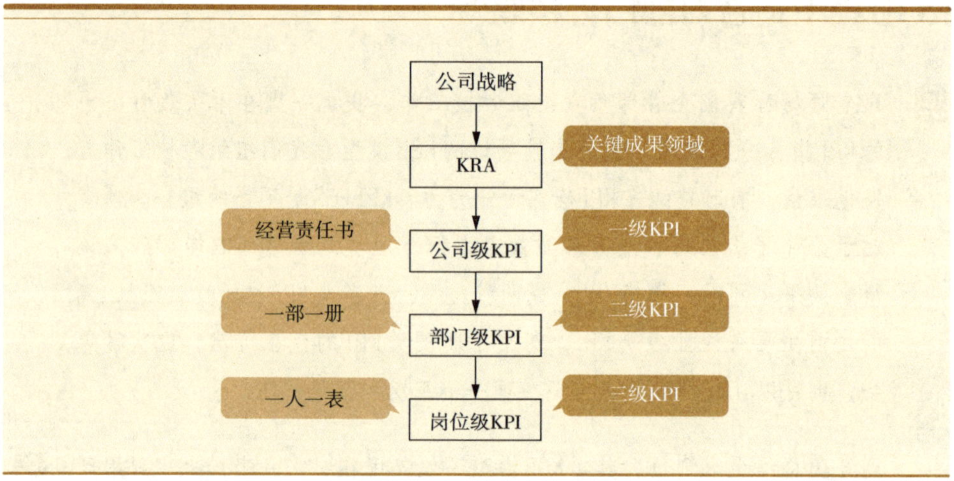

刘安国

这张图一目了然，非常好！按照我们现在绩效管理体系的分工，我们企管部要负责分解到二级KPI？三级KPI由各部门自行分解？

卢老师：是的！企管部不仅仅负责公司的战略，还要将战略解码下去。

刘安国：倍感责任重大呀！我有一个问题，我们公司属于国有企业，上级国资委每年都会给公司下达经营责任书，是否可以将这个直接设定成公司的一级KPI，不需要做最上面的KRA分解呢？

卢老师：理论上是可以这样，但是实际上我们并不建议。首先上级下达的经营指标肯定要列到一级KPI中；其次，我们很多企业还有自己独特的战略规划，或者在某个阶段的一些思考，也应该反映到一级KPI中。上级单位可能只是定义了最低要求，我们企业可以有更高的追求！

刘安国：确实如此！我们公司领导还是比较有想法的，提的一些战略目标都是高于上级要求的。那如果一级KPI确定了，该如何分解二级KPI呢？之前都是我们部门在分解，上报公司来确定，但是一些部门意见还是很大。

卢老师：这里战略解码动作不是一个部门能完成的，需要一个考核工作小组。通常来说，每个公司需要一个绩效薪酬委员会，下设几个工作小组。比如组织考核工作小组就是你们企管部牵头，员工考核小组就是人力资源部牵头等。除了牵头部门，其他几个重要的职能部门也会参与考核工作小组，比如财务部、市场部、生产计划部等。

刘安国：嗯，我们其实在文件里面也规定了要成立这样的考核小组，但是好像没有开展起来？请问一下卢老师，这个考核小组如何开展工作呢？

卢老师：流程是这样的。首先将公司的一级KPI（代号用A、B、C……来表示）找到责任部门，责任部门不是来背这些一级KPI的，而是负责将一级KPI分解成二级KPI（代号用A1、A2、B1……来表示）。比如一级KPI：收入完成率（代号B），牵头部门是市场部。那市场部需要将该指标拆分成大客户收入完成率（代号B1）和普通客户收入完成率（代号B2）等。同时要求责任部门将这些二级KPI关联到相应的部门，请看投影上的这张表格：

一级KPI	责任部门	二级KPI	分公司	事业部	市场部	大客户部	财务部	……
利润完成率	财务部	利润完成率	√	√		√	√	
收入完成率	市场部	大客户收入完成率	√	√	√	√		
		普通客户收入完成率	√	√	√			
市场占有率	市场部	新品占有率	√		√	√		

刘安国：这表上打√的意思是否表明该二级KPI就要考核到这个部门身上？

卢老师：那倒未必！这个只是表明这个二级KPI和这个部门有关联，但不代表一定要考核到这个部门。后面我们还需要通过一些流程来确定每个部门的考核指标。

刘安国：明白了！那按这个方法，这个部门的关联指标岂不是很多，好像还有一定的随意性？

卢老师：是的！所以后面我们还需要通过几个流程来管控。这还是第一步，从上到下分解业务类KPI。第二步，需要企管部来牵头从内到外提炼职责类KPI。针对每个部门、主要是职能部门，根据部门职责来提炼职责类KPI，后续我会重点辅导如何提炼职责类KPI的方法。

指标太多了，怎么筛选？

刘安国：那这样操作下来，每个部门指标都有两组：一个是业务类KPI，一个是职责类KPI?这样指标是否非常多？有点“抓瞎”的感觉。

所以第三个步骤，就需要对每个部门的指标库进行筛选。请大家看下投影上的“部门指标评价表”：

卢老师

二级KPI	指标来源	影响力（50%）	可衡量性（20%）	可控性（30%）	得分	排序
业务类A1	承接上级	10	10	5	8.5	2
业务类A2	承接上级	8	10	9	8.7	1
业务类B1	战略解码	5	8	7	6.2	3
职责类KPI	职责提取	6	4	8	5.9	4
职责类KPI	职责提取	3	4	8	4.7	5
……						

刘安国

那这个表具体怎么操作呢？

卢老师

这个步骤还是需要企管部来牵头，组织考核工作小组成员，对前面得到的每个部门的二级KPI库进行一轮筛选评价。方法就是：用这个表打分，每个小组成员从三个维度进行评价，分别是影响力（该指标对组织的影响）、可衡量性（指标是否容易衡量）、可控性（被考核者对指标的控制程度），权重占比建议是50%、20%、30%。每个小组成员单独评价，然后计算每个指标的平均分，再来进行排序。排在前面的5~7个指标（最多不超过10个指标）原则上将列为该部门的KPI。

刘安国

部门指标数量不建议超过10个？我们现在可不止这些呀！

卢老师

是的，无论是对部门还是对员工考核，我们建议指标数量不要太多，5~7个为宜，最多不要超过10个。指标多了，都是重点就没有重点啦。所以考核还是要抓大放小。

刘安国

嗯，有道理。那如果筛选出了这10个指标，应该怎么确定指标权重呢？我们之前也是没有找到合适的方法。

卢老师

这就是第四个步骤，确定指标权重。其实在上面进行指标筛选和排序时，我们工作小组对每个指标都有一个评价分数，可以将选出的10个指标的评价分数加和，然后算出每个指标的评价分数占比，就可以计算出指标相对权重。然后在这个计算权重基础上进行取整和平衡，作为最后的指标权重。

刘安国

太好啦！卢老师这一辅导，我是豁然开朗。以前在组织考核方面靠着经验摸索，按老师这几个步骤，清晰明了、有章法、逻辑性强！这样我们对部门该怎么考核、重点是什么、权重多少就有了依据。我们回头马上来组织优化工作。太谢谢啦！

（辅导会继续进行……）

【读书笔记】

- 公司指标如何分解到部门：

—先成立组织考核工作小组；确定各一级KPI的牵头部门；

—各牵头部门将所负责的一级KPI分解为二级KPI（业务类KPI），并关联到相关部门；

—组织考核的牵头部门根据各部门职责，从内到外提炼职责类KPI；

—将上述两组指标合并，形成每个部门的指标库；

—考核工作小组针对每个部门的指标库，依据影响力、可衡量性、可控性三个维度进行评价打分；

—根据上述评价分对各部门的指标进行排序，确定每个部门5–7个指标，最多不超过10个；

—根据上述指标的评价打分换算指标权重；

—制作每个部门的一部一册，考核小组讨论修改；征求各部门意见，再讨论修改；

—提交公司总经理办公会讨论、修改、定稿。

3.5 如何将部门指标分解到个人？

故事导入

绩效辅导会火热进行中……

卢老师与企管部刘安国经理的互动，让大家对如何将公司指标分解到部门有了清晰的路径认识，而大客户部经理李一飞还是更关心如何将部门指标分解到员工身上，李经理迫不及待要发言啦……

李一飞

卢老师好！刚才讲到公司指标怎么分解到部门的流程，虽然我们不是牵头负责的部门，听完也是受益匪浅。当然我更关心的是如何将部门指标分解给下面的员工。我有一个想法，不知道是否正确？是否也可以仿照组织指标分解的流程来分解员工的指标呢？比如我先将二级KPI先分解成三级KPI，然后再通过指标分解表格，将三级KPI分解到各员工。这样可行吗？

卢老师

李经理举一反三能力很强！这样做当然是可以的。不过，这样可能复杂了点，对于大部分直线经理而言，花在考核上的时间不会太多，所以我们还是需要简化一下方法论。这里我推荐一个思维导图的方法来分解个人指标。

如何用“脑图”工具来分解部门指标?

李一飞：思维导图是否就是我们俗称的“脑图”工具。我们公司之前推广用过，还有相应的软件工具。我们现在部门内部做一些市场分析也经常是用这样的工具。

卢老师：那就更好啦！这样我就不用从头教这个工具的使用，直接说下怎么使用“脑图”做指标分解。请看投影附图：

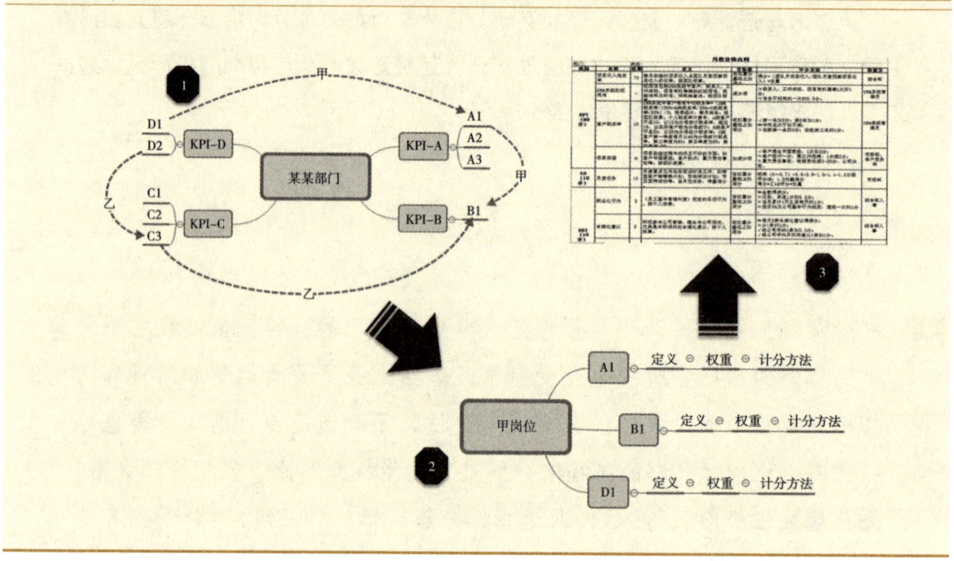

卢老师：如图所示，部门指标分解到员工身上有三个动作：第一步，先将部门的二级KPI在思维导图中拆分成三级KPI。比如部门的二级KPI有KPI-A指标，我们可以拆分成A1、A2、A3三个三级KPI。以此类推。

李一飞：为什么要分解呢？直接把部门级KPI挂到员工身上不可以吗？

卢老师：那可不行，部门KPI属于二级，而员工身上的KPI属于三级，属性上不同；更重要的是部门某个指标较大，对于某一个具体员工可能“承受不起”，就是“小头带大帽子”。所以一定要分解，哪怕是只分解成一个指标也要分解。比如，图中KPI-B指标只拆成B1一个指标。

李一飞：明白了。那指标拆分的依据是什么呢？怎么表明指标分解到位啦？

卢老师：问得好！指标拆分依据就是互为充要条件。在思维导图中，分解完成后，我们会正、反各推导一遍。比如，要想完成KPI-A指标，前提是要完成A1、A2、A3三个小指标；反过来，完成了A1、A2、A3三个指标，就能确保KPI-A指标完成。当正反这两个方向都走通的时候，我们说这个指标拆分就到位了！

如何用“脑图”工具将岗位级KPI关联到员工？

李一飞：懂了！那拆分后指标怎样与员工挂钩呢？

卢老师：继续第一个步骤。思维导图中有一个画“关联线”的功能，就是图中虚线所示。比如你们大客户部有甲乙丙三个岗位，我们通过对几个岗位工作分析来关联一下指标：甲的工作跟A1、B1、D1有关，我们用绿色虚线关联起来；乙的工作跟B1、C3、D2有关，我们用红色的虚线关联起来。

李一飞：那甲和乙都关联B1指标可以吗？

卢老师：当然可以。说明B1指标是甲和乙共同努力的结果。比如安全指标、全员营销指标等，很多单位都是全员挂钩的。

如何将员工的“指标脑图”转换成一人一表 ？

李一飞：明白了！我看图中第二个步骤是制作另一个思维导图？

是的。第二个思维导图是从第一个思维导图中提炼出来，以甲岗位为例，将拆分的A1、B1、D1三个指标罗列出来，这就是指标名称，然后制作指标定义、权重、计分方法、取值方等元素。所以在岗位的“脑图”中就呈现一个“射线”形态。

卢老师

那第三个步骤是要将岗位脑图的元素转化成Excel表，这个模板就是一人一表模板？

李一飞

是的，岗位脑图中的元素就是一人一表的标题栏元素：指标名称、指标定义、指标权重、计分方法、取值方等。这样一人一表中第一种从上到下的业务类KPI就提炼出来啦。

卢老师

哦，那第二种KPI是否前面说的从内到外的职责类KPI?

李一飞

是的。像你们大客户部的一些业务岗位，如大客户经理，主要以业务类KPI为主，也会有少量的职责类KPI；而后台的支撑岗位，可能业务类KPI就少一些，而职责类KPI就会很多。

卢老师

看来一人一表中确定KPI还是非常科学、有章法的！这样组织的战略不再是空洞的，而是有一套完整的逻辑路径：企管部牵头先将公司战略和上级指标分解到部门；然后我们各部门再将二级KPI分解到员工；再通过一人一表牵引员工的行为，这样员工的行为努力就和组织战略一致起来啦！

李一飞

理解得很准确！这就是很多企业大力提倡“战略解码”的原因。我们很多组织战略都很美，但是高高在上，在天空中“飘”，员工却在地上“爬”。员工觉得战略跟我是没有关系的。战略和行为就是脱节的。所以绩效管理要理所当然地充当起这个战略落地的工具！

卢老师

太好啦！绩效管理不应该仅仅是作为考核的工具，更应该是战略落地的法宝，我相信通过这样的辅导可以很好地帮助公司成长，帮助直线经理们提升！再次谢谢卢老师！

马清波

（辅导会继续进行……）

【读书笔记】

- 部门指标分解到员工的路径:

  —利用思维导图工具，将部门的二级KPI拆分成三级KPI;

  —然后将三级KPI关联到部门各员工岗位;

  —再以岗位为中心制作思维导图，确定该岗位各指标的要素;

  —将岗位思维导图的各指标要素填充到一人一表的KPI部分;

  —再在一人一表中补充该岗位的职责类KPI，完成KPI制作。
- 绩效管理是战略解码的重要工具。战略解码的核心思想就是将组织战略分解成一级KPI、二级KPI、三级KPI，再通过三级KPI牵引员工的行为，这样组织的战略和员工行为就可以关联起来。

3.6 业务类KPI如何设定目标值?

故事导入

绩效辅导会继续进行……

通过前面的辅导，大家对如何分解业务类KPI有了较好地认识，可是对于如何设定目标值，大家还是有些困惑，大客户部李一飞经理提出他很久以来的一个困惑……

为什么业务类KPI设定目标值很难?

李一飞：卢老师好！如您所说，我们部门大部分岗位的业务类KPI多、量化数据多，按道理应该是好考核，可是我们也有我们的难题呀?

卢老师：那您说说看是什么问题?

李一飞：还是业务类KPI的目标值设定问题。因为考核要做除法，目标值是分母，目标高了，考核得分就会低；目标低了，考核得分就会高。所以我们与员工讨论一人一表时，大家对于KPI基本还是认同的，就是对目标意见比较多，讨价还价也比较多。不知道有什么好的办法来设定目标?

卢老师：这确实是业务类KPI的难点问题。其实不光是你们部门，业务类单位都是如此。包括你们组织考核也是这样。可以问下在座的企管部刘安国经理，你们给分（子）公司的下达考核目标会“吵架”吗?

刘安国

那必须的呀！（大家哄堂大笑。）有时候还吵得很凶的！我们有些分（子）公司的领导，带一小队人马来跟我们部门“理论”。所以年初下达经营目标的前一两个月，我们部门是很痛苦的。

卢老师

其实很多公司都会有目标“吵架”和“讨价还价”的现象。某种意义上说，我们是鼓励目标“吵架”的，当然也要注意技巧。后续我们专题辅导绩效沟通时会讲到一些绩效目标沟通的技巧。

刘安国

玩笑归玩笑，请教下卢老师，目标设定上有什么技巧呢？

业务类KPI设定目标的预算法和增长法

卢老师

通常业务类KPI在设定目标时有“预算法”和“增长法”。预算法就是上级根据内外部情况设定一个预算目标值，增长法是上级根据过往完成情况设定一个平均增长比例再来微调。通常大型组织、成熟型单位都会将这两个方法混合使用。

刘安国

我们公司的组织考核主体就是用的预算法。我们的KPI名称都有预算两个字，如收入预算完成率等。只是这个预算目标弹性很大，在制订时有什么注意事项呢？

卢老师

通常在制订预算目标时，要考虑客户需求、上级要求、行业背景、竞争对手、下级资源配置等情况综合考虑。在确定预算目标时，可以由下级单位/员工先申报，上级确定；也可以是上级先确定目标初稿，再与下级沟通。

刘安国

上下级有时拿出的目标差距很大，怎么办呢？有什么办法调和吗？

卢老师

所以不妨用增长法来混合确定预算目标。比如你们集团公司给各分公司确定销售收入指标。可以先将上级或集团统一增长量作为基准值，比如今年集团预算增长20%，那所有分公司增长基准值是20%，再结合每个分公司的历史完成情况、当地市场对手情况、产品预测情况等做出上下浮动调整，以这个调整数字为基础再来进行沟通。这样目标沟通难度会降低一些。

刘安国

这个确实可以降低一些沟通难度，而且体现目标增长“和而不同”！但是如果对于新组建的分公司或者事业部，没有历史数据可以参考，那该如何确定目标呢？

卢老师

增长法对于成熟的单位适合，对于新单位没有历史数据参考，就只能用预算法。而且这时预算无法做到精准，所以需要靠时间来调整。比如先确定半年的预算目标，半年后再来动态调整目标。

李一飞

刚才的方法我们给大客户经理确定目标的时候也会用到。但是我们经常会遇到一个问题：客户经理作为个体受市场环境影响比较大，考核的波动性比一个组织要大很多。比如客户经理A今年因为市场突变、业绩爆发了，远远超出预算目标；而客户经理B可能很倒霉，一些客观原因导致目标完成情况很差。虽然我们市场强调结果导向，但是考核指标设计中如何能更好地做一些处理呢？

卢老师

这是前面我们案例辅导中类似肥田瘦地的问题，在营销单元中也是很普遍的现象。这也是为什么一人一表我推荐大家使用KGB模型，而不是单纯的业务KPI考核。建议你们部门对大客户经理这样的岗位，除了目前的业务类KPI，增加职责KPI考核营销行为，增加GS考核营销专项任务，当然权重还是要以业务KPI为主，这样可以兼顾结果与过程的均衡，也能够一定程度缓解因预算目标不精准导致的矛盾。

如何让员工主动申报目标？

李一飞

是的，KGB模型对我启发很大，回头我准备重新优化一人一表。卢老师，最近我一直在琢磨，有什么办法可以让员工自己主动申报目标？无论是预算法还是增长法，基本上都是上级下达目标，员工被动接受。考核结果出来，员工经常找目标的借口。是否有好的办法，鼓励员工主动申报目标？一来考核结果异议减少，更重要的是员工自己设定目标，往往主动性也更强！

刘安国

给李经理点个赞！这个想法出发点很好。只是具体操作中难度还真不小。我们企管部曾经也让各分公司/部门申报目标，基本上低于我们的期望值。毕竟现在考核与组织和员工各方面利益挂钩很紧密，人性上天然有“趋利避害”的特点，即便让各分公司主动申报，最后申报的还是少；即便申报也是远低于我们的期望值。

卢老师

李经理和刘经理想法很好，只是让下级申报目标需要配套方法，不能只是单纯的申报，这样效果不好。这里推荐三个方法供大家参考一下：HU理论、多阶目标法和内部竞标法。

李一飞

HU理论这个名字有趣，是什么方法呢？

卢老师

HU理论又称为“联合确定基数法”，由原来的杭州商学院（现浙江工商大学）胡祖光教授首创，是2000年结题的国家自然科学基金项目重要成果。它是为解决企业内部因信息不对称背景下目标基数确定的难题而进行的一种创新实践，在一些单位应用取得了积极效果。其核心思想是“各报基数、算数平均；少报受罚、多报不奖；超额有奖、欠收有罚”。该方法通过薪酬激励杠杆促使下级在申报目标基数时尽可能符合实际，需要组织设计好类似绩效薪酬对赌协议的条款。

刘安国

这个方法有点意思，好像比较适合我们集团公司对分（子）公司考核激励模式，有具体资料可以参考吗？

卢老师

有的，大家可以参阅一下胡祖光和胡静的著作《确定利润基数和费用基数的HU理论及其实践》。这个理论应用范围还很广泛。

李一飞

可是如果我们作为部门给员工设定业务KPI的目标基数时，没有权限配套薪酬激励政策，只是作为考核的基数，应该不能直接使用这个方法吧？

卢老师

是的，你们部门可以考虑用第二个方法：多阶目标法。就是我们针对主要业务类KPI，在下达预算目标时，可以设定2个或3个目标值，一般用T0、T1或T2来表示，也有单位用保底目标、力争目标、挑战目标来表达。针对不同目标值要事先给定不同区间的奖励方案和不同的计分规则，让员工来选择。总的原则是越高阶的目标，对应的奖励系数高，考核的保护政策多；反之亦然。如果考核激励方案到位，往往自信、有冲劲的员工会选择高阶目标方案，而保守员工会选择低阶方案，各得其所。

李一飞

这倒是一个办法，比如对于我们部门的大客户经理岗位，先选择一个主指标，如大客户收入完成率，根据每个人的市场特点确定该指标2~3个目标值，由员工来选择。不同选择会有不同的计分规则。总的原则就是要保护积极申报员工的积极性？

卢老师

当然，这是必须的。不然谁会主动往前冲呢？再提一个补充意见。针对你们的大客户经理岗位，还可以设定分级目标。比如有些公司将客户经理分成若干级：资深、高级、中级、初级，每一级的基本薪酬有差别，对应每一级目标T0基数也是有差别的，这样权责对等，且更合理。

李一飞

确实应该这样。我们部门现在的大客户经理也是分级别的。高级别的，薪酬基数高，承接目标任务理应高。这样确定每个级别的T0值，然后再确定T1、T2值，由员工来选择，便可以将组织需求和员工的主动性结合起来。回去我们可以按这个思路测算一下，有问题再请教卢老师。另外，老师提到的内部竞标法是怎么操作的，听名字有点好玩！

内部竞标法也是在业务单位用得比较多的方法。事先按照一定的市场划分规则，将内部划分成若干个市场单元或市场网格，划分单元的时候可以考虑肥瘦搭配；然后根据每个单元或网格历史市场情况和预期确定目标任务；最后采取内部招投标的方式，员工个人或者组团来投标（1~2个包），由一个评委小组来评判最后归属。

卢老师

哦，前面提的“多阶目标法”是先确定好人选，再来确定目标的基数；而这个“内部竞标法”的人和数都是不确定的，通过内部竞标再确定人的归属和具体的目标基数？

李一飞

是的，这个方法对内部冲击会比较大，如果是以人际依赖型为主的市场类型不太适合这类方法。

卢老师

那确实是，有时市场频繁换人是有风险的，这个需要好好评估一下。卢老师，我还有一个具体问题，前面谈到的是员工年度目标任务，现在我们准备进行月度考核，那这类KPI月度的目标值该怎么确定呢？

李一飞

如何将年度目标分解到月度？

年度KPI分解到月度，可以采取累计完成率和时序进度完成率两种方式。前者就是每个月算累计指标，后者每个月指标都是独立核算的。

卢老师

如果是月度考核累计完成率，有可能上一月完成得特别好，会持续影响后面几个月的考核成绩，这样员工可能会不思进取，我们倒不太建议这样。如果用时序进度完成率，那全年目标任务是平均分解到月度吗？我们这个行业季节性特征还是比较突出的，这样考核结果可能跳跃也比较大。

李一飞

是的。如按时序进度来考核，要评估往年的市场规律，将全年指标按模拟规律分解到月度，这样该指标全年波动会比较均匀些。

卢老师

李一飞：有道理，后续我们也重新调整一下。谢谢老师！

用红绿灯方法设定业务类KPI目标值

张晓菲：卢老师好！我是客服部的张晓菲，刚才好好当了一下听众，学到了很多如何分解业务类KPI和设定目标的方法，受益良多。我这里也有一个目标设定的问题，请教一下老师。我们客服部有一个很重要的业务类KPI——客户满意度，这个指标是公司从上到下分解出来的，公司给的目标值是98%。我们将这个指标也分解到相应岗位员工，但是实际操作中发现这个指标在员工间波动并不大，比如97%和98%其实没有特别本质的区别，我也困惑这个指标考核员工是否有价值？

卢老师：明白了，我提两点建议供您参考下。一是满意度这类指标的目标值可以改成一个范围，类似我们后面要说的红绿灯考核：界定一个绿灯线（99%）和红灯线（97%）。两者之间就是黄灯线，不加分也不减分。超过绿灯线加分、低于红灯线减分。加减分的幅度可以设大一点。

张晓菲：这是一个好建议。用目标范围代替具体目标值，红绿灯思路有新意！

卢老师：第二个建议是满意度指标挂到部门，而挂到员工可以用投诉率指标或投诉次数。有时候客户满意度不一定能体现当期满意度水平，这跟测量样本和测量渠道有关；但是客户投诉往往能反映出员工的客服水准。所以二级KPI分解到三级KPI时，有时需要做些转化处理。

张晓菲：太好啦。我也一直在琢磨这个问题，确实有时候一些指标考核部门整体还可以，考核员工似乎不那么直接，换一种思路考核可能还更精准。谢谢您的建议！

卢老师：不客气！

（辅导会继续……）

【读书笔记】

- 业务类KPI在设定目标时有“预算法”和“增长法”：

—预算法是根据内外部情况设定一个预算目标值；

—增长法是根据过往完成情况设定一个平均增长比例再来微调；

—通常大型组织、成熟型单位都会将这两个方法混合使用。

- 如何让下级主动申报目标：

—HU理论：各报基数、算数平均；少报受罚、多报不奖；超额有奖、欠收有罚；

—多阶目标法：设定T0（保底）、T1（力争）、T2（挑战）目标，对应不同的奖励规则；

—内部竞标法：划分市场单元，确定目标任务，内部进行招投标。

- 年度目标分解成月度目标方法：

—累计完成率：月度考核全年累计值；

—时序进度完成率：按过往规律确定月度时序进度目标。

- 业务类KPI的目标值可以是具体一个数字，也可以是一个范围：绿线和红线目标。超出绿线加分，低于红线减分，中间范围内的不加不减。

3.7 业务类KPI如何设定强弱不同的计分规则？

故事导入

绩效辅导会继续进行中……

业务类KPI虽然比较好量化，但是计分规则还特别有讲究，而不同计分规则会导致KPI得分的差异较大，究竟有哪些计分方法呢？我们从大客户部李一飞经理提出的问题开始……

业务类KPI计分适合封顶和保底吗？

李一飞：卢老师，有一个问题我想请教一下。我们部门对大客户经理的一些业务类KPI在计分时采取了封顶130%和保底70%的处理方法，请问这种处理方式合理吗？

卢老师：好的，我们来说下这个问题！前面辅导中我们谈到过一个观点：绩效的本质是表现的波动！对于经营机构和营销类岗位，往往这种波动性会比较大，在KPI考核分数上表现出来就是：有的机构或个人考核分数很高，而有的考核分数会很低，走向两个极端，其实这本来也是合理的。但是因为目标值的确定本身有很多争议，再加上市场环境、资源配置也会出现一些突发情况等问题，所以很多单位对业务类KPI的计分规则中，加入了封顶/保底的处理方式，某种意义上是对目标值不好精确确定来做的一种后调节手段。

刘安国

确实如此！我们企管部牵头设计的公司对分公司的几个主KPI，以前没有封顶和保底的计分规则，结果完成不理想的分公司纷纷“炮轰”当初预算目标设的有问题。而目标设定太复杂，也确实设不准。后来公司领导从“和而不同”角度，对几个主KPI加了封顶/保底的策略。可是近期有几个业绩排在前面的分公司也提出了质疑，认为超额那么多，为什么都一刀砍成一样的数据？而且最近我们也发现一些业绩完成好的分公司，开始隐藏业绩到下一年。（大家会心地笑起来。）其实我也能理解大家这样做的原因：既然某个指标封顶啦，超出部分意义不大，还不如留到明年。这样的问题该怎么办呢？

业务类KPI如何避免得分钝化的问题？

卢老师

其实，绩效考核最后考的是人性！人性有好的一面，也有坏的一面。好的绩效规则应该放大人性中好的一面、约束人性中坏的一面。所以绩效规则设定时要多花点工夫。回到这个问题，刚才说的封顶和保底的计分方式容易产生“指标钝化”现象。所谓钝化，就是原始业绩表现是有差别的，但是计分规则的原因，导致得分没有差别。指标钝化有高位钝化和低位钝化两种情况。比如ABC三个单位或个人，某项指标都超额了，但是超额度并不一样，因为指标封顶的原因，最后得分都是一样的，这就是高位钝化；反过来，如果ABC三个单位或个人，某项指标都没有完成，但是完成差距也不相同，因为指标保底的原因，最后得分也是一样的，这就是低位钝化。

张晓菲

我们现在客户部考核的客户满意度指标也是钝化啦！公司定的目标值是98%，权重20%，实际结果一般都是96%~99%，最后线性计算得分大概在19.6~20.2之间波动，得分差距很微弱，大家也不是太在乎，考核的督促改进作用也发挥不出来。

卢老师

是的，指标设计中要处理钝化的问题。提两个建议来减少钝化的影响：

一是封顶和保底的线要适度扩大，尤其是对于经营类单位和个人。二是改变计分规则，提高指标的敏感性。比如客服部张经理说的客户满意度指标，我们通常不建议用【结果/目标值×权重】线性计算的方法，而是采取类似【客户满意度每高或低1%加减5分】方法，指标敏感性会马上增加，钝化现象就会减少。

张晓菲

还真是这样！刚才算了下，如果原始满意度为96%~99%，目标值还是98%，区分度一下子上到[-10，5]了！

业务类KPI为什么要设计强/弱相关计分规则?

卢老师

是的！张经理算得很快！在业务类KPI计分规则中，我们有一个实践中总结出来的方法：强相关计分和弱相关计分，这对于解决指标钝化、解决不同类型的部门/员工考核的平衡性问题很重要！大家请看投影附图：

指标名称	指标权重	目标值	完成结果
业务收入	30%	1000万	900万

计分规则一
- 得分=完成结果/目标值×权重，线性计算
- 得？分

计分规则二
- 预算目标每高或低1%，加或减0.2分
- 得？分

卢老师

投影中我们列举一个业务收入指标，有两种计分规则，看哪一位经理能快速算出得分来?

李一飞

我算出来了！第一种计分规则是27分：用900万除以1000万，然后乘以30%的权重分，得到27分；而第二种计分规则是28分：因为900万比1000

万少了10%，按规则每低1%减0.2分，低10%减2分，所以30-2=28分。

非常好，李经理算得又快又准！

卢老师

张晓菲

我们客服部对客户满意度的计分规则，之前就是用第一种算法区分度不大，根据老师的建议改成第二种算法就可以提高指标的敏感性了。请问老师，是否第二种算法会比第一种算法提高指标敏感性？

那还不全是这样！第二种算法有时会增加指标计分敏感性，有时也会降低指标计分的敏感性。

卢老师

张晓菲

这我就有点晕啦！

李一飞

是啊，我也有同感。为什么同样的指标、同样的目标值、同样的完成结果，用两种不同的计分规则，得分有差别？除了解决前面说的敏感性问题，这背后还有什么其他道理吗？我个人感觉第一种算法更简单，直接除法再乘法就可以算出得分，第二种感觉还更复杂些。

是的，这背后确实有原因。因为我们企业的考核情况是很复杂的。有时单一的计分规则看上去简单，其实并不好用，也不能照顾到组织里面复杂的情况。所以在很多单位里面，用第二种计分规则代替了第一种规则。我稍微来解释一下这个问题。第一种规则是直接做除法，考核结果比较刚性，不好调校，多则多、少则少；而第二种计分规则里面有一个相关性系数，本案例是0.2，通过调整这个相关性系数，可以使得考核结果的分布区间放大或缩小。如果放大就是强相关计分，缩小的就是弱相关计分。比如，这个案例中相关性系数如果调成0.6、0.7、0.8，那么考核得分波动性就很大，加分多、减分也多，表现出“高风险、高收益”特征，这就是强相关计分；反过来，如果将相关性变量调成0.1、0.2，那么考核得分的波动性就会减弱，加减分都不多，表现出“低风险、低收益”特征，这就是弱相关计分。

卢老师

张晓菲

我有点明白啦，强相关计分会提高指标的敏感性，解决指标的钝化问题；而弱相关计分正好相反，让指标的得分不要太敏感，这样考核分的波动范围会小一点。卢老师，是这个原理吗？

张经理总结得很好！确实如此。

卢老师

什么情况使用弱相关计分规则？

李一飞

我还是有点困惑，像我们营销单元，就应该体现高风险、高收益，拿结果说话！要么用第一种计分规则，要么第二种计分规则也肯定是用强相关，莫非还有像我们一样背营销指标，但是要用弱相关计分的情况吗？

那还真有！我相信企管部的刘经理应该深有体会！

卢老师

刘安国

谢谢卢老师的提点，这个计分规则的强弱相关性解决了我们在组织考核中的一个老大难问题，简直是“一语点醒梦中人”。太感谢啦！

李一飞

刘经理这感觉像是孙猴子“得道”一样。别老感谢啦，也给我们分享一下你的收获呗！

刘安国

好的，好的！我们现在组织考核中，从上到下分解了一些经营指标。这些指标不仅仅考核到分公司、事业部、营销单元，也挂钩到了公司各部门，这你们都知道。前面你们也没少“批判”我！当然，公司中后台部门是否挂钩这些指标，我们再议。但是公司本部几个前台业务管理部门，比如说市场经营部，我认为还是应该挂公司经营指标。

李一飞

那必须的呀！市场经营部负责全公司的营销策划和市场政策牵引。公司总体经营指标肯定跟他们部门有关，不考他考谁呀？

刘安国

考是没错的，问题出在计分规则。今天幸好市场经营部汪经理出差没有参加辅导会，否则又找到一个批判我们部门的理由啦，之前他可是没少跟我们部门PK。目前，公司几大经营指标我们既考核分公司，也考核市场经营部，用的都是老师说的第一种计分规则，共进退的。前几年公司任务完成得比较好，市场经营部考核也老排在前面，他们倒是没有提，反而一些分公司说闲话，认为这些经营指标是分公司拼搏下来的，市场经营部也没有去冲锋陷阵，像个参谋一样指挥，怎么考核得分比一些分公司还高？而近几年，公司经营压力大、目标高，市场经营部就开始抱怨不公平啦，认为这些指标也不是他们直接去完成的。完成得不好，一起“背锅”他们也认，但不应该背负太高的责任，扣了太多分。

李一飞

这市场经营部过好日子时也没见他们吭声，日子不好过，就开始冒泡啦？！哎，不过话说回来，我倒是理解他们。我们大客户部也面临同样的问题。我们不仅仅负责公司直管的战略大客户，还要对分公司的大客户业务拓展工作进行统筹和指导，你们企管部考核我们大客户部有一项全公司大客户收入指标，也是同样的问题。有些分公司大客户业务不得力，我们也要背锅，有时想想也不合理！

刘安国

将心比心，相互都理解啦！所以说市场经营部提的需求是有道理的。之前我也不知道该怎么回应，今天卢老师这一辅导，我就明白啦。指标还是要考核他们部门，权重也不能低，但是在计分规则方面做弱相关处理？我理解对吧，卢老师？

卢老师

没错，这就是业务类KPI要设计强弱相关性计分规则的原因。一般而言，对于竞争型组织里面的分（子）公司、事业部、营销部门或员工，对一些主业务KPI，我们通常用强相关计分规则，指标敏感性强，体现“高风险、高收益”；而对于像市场经营部这样的业务条线管理部门，这些业务指标跟他们相关，但是他们不能直接控制，所以我们通常建议用弱相关计分，指标敏感性弱，这样同样的指标、同样的权重，他们考核波动性区间就会收窄。

李一飞

太好啦。那企管部考核我们部门的大客户收入指标就应该用弱相关计分，对于我们部门的直营战略客户收入指标就应该用强相关计分？

是这样的，李经理举一反三能力很强！理解了业务类KPI的计分规则，大家要灵活应用到工作中，不仅仅是组织考核，对员工考核也是如此。

卢老师

职能部门如果挂靠业务类KPI该怎么计分？

刘安国

谢谢老师，我还有一个问题要请教一下，就是我们公司的中后台部门，前面说的经营指标是否还是可以挂靠这些部门，然后我们在计分规则方面做更弱的相关性处理？这样既可以体现风险共担，又体现出责任的不同？

当然你们可以这样来处理。只是我一般建议对于中后台部门，要么不考核这些不直接相关的经营指标；如实在要考核，首先应该降低指标权重，然后做更弱的相关性计分处理。考核指标挂靠组织或个人时，要把握“相关性”和“可控性”两条原则。如指标与被考核者（组织或个人）相关则考核，如不直接相关，不要考核或减少该指标权重。如指标与被考核者工作不仅相关而且被考核者对指标可控，则用强相关计分规则；如相关不可控，则用弱相关计分规则。大家一定要记住：考核的目的不是为了考核，而是为了改进，改进的前提是要能控制。如果都控制不了，怎么改进呢？所以对于机关职能部门或员工的考核指标设计，我通常不建议以“拉郎配”的方式配置不相关的业务类KPI，而重心应该放在职责类KPI和滚动的关键任务GS上。

卢老师

刘安国

今天辅导真是受益匪浅。之前在组织考核中很多问题得到了很好的解答，茅塞顿开！下一步我们再重新优化一下我们的考核流程和指标体系，请卢老师再辅导，特别感谢！

不客气哈！

卢老师

（上午辅导会结束，下午继续……）

【读书笔记】

- 绩效考核最后考的是人性！人性有好的一面，也有坏的一面。好的绩效规则应该放大人性中好的一面，约束人性中坏的一面。
- 业务类KPI计分规则需要考虑指标的高位钝化和低位钝化问题。
- 业务类KPI计分规则：

—相关可控的，用强相关计分；

—相关不可控的，用弱相关计分；

—既不相关、又不可控的，要么不考核，要么降低指标权重，并且用更弱的相关性计分。

- 考核的目的不是为了考核，而是为了改进；改进的前提是要能控制。

3.8 如何提炼职责类KPI?

故事导入

中午休息后，下午绩效辅导会继续进行……

上午的辅导侧重于业务类KPI的设计，而职能部门，尤其是中后台部门，业务类KPI并不多，反而是职责类KPI很突出，所以几个中后台部门经理下午辅导会早早来到会场，并占据了有利位置。办公室陈文成经理首先开始发言……

岗位说明书能代替一人一表吗?

陈文成：卢老师，我们中后台部门员工考核是一个难点问题，上午辅导您也说了，我们重点不是业务类KPI，而是职责类KPI和GS，我想请教一下，这个职责类KPI应该怎么制订呢？

卢老师：我们这里介绍的KPI有两种形态：业务类KPI和职责类KPI。业务类KPI是从上到下、基于战略解码来制订的；而职责类KPI是从内到外、基于工作分析来制订的。

陈文成：工作分析是否意味着我们部门经理需要对每个员工的工作进行深度分析，然后提炼出指标？

卢老师：道理上是应该这样，现实中有一个简单方法来提炼职责类KPI。

陈文成：哦，有什么简单方法呢？

好的，我先问一下人力资源部的马经理。我听王总说，今年你们人力资源部牵头，将公司本部各部门员工岗位说明书重新梳理了一遍？

卢老师

马清波

是的，卢老师。岗位说明书5年前我们梳理过一次，只是时间长了，很多机构变化、部门职责调整，导致员工岗位变化很大，所以今年初我们下定决心，又在公司本部通过工作分析，梳理了一遍岗位说明书。不瞒您讲，当时这项工作也不好推动，今天在场的一些部门经理当时也是很不理解的。现在看来，这项工作没有白做呀！

当然，岗位管理是绩效管理的基础，也是我们前面说的“天平模型”的基座。这个基座牢靠了，上层建筑才稳当呀。岗位说明书是岗位管理非常基础的一个文档，这个文档做得好，职能部门给员工制订一人一表就很容易。

卢老师

陈文成

按照人力资源部的要求，现在我们办公室每个岗位都有岗位说明书，那还需要制订一人一表吗？

那当然！岗位说明书和一人一表是一个递进关系，两者都需要有！岗位说明书界定了一个岗位基本工作内容，而一人一表在此基础上界定这个岗位主要工作内容应该达到的目标和标准。

卢老师

陈文成

哦。那如何从岗位说明书提炼KPI？

如何从岗位说明书提炼职责类KPI？

好的，大家请看投影附图：

卢老师

指标名称	· 指岗位常规性工作职责，有标准工作流程 · 一般从岗位说明书岗位职责提取
指标权重	· 5%~30%
指标定义	· 该职责下的详细工作活动 · 一般从岗位说明书的工作活动提取
计分标准	· 采用红绿灯考核方法 · 用行为事件描述

卢老师

职责类KPI和业务类KPI的提取方式是不同的，它反映的是该岗位主要的工作职责。如果部门近期做过工作分析，输出了岗位说明书，那么提炼职责类KPI就很容易了。岗位说明书有几个基本内容，可以直接提炼成KPI的元素：岗位说明书里面的岗位职责直接变成指标名称，岗位说明书里面岗位职责下的工作活动就变成了指标定义，如果岗位说明书做得细致，包含了岗位职责时间占比的话，那这个时间占比就可以转换成指标权重。

陈文成

呀！真没看出来岗位说明书这么好用。之前人力资源部让我们做岗位说明书，我想着写完就束之高阁，应该没有什么作用了，没想到马上派上用场了。

如何制订职责类KPI？

卢老师

嗯。大家平时还是要做好这些基础工作。在提炼职责KPI时，有几个基本规律给大家说明一下。首先是指标名称，我们一般建议用4~6个汉字来表述，比如人力资源部薪酬福利岗的典型指标名称：工资发放、社保缴交、薪酬分析报表等。再比如办公室综合文秘岗的典型指标名称：公章管理、督办管理、会议纪要管理等。

马清波

我们部门薪酬福利岗的指标，是仿照业务类KPI“收入完成率”那样，写成“工资发放准确率”“报表及时率”。因为之前做指标时都是为了量化而量化。

卢老师

所以我不建议这样来做。这也是职责类KPI和业务类KPI的不同点。业务类KPI是结果类指标，可以通过少量的关键量化数据反映组织或个人的工作结果；而职责类KPI是从单个职责提炼的，用一个量化指标来概括职责履职情况，是偏颇的。比如薪酬福利岗的“发工资”这项职责，单独用一个“工资发放准确率”是不足以体现这项职责的全部成果的。

马清波

嗯。还有及时率的问题。

卢老师

其实还不止这些。比如薪酬发放的责任事故、薪酬保密、有责投诉等，单靠“准确率”和“及时率”都不能完整体现这项职责的要求。而且一项职责搞出一堆指标也太多，所以我们化繁为简，指标名称就4~6个字，如“工资发放”，然后在指标计分规则时通过红绿灯的方法来进行考核。

陈文成

有道理！那职责类KPI 在权重方面有什么讲究？好像前面老师说过，业务类KPI权重是通过一个小组评价分转换成的权重？

卢老师

职责类KPI的权重要根据该岗位职责的工作量去分配，一般单个指标权重范围在5%~30%之间。如果权重过小，说明职责太细，建议合并职责处理；如果权重过大，说明这个职责太重要，这个指标影响力就会过大，一般建议拆分。考核还是要抓大放小，同时保证指标颗粒度大小适中。另外，我们建议职责类KPI权重取5%的倍数，如10%、15%、20%等，一般不会取12%、23%这样的权重，毕竟某项职责工作量在每个月时间占比也是有弹性的。这不像业务类KPI的权重，是通过小组评价换算得到的权重，可能就会有各种数字权重。

李一飞

我开始以为职责类KPI好像只有中后台部门才有，我们大客户部应该主要是考业务KPI，经老师这么一讲，我们也应该有职责KPI？

卢老师：是的！你们大客户部虽然是前台部门，但是也有后台岗位吧，这些岗位制订一人一表时就应该以职责KPI为主。

李一飞：是的，我们部门除了大客户经理这种销售类岗位，也有市场策划和营销支持岗位，还有一个综合管理岗。这些岗位我之前还烦恼怎么制订一人一表。这些岗位跟大客户经理岗位比起来，有的也很不好量化，而且跟经营指标关联度也弱，按照老师的KGB模型，我是否可以将业务类KPI和职责类KPI结合起来？

卢老师：是的，必须要结合使用，通常的结合规律是：销售类岗位，如客户经理，以业务类KPI为主，但是也有职责类KPI，比如CRM（客户关系管理）、销售动作考核等；市场支持类、营销策划类、服务类岗位，业务KPI可以挂钩一些权重，注意计分规则用弱相关，而这些岗位职责类KPI的权重也是比较大的；对于后台岗位，如人事、行政、综合等岗位，业务类KPI就很少啦，主要是职责类KPI为主。

李一飞：明白了。看来这两种KPI的制订方式我们都需要好好掌握才行。谢谢老师！

（辅导继续……）

【读书笔记】

- 岗位说明书界定了一个岗位的基本工作内容，而一人一表界定这个岗位主要工作内容应该达到的目标和标准。
- 职责类KPI的提炼要点：

  —指标名称从岗位说明书的岗位职责提取，一般4~6个汉字；

  —指标定义从岗位说明书的工作活动提取；

  —指标权重根据该职责的工作量占比确定，一般取5%的倍数；

  —指标计分规则要用红绿灯计分方法。

3.9 红绿灯考核如何操作?

故事导入

绩效辅导会继续进行……

大家发现职责类KPI的提炼并不难，关键是怎么去考核。卢老师提到的创新方法——“红绿灯考核”引起了办公室陈文成经理的极大兴趣，他率先发言……

什么是红绿灯考核?

陈文成：卢老师，您前面辅导了如何从岗位说明书来提炼职责类KPI，很好理解，也容易操作，我看难点应该是如何考核吧？毕竟职责类KPI不像业务类KPI有很多数据可以计分，职责类KPI究竟该怎么考核？您提到的红绿灯方法听起来很有趣，可否详细介绍下？

卢老师：好的！红绿灯考核是我们在实践中摸索出来的一个创新方法。其基本原理是将我们大街上的红黄绿三种交通灯来对应考核的三种波动形态。

陈文成：考核三种波动形态是否前面辅导中说的考核的除法模型，表现除以目标有三种波动：超标、达标和低标?

卢老师：是的，陈经理记得很牢靠！那您是否可以将三种波动形态对应三种交通灯呢?

陈文成：好，我试一下。按照交通灯的特点：绿灯行、红灯停、黄灯等，那应该是绿灯对应超标、红灯对应低标、黄灯对应达标?

卢老师：是的，非常正确！红绿灯考核的基本原理就是针对常规性工作职责，我们来提炼绿灯和红灯行为。如果实际考核中，绿灯行为出现了，就加分；红灯行为出现了，就减分；如果没有绿灯或红灯行为，就视为黄灯，不加分也不减分。

李一飞：这个倒是通俗易懂、很形象！按照老师的描述，这个红绿灯考核不是量化指标，而是用行为描述的“具象化”的考核？

红绿灯考核的句式规范是怎样的？

卢老师：是的！业务类KPI我们采取量化考核，而职责类KPI我们采取的是“具象化”考核。具体方法请大家看下投影附图：

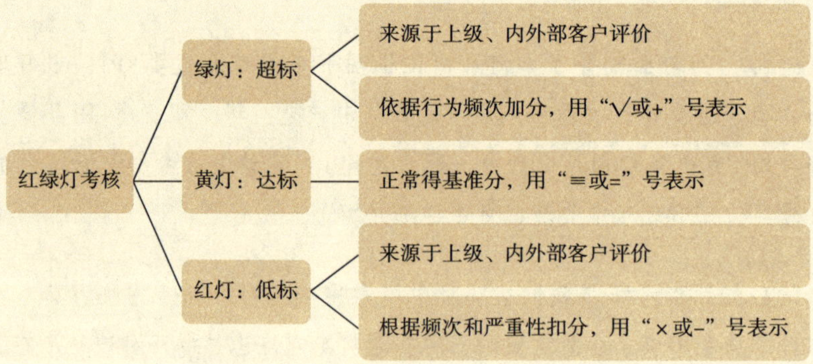

李一飞：咦？红绿灯用不同的计分符号啊？我还以为直接用颜色表示。不是可以直接用红、黄、绿三种颜色表示吗？

卢老师：当然可以用颜色来表示，只是颜色在电脑和手机上能看清，如果黑白打印出来，就区分不了啦，所以我们一般建议是用符号加以区别。另外，我们也不建议用12345这样的阿拉伯数字来区分红绿灯。

陈文成

这倒也是！阿拉伯数字没有属性，比如12345，五条计分规则，你不知道哪个是绿灯、哪个是红灯。而用符号表示，比如3个“+”、2个“–”，就知道这个指标有三个加分项的绿灯、两个减分项的红灯。简单好用！卢老师，请问一下这个红绿灯考核既然是具象化的，如何描述呢？

卢老师

好的，这个很重要！红绿灯考核除了掌握正确的符号外，就要学会具象化的表达句式规范。

李一飞

这个也有规范呀？头大了，要开始写作文啦！

卢老师

那当然有规范。前面讲的业务类KPI不也有强弱相关不同的计分规则吗？职责类KPI也是有句式要求的。李经理也不用怕，比写作文容易多了。我讲一个案例，大家马上可以学会这种句式特点。大家思考一下交警是如何进行交通违章扣分的？

李一飞

上周还交了一个交通违章罚款，闯了红灯，被记了6分。

卢老师

哈哈，李经理这是现身说法啦。大家可以总结一下这个交规的句式特点：闯一个红灯扣6分。这就是我们要学习的红绿灯句式规范特点，也是具象化考核的基本方法。

李一飞

我明白具象化的思想啦！交警在做违章扣罚时，他是把“严重违章、较严重违章、一般违章”具体为关键的行为事项，事先定好考核规则，考驾照时让大家背得滚瓜烂熟。你违章时交警就采取行为比对进行扣分，这样被罚的人也认账！

卢老师

是的，我们企业考核也要学习交警这个方法。一些指标虽然不好量化，但是我们可以用具象化方法：事先将行为规范界定好，再来依据员工行为表现进行评价，这就是具象化考核的思想。

张晓菲

我看不光是交警，体操裁判打分也是具象化考核的。我之前以为裁判打分是拍脑袋打分，然后去掉最高分、最低分，算一个平均分。后来网上看了下体操的打分规则，发现很严谨。有的项目要三组类型的裁判打分：难度分、完成分和偏差分。打“偏差分”的裁判是来修正打“完成分”裁判的，避免裁判打分偏差太大。再比如打“完成分”的裁判，对一个结束落地动作的评价，绝对不是“很稳、较稳、一般稳”这种抽象的评价，而是具体为行为描述：“一只脚移动扣0.1分，两只脚移动扣0.3分”，等等。我觉得都非常值得我们企业来学习。

卢老师：感谢客服部张经理提供了一个很好的具象化考核案例。生活中很多案例是可以供我们企业考核来学习的。考核的时候，能量化的量化固然好，不能量化并不代表不能衡量，所以大家要学会具象化的考核方法。我们这次提供的一人一表KGB考核模型，除了业务类KPI是量化的，其余的职责类KPI、GS、KBI，包括NNI都是具象化的。

李一飞：明白了，又让我加深了对具象化考核的认识！我稍微总结一下，老师讲的红绿灯句式规范是否就是在红绿灯符号后面用一个类似交警和体操裁判的行为描述：闯一个红灯扣6分，一只脚移动扣0.1分？

卢老师：是的。李经理总结得很好！红绿灯的基础写法就是符号（如=、+、-）加上句式“某某行为加减XX分”。大家请看下投影：

名称	权重	定义	标准
部门行政事务	10%	部门考勤管理；部门周报管理；部门5S管理；部门固定资产管理	≡正常情况得基准分
			√得到上级领导及相关服务对象表扬，1次加2分
			×不及时或上级抽查有遗漏、不准确每次扣1分； ×因管理不当造成资产损失根据责任扣5~10分，公司决定

卢老师

这个图就是一个职责类KPI的参考样例。指标名称为4~6个汉字，权重为5%的倍数，定义根据这项职责特点稍微展开，重点是计分方法用红绿灯，注意红黄绿三个灯前面的符号和表达句式，都是参考交规的写法。

什么是红绿灯考核的九灯原理?

陈文成

嗯，这个句式规范很简单，也容易掌握，可是我们具体来写的时候，应该怎么写，写几条红绿灯？有时作为部门经理，也没有时间去穷尽那么多的行为事项呀？

卢老师

非常好的问题！红绿灯考核规则在编写的时候，除了句式规范外，还要掌握一个基本结构——九灯原理：1个黄灯、4个绿灯、4个红灯。

陈文成

这倒是像我们的大街上的红绿灯特性，黄灯短、只有3秒，绿灯和红灯长、可能有60秒。那究竟是哪九个灯？

卢老师

我们先说黄灯，只有一条，也可以缺省不写，毕竟黄灯是不加分也不减分，只要不是绿灯或红灯，就默认是黄灯。黄灯有一个“偷懒”的写法是“=正常情况得基准分”或“=正常情况得权重分”。当然写得更好的黄灯应该是针对某项指标更个性化的描述。

陈文成

嗯，这种“万金油”写法倒是更容易普及！我想4个绿灯和4个红灯应该是重点啦，应该怎么写呢？

卢老师

来，大家请看投影附图：

陈文成

绿灯四个加分和红灯的四个减分都是这四个方面？

卢老师

是的，这就是红绿灯的四个计分维度。有一个简便的记忆方法，也是毛主席的经典名言："建设社会主义有两个方法，其中一个是多、快、好、省！"

陈文成

太好啦！这个真好记忆，多——数量、快——时间、好——质量、省——成本。看来，写红绿灯时要牢记毛主席老人家教导。那红灯是什么呢？

李一飞

我知道，我知道！应该是"多快好省"的反义词：少、慢、差、费。对吧，卢老师？

卢老师

完全正确！四个绿灯和四个红灯是对应的，都是指四个维度的两个方向。

陈文成

卢老师，能否举一个具体案例来说明红绿灯写法？

卢老师

好！我们找一个岗位来举例：人力资源部的薪酬福利岗，有一个职责类KPI——工资发放，红绿灯怎么写呢？我们先用标准写法写黄灯："=正常情况得基准分"，黄灯也可以缺省。再接着写红灯（管理者一般比较习惯先扣分）。红灯第一条"少"怎么写？

李一飞

这个简单，第一条应该是：少发1000元扣1分？

张晓菲

这个不对，少应该不是少发多少钱，而是指"数量"维度，我觉得应该是"X每漏发1人次扣1分"这种表达方法吧？

卢老师

是的，张经理说得正确！那第二个字"慢"怎么表述呢？

李一飞

这我知道啦，应该是"X每迟发一天扣1分"？

卢老师

很好！那第三条"差"呢？

陈文成

这个“差”是指质量维度，好像一条写不完，比如投诉、差错等，好像有好多呀？

卢老师

是的。质量要分等级来写，包含几个细项，比如：“X出现一般差错被上级纠正一次扣0.5分”；“X出现员工有责投诉一次扣2分”；“X出现重大责任事故（薪酬保密等）一次扣5~20分，由上级决定”，等等。

陈文成

最后一个“费”，是指浪费，你说发工资浪费几张A4纸，也不是一个多大的事。那这个维度怎么写红灯呢？

卢老师

那就缺省，可以不用写。我们说四个维度四个字，是想引导大家规范地去表达，这样不会遗漏。当然如果大家写得很熟练了，是可以进行合并的，比如四条红灯合并成两条。但是初期写红绿灯时，我们建议大家不要合并。

陈文成

卢老师，这个绿灯该怎么写呢？发工资这类工作，就像领导经常说的：“发对就是应该的，发错就是不应该的。”我们中后台部门的工作，经常是这样的，红灯多，几乎没有绿灯，工作好像很没有成就感呀。（现场好多中后台部门经理都在点头。）

卢老师

确实如此，我在很多单位都碰到过这种情况。所以红绿灯考核要体现不一样的逻辑。像发工资这种常规职责，确实红灯多，但是不代表没有绿灯。这里我建议三种常见绿灯，应该也普遍适用于其他类似的工作。第一条是“无过即是功”！绿灯我们可以这样表述“√连续三个月没有任何差错加1分”。

陈文成

嗯，这个有道理。一个月不出差错加分确实不合适，本来就应该不出差错；但是加上一个时间段，引导员工能一直坚持好的表现，这个加分就是合理的啦。第二条绿灯是什么？

卢老师

第二个绿灯是来自于上级的表彰、表扬、荣誉称号、评选排名等。比如上级主管单位对你们单位的薪酬发放工作做了一个专项检查，你们单位排在系统前几名，就应该触发了一条绿灯，给员工加分。

陈文成

这种事情我们还真不少，有好多这样的检查工作，当然好事和坏事都有。好事就是绿灯，坏事就是红灯。

卢老师

是的。第三条绿灯是指针对该项职责工作的合理化建议、创新提案，尤其是被组织采纳并取得积极效果的行为，应该列入绿灯范畴。比如发工资这工作吧，容易“审美疲劳”，按常规流程走，得过且过的。如果该岗位员工能够不断创新、优化工资方法流程、提高效率和准确率，那这些行为都应该是我们去提倡的。

陈文成

我明白了。红绿灯考核的基本思想就是一个牵引和纠偏机制。我们组织提倡的行为用绿灯表达出来，我们反对的行为用红灯表达出来。绿灯行为出现加分，红灯行为出现减分，没有绿灯和红灯，就视同为黄灯，不加分也不减分！

卢老师

理解完全准确！我们反复强调，考核的目的不是为了考核，更不是为了扣员工的考核分，而是希望体现一种导向。绿灯就是我们倡导的，红灯就是我们反对的！

李一飞

卢老师，红绿灯考核这个理念挺好的，但是我有一个困惑。刚才那个“工资发放”的指标，我大致数了下，红黄绿三个灯加起来有八九个，是否太多啦？这样是否会占用我们直线经理太多时间？

张晓菲

我倒是觉得应该这样来做。之前我们管理部门的时候对员工也是有要求和标准的，只不过这个标准很多时候在我们经理脑袋里面，员工并不是很清晰。现在做一人一表和KPI，就是希望将我们经理脑袋里面隐形的标准显性化，有数说数、有事说事！这就是将规则前置，对团队管理更有帮助。好比交警制订的行为规则，看上去复杂，而且大多数守法的人一般很少用得上，但是这个规则体系起来了，交通秩序也就到位了。

卢老师

张经理说的是对的。中国有一句老话：先说断、后不乱。前面制订规则可能痛苦一点，但是后面你就会轻松；前面不花管理的成本，后面会花出更多的时间，可能效果还不好。开始制订红绿灯考核规则时，按四个维度可能会比较有压力，但是尽可能按这个思路做，就不会遗漏。而且一人一表后期在与员工沟通和考核闭环走起来之后，会有很多优化的空间，这个过程也不是一蹴而就的。

红绿灯指标谁来考核?

刘安国

卢老师，我刚才认真思考了下，发现这个职责KPI对组织考核也是有价值的，尤其是集团这些职能部门，除了业务KPI外，有些考核也应该体现部门的职责履职情况。有一个操作问题，这个职责KPI谁来考核呢？我想应该不是让公司分管领导来考核吧？

卢老师

在我们提供的一人一表模板中，职责类KPI的评价人可以顺序设置多人评价：初评人、复评人和终评人。一般我们建议初评人是被考核人（部门或员工本人）。让被考核人自己申报绿灯或红灯事件。

刘安国

那这样大家都会自己申报绿灯，而不申报红灯事件吧？

卢老师

当然有可能。所以职责类KPI要设计复评人和终评人。有些管理层级多的单位，会设置复评人，层级少的单位直接设置终评人，复评人可以缺省。如果是组织考核，有些公司会让公司分管领导来直接作为终评人。而有些公司为避免分管领导打分的松紧不一致问题，终评人会授权给一个负责组织考核的小组来集体评议，虽然花时间多一些，但是更为公平。

刘安国

我们是一个国企，指标的评价人选择方面有很多讲究。是否可以这样来设计：初评人是部门自己，复评人是我们考核小组，终评人设置成公司领导班子，可以根据主要领导、分管领导、非分管领导角色不同设置不同权重来终评验收？

理论上是可以这样做的，现实中我们在一些国企也这样做过，甚至于我们给一些单位开发的考核系统已经完全实现了多种考评人、多种角色的加权模型。只是我个人建议还是需要简化一下考核验收流程。单个指标由直接上级或授权小组（个人）来验收评价。整体考核结果出来时，尤其是确定考核等级时可以用组合决策的方法。

卢老师

陈文成

如果是对员工的职责KPI进行验收，初评人是员工自己，复评人是员工主管或部门分管副经理，终评人是部门经理。这样设计可以吗？

可以的，这种设计还很常见。如果没有直接主管，复评人还可以缺省。

卢老师

红绿灯考核加减分的度怎么把握？

张晓菲

卢老师，红绿灯考核的思路挺好，我有一个问题，就是怎么把握这个加减分的概率和尺度？作为下级来讲，肯定是希望加分多且多多益善；但是我们作为部门经理，肯定要掌握一些尺度，我感觉有点难度。

张经理的问题很好！这也是红绿灯考核的一个难点问题。一般而言，我们建议职责类KPI设计红绿灯时把握一个172原则（也可以是262、271、181）：10%绿灯概率、70%黄灯概率、20%的红灯概率。换言之，这个指标的考核结果有10%的加分机会、20%减分机会，其余70%是不加分也不减分。

卢老师

张晓菲

也就是说我们设计红绿灯时要参考这项职责过往的表现情况来做出设计？

是的。所有的指标，无论是职责KPI还是业务KPI，在设计目标值时都要考虑过去的历史和资源现状，给员工一个有期待的公平预期：这个指标未来有可能加分，也有可能减分，看自己努力的程度。一个指标老是在扣员工的分，对这个员工是不公平的；反过来，一个指标老是加员工的分，对别的员工就是不公平的。

卢老师

张晓菲

老师点评很经典！我要好好回味这段文字！我还有一个问题，如果确实有些指标没有加分机会怎么办呢？反而扣分机会还真多。

卢老师

确实存在这样的情况。这种情况我建议：没有加分机会的指标要降低减分概率！比如某项常规工作，从过往历史统计，员工（或一个小组员工）平均每月差错在2次，这项指标也很难有加分机会。我们在设计红灯时可以加一个容错率：每个月两次以内差错不扣分；超过两次，每多1次扣2分。

张晓菲

这个思路挺好，相当于将两次以内差错作为黄灯处理啦。

卢老师

是的。红黄绿三个灯的状态大家灵活应用，把握前面几个核心的考核原则即可。

张晓菲

职责类KPI用红绿灯考核的方法确实耳目一新，回头我们要好好消化一下这个方法，谢谢老师！

卢老师

对，知行合一很重要！

（中场休息……）

【读书笔记】

- 红绿灯考核方法：

  —绿灯：超标，加分项，前面用符号“+或√”表示；

  —黄灯：达标，不加不减，前面用符号“=或≡”表示；

  —红灯：低标，减分项，前面用符号“-或X”表示。

- 红绿灯的九灯原理：

  —黄灯一个，可以缺省；

  —绿灯四个：多快好省；

  —红灯四个：少慢差费。

- 红绿灯的句式规范参考交警的扣罚规则，如“闯一次红灯扣6分”。
- 职责类KPI建议按照172原则控制概率：10%绿灯概率、70%黄灯概率、20%的红灯概率。
- 所有的指标，无论是职责KPI还是业务KPI，在设计目标值时都要考虑过去的历史和资源现状，给员工一个有期待的公平预期：这个指标未来有可能加分，也有可能减分，看自己努力的程度。一个指标老是在扣员工的分，对这个员工是不公平的；反过来，一个指标老是加员工的分，对别的员工就是不公平的。

3.10 滚动GS考核怎么操作？

故事导入

稍事休息后，绩效管理辅导会继续进行……

在课间休息的时候，各位经理对于KGB考核框架中的GS模块产生了很大的兴趣，尤其是办公室的陈文成经理，因为他还牵头负责公司的督办任务工作，所以辅导会一开始，陈经理率先提问啦……

陈文成

卢老师，前面您系统辅导了业务类KPI和职责类KPI的方法，我想下面应该开始说GS了吧？课间休息讨论时，我们对于您提到的KGB模型中GS的方法都很期待，一方面现在公司希望提升组织的执行力、提高管理的推动力；另外一方面，您前面提到的滚动GS考核非常接地气，感觉挺实用的。

卢老师

是的！KPI辅导完，我们就要开始说GS了。这个方法来自于目标管理的方法，英文是Goal Setting，简称GS，大家戏称"搞死"！英文直译过来是"目标设定"，意译"关键任务"。KPI和GS的组合被称为业绩考核的绝配，KPI强调结果、GS强调过程驱动。GS在业内也被称为执行力的抓手，对于组织管理效能提升非常有好处。在职能部门考核中，GS也是非常重要的存在！

GS和职责类KPI有什么不同?

陈文成

真是太好啦！而且我们办公室还牵头公司的督办任务的工作，所以对GS尤其关注，这里有一些问题特别想请教下！第一个问题是GS和前面辅导的职责类KPI有何不同，感觉都是偏向事情的具象化考核?

卢老师

这个区别还是比较大的！职责类KPI是针对某一个岗位或部门常规的工作职责，基本上是每个月或季度里面常规要干的事情，有标准工作流程，采用前面说的红绿灯方法进行考核；而GS属于动态、临时性的重点工作任务，不是常规性的，我们一般建议采用滚动任务方式进行考核。

陈文成

我们之前写岗位说明书时，在罗列完所有工作职责后，一般后面加一个标准套话：完成上级交办的其他任务！这个“其他任务”是否就是GS的来源?

卢老师

嗯！总结得很好。前面说过，岗位说明书和一人一表就是一个递进关系，岗位说明书的职责输出了一人一表里面的职责类KPI，而“上级交办的其他任务”就变成了GS！我们举个例子，人力资源部薪酬福利岗，工作职责有发工资、交保险、做报表等。这些就应该提炼成职责类KPI，用红绿灯进行考核。我们就不应该下成GS任务“发1月份工资”“缴2月份社保”，等等！

陈文成

那这个薪酬福利岗位常见的GS任务“长”什么样呢?

卢老师

比如说，公司近期要启动薪酬改革，要这个岗位员工拿一个薪酬改革方案，这个就可以下成一个GS任务“3月底前完成薪酬改革方案初稿，提交公司办公会讨论”。再比如，上级有一项薪酬发放专项检查，也可以下成GS任务“4月20日前配合上级检查组完成薪酬专项检查工作”。

陈文成

我明白了！GS都是来自于上级布置的临时性的督办任务?

卢老师：那也不全是。GS的来源除了你们办公室牵头的公司督办任务，还可以是部门年度计划内的重点任务分解，也可以是部门临时安排员工某一项关键任务。总之，都是非常规的重点工作。

陈文成：如果有一个任务每年固定都要干一次，这个是常规的职责类KPI还是GS呢？

卢老师：这个取决于考核周期。如果这个岗位只做年度考核，这个任务就是职责类KPI；如果这个岗位是月度或季度考核，这个任务就是当月或当季的GS任务。

陈文成：理解了！GS任务的表述方式和KPI也是不同的吧？

卢老师：是的！GS的表述方式也和KPI有很大不同。业务类KPI名称通常是“××率、××度、××比”；职责类KPI名称通常是4~6个汉字，而GS往往是完整的一句话，如“什么时间做什么事”等。

陈文成：这么说来，GS任务好像也不能量化，也是属于具象化考核？

卢老师：没错！GS和职责类KPI都属于具象化考核，而业务类KPI属于量化考核。

为什么引入滚动GS考核？

陈文成：嗯！我的第二个重要问题是关于滚动GS考核的，这个提法挺新鲜的，其背景又是什么呢？

卢老师：GS有两种考核模式：一个是计划GS考核，一个是滚动GS考核，后者是我们创新实践出来的方法。早期我们在一些单位做咨询实践的时候，开始也是用的计划GS考核模式，结果发现很不好用，后来换成了滚动GS考核模式了。关于这两个考核模式的区别，我们来看一个案例，请看投影附表：

	任务概要	完成日期	权重	完成情况概述	得分
GS 30%	策划、组织××产品市场推广会，邀请30名VIP客户	7月30日	10%		
	针对YY客户写一份营销方案	7月20日	5%		
	组织ZZ产品满意度调查	7月30日	10%		
	制定下半年公司产品电视广告投放预算计划	7月10日	5%		
	小计				

卢老师：这个表格就是计划GS考核模式样表。所谓的计划GS考核，顾名思义，就是在月初或季度初，做好关键任务计划，将一人一表中预设的GS总权重分配到每个任务上；月末/季末时员工提交任务总结，上级再来进行评价，最后再来算总分。

陈文成：我们公司之前也这么用过，但是执行效果不好。一句话概括就是“计划赶不上变化快”！这种变化很多还不是领导能控制的，有来自于上级的，有政策面的变化引发的，也有来自于市场的原因。

李一飞：确实如此，我们在市场部门，更能感受到这种变化的迅猛！

卢老师：是的。企业经营就是要在动态不确定的环境中去适应变化。变才是永恒的。这就要求我们的考核体系能柔性地适应这种变化。而计划GS模式就出现问题了。比如你作为部门经理，这个月初刚给一个员工下达两个GS任务，这个月才过了一半，又来了任务要下达给这个员工。这就属于任务的临时增加。

陈文成：是的，我们还经常遇到任务临时取消的。比如上级下达一项重要任务，我们也辛辛苦苦准备好久，干了一半，说取消了，前面也白干了。

是的，无论是任务临时增加，还是取消，都会对任务计划的权重造成影响，进而会影响考核分的核算。所以我们后来"痛定思痛"后，创新了一个"滚动GS的考核模式"，来解决这个任务的多变性问题。 卢老师

怎样将GS任务滚动起来？

陈文成 嗯，很期待！这个滚动GS怎么操作呢？

来，请看下一张投影附表： 卢老师

	下达时间	任务名称	任务属性	权重系数	实际权重	评分	得分
GS（30%）	9月1日	GSA	A级	1.0	3%		
		GSB	B级	2.0	6%		
	9月10日	GSC	C级	3.0	9%		
	9月20日	GSD	D级	4.0	12%		
		合计		10.0	30%		

我们一起来看下这个案例的场景：9月1日，上级下达某个员工A和B两个任务；到了9月10日，又临时下达了C任务；到了9月20日，又下达了D任务。这是我们的现状吗？ 卢老师

陈文成 是的，简直一模一样！

如果按照计划GS模式，9月1日下达任务时，将一人一表的事先预设好的GS权重分30%分解到A和B两个任务，那后面出现的C和D两个任务就没有权重可分配了；要么就是新来一个任务，就要把所有的GS任务权重调整一次。 卢老师

陈文成

这样调整可就把我们管理者给“搞死”了。

卢老师

所以我们就用一个权重系数来解决这个问题。

陈文成

权重系数？

卢老师

是的。滚动GS考核有三个系数，第一个系数就是这个权重系数，这个系数可以将任务滚动起来。我们还是看下这个表格。上级下达GS任务时，不要直接定任务权重，因为你也定不准，而是定一个权重系数。这个权重系数的取值跟任务属性有关系，比如A级是部门简单任务，B级是部门重要任务，C级是分公司级任务，D级是集团级任务，等等。其实这个权重系数就是任务权重占比的相对系数。

陈文成

那这个权重系数怎么换算实际权重呢？

卢老师

问得好！我们的算法是：下达任务时不核算任务权重，只下达权重系数。要考核的时候才核算任务权重。比如这个案例下达了4个GS任务，如果这4个任务在本考核周期全部完成，我们将这4个GS任务的权重系数加和，1+2+3+4=10，用GS总权重30%除以10，再乘以每个任务的权重系数，就可以依次得到A任务的实际权重3%，B任务权重是6%，以此类推。

陈文成

我有点明白啦，这个权重系数是可以“伸缩”的：任务增加的时候，权重系数其实在稀释；任务取消的时候，权重系数会自动释放出来。这样就可以应对任务的临时增加和取消的囧境啦？

卢老师

是的。我们就是通过这个权重系数让任务滚动起来。

李一飞

这倒是一个方法。如果考核周期里面只有一个任务，其实取什么权重系数都无所谓。只有多于两个任务时，这个权重系数才发挥作用？

卢老师

没错！权重系数其实就是任务间的权重相对值。比如A和B两个任务，你要是认为重要性或难易程度或时间消耗差不多，权重系数无论是

1.0、2.0，还是3.0，只要两个任务配置一样的权重系数，最后换算实际权重是一样的。

张晓菲

那这里有一个新问题：两个类似的任务在不同考核周期里面下达给同一个员工，最后这个任务的实际换算权重可能是不一样的，这要取决于那个考核周期里面任务总数的多少？我们能不能将类似的任务设成固定的任务权重值，这样不同考核周期就能统一了？

卢老师

理论上可以这样做，但是现实会更麻烦。因为固定了任务的权重，就导致每一个考核周期的GS总权重发生变化，这样会影响到KPI的权重，进而影响整个一人一表在每次考核周期都要调整。所以我们现在的策略是：某一个岗位员工，如其岗位内容相对稳定，一人一表总框架不变，保持GS的总权重不变，采用权重系数去适应任务的多变性特点。

张晓菲

那这样，其实是两张表在考核，一张表是一人一表，主要是界定KPI和KBI以及GS总权重，而另一张表就是单独做滚动GS的考核表？

卢老师

是的。我们考核其实是通过“1+1”两张表来实现的。一人一表可以一年不变，确定好GS的总权重。滚动GS考核表可以每个月滚动调整任务，这样就动静结合，更好满足我们单位的考核需求。

张晓菲

如果一个岗位上半年的GS任务多，下半年的GS任务少，是否就要调整一人一表中的GS总权重？

卢老师

是的。这时候就要启动一人一表的修订流程。如果是这个月GS任务多、下个月任务少，但是平均每个月任务是有规律的，我们就不建议调整一人一表啦，通过权重系数来适应调整。

张晓菲

那第二张表，GS滚动样表有案例吗？

卢老师

当然有，会后我将表格发给人力资源部马经理。大家请看投影附表：

GS计划											GS考核				
任务编号	任务名称	下达时间	任务来源	责任人	任务级别	权重系数	实际权重	计划时间	里程碑描述	验收人	完成结果描述	验收人姓名	评分	评语	小计得分
20190501	发布××管理办法	2019/5/6	部门周例会	张三	部门级	2.0	（依公式核算）	2011/5/20	5月15日前提交方案；5月20日提交初稿；5月30日提交终稿	李四	完成，5月25日终稿通过	李四	0.9	基本完成，时间上延迟	（依公式核算）
20190502	组织××专项检查工作	2019/5/10	上级通知	张三	公司级	3.0	（依公式核算）	2011/5/25		王总	5月25日通过上级验收，通报表扬	王××	1.2	组织得力，获得上级表扬	（依公式核算）

卢老师：这是一张EXCEL表，包含两个单元：GS计划和GS考核，每一行就是一个GS任务，包括：编号、名称、下达时间、来源、责任人、权重系数、完成时间、里程碑和完成结果、验收人、评分、评语等。

陈文成：这个表挺实用的，那怎么用呢？

卢老师：如果是公司级的GS任务，这个表可能就是你们办公室督办秘书来管理。每次总经理办公会结束，督办秘书将任务分发给部门，然后再来收集结果算分。如果是部门级的GS任务，一般在部门内部安排一个专职或兼职的综合岗员工负责管理这张表。小的部门也有经理自己管理的。

有支持滚动GS的考核信息系统吗？

陈文成：EXCEL表是能解决问题，但是每一个任务都需要人为跟进，岂不是很辛苦吗？效率还不高！

卢老师：是的，所以我个人很主张上考核的信息化工具。现在IT技术发展很迅猛，尤其是移动互联网更是如虎添翼。类似我们说的滚动GS的考核模式，如果跟手机应用结合起来，那可真是会“搞死”人的！

陈文成：哦，那挺好！市面上有支持滚动GS的成熟系统吗？

卢老师：当然有。我们公司自己开发了一个基于手机端和PC端的“天平系统”，也有单位根据我们的方法论设计自己的考核信息系统。我介绍下系统设计理念，你就知道GS为什么可以提升管理效率、被称之为“执行力的抓手”啦！我们先介绍几个典型的GS任务下达场景：一是员工在手机上主动申请任务，上级可以在手机端审批下达；二是上级直接给员工下达任务；三是公司将任务下达给部门，部门经理将该任务“复制下达”给员工。我们发现这个场景是最多见的！（经理们都笑了起来。）

陈文成

当然这也对呀。部门经理本来就有“上传下达”的作用。我们接到上级下达的任务，肯定是第一时间分发给相关员工。这个任务下达应该有通知吧？我们现在的督办任务都是开会、发文和发邮件备忘。

卢老师

当然有。任务下达一般都会有三种通知：邮件、短信和微信，当然需要事先配置好接口。网上通知都是有痕迹、可追溯的。我们不仅仅下达任务通知，还会下达里程碑。

陈文成

里程碑？是要做过程管控吗？

卢老师

是的！GS任务一般都属于上级关注的重要任务，很多任务周期长，比如一个月时间。如果不设里程碑管控，到月底去验收的时候，可能就于事无补啦。所以我们在下达任务时，可以允许上级设计几个控制节点，如“15日提交初稿”“组织中期评审会”等过程里程碑。当系统运行到14日（一般提前一天）就会给该员工发一个提醒“某某任务再过一天达到第一个里程碑，请提交过程报告”，这样更好促进任务的完成。而且这个提醒过程由系统来完成，不需要上级整天盯着员工啦。

陈文成

这是给我们管理者减负呀。这个思路很好。考核不是去秋后算账，而是督促下级完成任务。我想任务到期前也要提醒员工吧？

卢老师

那必须的。我们的设计是在任务结束前三天系统自动通知员工“某某任务再过三天要到期了，请提交任务总结报告”。这个通知也是系统来自动提醒，不需要管理者通知。

李一飞

我知道GS为什么被称为“搞死”系统啦。简直太强大啦！通过自动跟催，对一些拖延症员工是很好的督促，也能确保任务的顺利完成。

张晓菲

嗯，这套方法确实可以提升组织执行力。作为管理者我们下达任务后，有时事情一多，自己也忘掉了。有些不太自觉的员工也“稀里糊涂”装忘掉了。等时间到了，再去干，已经来不及了，执行力也就荒废了！

陈文成

太棒了！我们办公室负责公司督办任务，公司领导多次强调机关的执行力问题，滚动GS方法和信息系统如果配合起来，既可以给我们部门减点负，还可以大幅提升管理效率。

卢老师

确实如此。GS系统的设计理念是“事事要跟进、件件要落实、全程留痕迹”！大家可以试想一下这个场景：领导办公会一结束，督办秘书会迅速分发任务到各责任部门，各部门再迅速分发任务到科室/小组/员工。这就像一个“任务树”一样，将组织的关切和员工的行为有机关联起来，再通过组织考核和员工考核强化这种连接，这种管理推动力会非常大！所以现在很多组织的机关总部引入滚动GS，不仅仅为了解决机关职能部门考核的老大难问题，更是为了提升机关执行力、改变机关作风。

陈文成

这个也特别符合我们公司领导的意图。会后我们马上开始打报告申请用滚动GS来改进我们的督办任务流程，并与企管部对接组织考核流程。

卢老师

陈经理真是雷厉风行、说干就干！

滚动GS怎么验收？

陈文成

那必须的！这也是领导给我们下达的“GS任务”！对了，我还有一个重要问题，这个GS任务谁来验收呢？怎么验收？这个GS任务好像也是不能量化的。

卢老师

是的，GS和红绿灯考核一样，都不是量化的考核体系，必须采用具象化的考核方法。GS的验收原则是：谁下达、谁验收！实际操作中，是可以支持多任务验收人的。比如：一个部门级的重要任务下达给员工，部门正职占60%验收权重、部门分管副职占40%的权重；或者，A部门发起的一个任务落到B部门的某一个员工，B部门经理占50%权重，A部门经理占50%权重。

陈文成

那如果是我们公司级的督办任务，应该谁来验收？我们担心让各部门分管公司领导来打分，不瞒您讲，可能会出现“护犊子”现象！（经理们会心地笑了起来。）

卢老师

理解理解！这也是常见现象。所以我们一般建议是主要领导和分管领导分别占60%、40%权重。当然有些公司在月初办公室会时，专门对上月督办任务采取集体评议的方法，最后授权督办秘书进行评分。这些都是可以的。

陈文成

明白了。那GS该怎么评分呢？是用百分制打分？

卢老师

GS考核我们可不推荐用百分制，很多单位在这块可是栽了跟头！我们推荐的是分段评估法。大家请看投影附表：

分段评估系数	定义
1.2	高于期望
1.1	略高于期望
1.0	符合期望
0.9	略低于期望
0.8	低于期望
0~0.7	远低于期望

卢老师

所谓分段评估法，就是将一个任务完成后的结果评价分成若干档，每一档一定要有定义，而且至少要定义三段。大家知道是哪三段吗？

李一飞

我猜应该是类似红黄绿三个灯的状态吧？

卢老师

没错！李经理悟性很高！GS考核本质还是目标考核体系，而目标考核就离不开前面辅导的除法公式：考核结果=表现/目标，结果会表现出三种状态：超标、达标和低标。红绿灯考核也是要定义三种状态，GS的分段考核也是如此。如表所示，这里1.0就是达标，1.1~1.2是超标，0~0.9都是低标。

陈文成

那用百分制的问题在哪里呢？我们之前对督办任务曾用过百分制来考核。

卢老师

第一个问题，百分制有100个刻度，怎么进行定义？谁又能准确定义99分和98分的区别呢？！即便定义出来了，也不好打分呀，会造成“选择性疲劳”。究竟是98还是99呢？

陈文成

确实如此。这种考核感觉就不是考核员工而是考核经理！分段评估法就几段考核，也简单。

卢老师

第二个问题，管理者打分的尺度也不一样，有人打分偏松、有人打分偏紧。这会给员工造成错误的结果感知。我曾经给国内一家著名互联网大厂辅导，一个员工圆满完成了某一项关键任务（这家公司将GS称为关键任务），直线经理给这个员工该任务评价了97分，员工很不开心。结果经理跟员工沟通一下，员工说了：“经理，这个任务我完成得很好，各种场合你还表扬我，怎么给我扣了三分？”经理说：“我是觉得你干得很好，只是我打分的最好标准就是97分，一般事项我都打90分以下啦！”大家发现没有，这位经理明显是一个打分偏严的“主”。反过来，我们有些经理打分太松了，可能员工某一件事情没有干好，经理也“恨”得痒痒的，但是打分却是在98分、99分！搞得员工心里还美滋滋的，以为经理特别欣赏我！

张晓菲

真是这样的。我们很多考核结果出来，并没有给员工清晰的行为指向，甚至给了错误的导向，那这种考核不要也罢了！

是的。我们还是要强调，考核的作用固然是要评价员工的过往表现，更重要的是给员工信号和指引：什么做得好、什么做得不好、下一步该怎么改进！而百分制达不到这样的效果。所以我们推荐这种“系数”的分段评估法。员工任务完成了，经理评价1.0，说明该任务中规中矩，没什么亮点，也没有什么问题点；经理评价0.9，员工心里“咯噔”一下，再看下评语，知道问题在哪里；经理评价了1.1，员工“小高兴”一下，再看下评语，知道自己好在哪里。 卢老师

张晓菲 嗯，分段评估法确实简单。既实事求是评价，又清晰传达了导向信号。

李一飞 我觉得分段评估法固然好，但是还是不如我们的业务类KPI直接算分好：目标是多少、完成多少、得多少分，不用我们经理去算，员工自己也算得明白！GS的评价还是免不了有人为主观评价的因素。

李经理说得对！考核能量化固然好，但是我们工作中还有很多不能量化的东西，我们这里采取的是具象化的考核。职责KPI的红绿灯考核和GS考核，都属于具象化考核，前者是具象为“行为”，后者是具象为“事件”。本质上属于主观评价，但是通过分段评估法，可以将这种主观性限定在“三段”的范围内。 卢老师

陈文成 不求最好，但求“次好”！这个红绿灯考核和滚动GS考核对我们中后台部门可帮助太大啦！我觉得已经进了一大步！卢老师，GS还有一个系数是什么？

滚动GS考核的主动创新系数怎么用？

最后一个系数是“主动创新系数”。这个系数主要是来做加分保护的。有一些任务从来没有干过，需要员工去创新，但是创新有风险。最后结果干得不理想，分段评估系数评价0.8、0.9，会挫伤员工积极性。所以为了保护员工的主动创新精神，我们建议设置一个主动创新系数。请看投影： 卢老师

主动创新系数	定义
1.0	上级下达、任务没有特别创新要求
1.1	个人主动申报、上级审批；或上级下达、但任务有一定创新要求
1.2	个人主动申报、且任务创新要求高

陈文成

这个主动创新系数默认值为1.0？后面两档是大于1.0的？

卢老师

是的。GS总得分=∑实际权重×分段评估系数×主动创新系数。这个主动创新系数是乘在最后的。默认值是1.0，这样乘法后不会给某项任务带来加分或减分；如果设置某任务的主动创新系数大于1.0，乘上去就是加分保护啦。

陈文成

这个系数如果有加分保护作用，是否会被滥用？

卢老师

陈经理的担心不无道理！所以我们建议这个系数通常默认值是1.0。不能随意去增加，否则每个任务都加主创系数，创新就没有意义啦。

陈文成

是应该如此。那GS考核就通过这三个系数运转起来？

卢老师

是的。滚动GS考核就这三个系数：权重系数是将任务滚动起来的，本身不会给任务带来加分和减分，但是会影响任务的实际权重高低；分段评估系数通过“三段”进行验收评价，这个会带来加分和减分；主动创新系数一般情况不要用，默认值为1.0。个别任务确实有创新要求，可以设置大于1.0系数，起到加分保护的作用。

（辅导会继续进行……）

【读书笔记】

- GS与职责类KPI都属于具象化考核。但是职责类KPI属于考核周期内的常规工作，GS属于该岗位本职工作体系内突发的、临时性的重点任务。
- 部门GS任务的主要来源：

—公司高层办公会下达的督办任务；

—部门年度重点任务的分解；

—上级单位对口的管理部门垂直下达的任务。

- 员工GS任务的主要来源：

—部门经理将部门任务分发给员工；

—员工申请、部门经理审批通过的任务；

—部门经理直接下达给员工的任务。

- GS考核的两种模式：

—计划GS考核；

—滚动GS考核。（考虑任务的多变性特点，我们重点推荐滚动GS考核。）

- 滚动GS考核的三个系数：

—权重系数：代表任务的相对权重。一般取值1.0、2.0、3.0；该系数不会带来任务的加分或减分，但是会影响任务权重的颗粒度。

—分段评估系数：任务验收系数。一般取值0.7~1.2；每一段要有定义，至少定义三段，该系数会带来加分、减分、基准分三种可能性。GS考核不推荐用百分制。

—主动创新系数：一般取值1.0、1.1、1.2。GS主创系数默认值为1.0；为鼓励员工主动创新，对于员工主动申请或有创新要求的任务可以调高该系数，做加分保护。

3.11 GS任务做多错多怎么办？

故事导入

绩效辅导会继续进行……

通过前面的辅导，大家知道了滚动GS考核有三个系数，而且方法很简单、操作也不难。一些经理们还萌生了马上要去执行的冲动，而其中最积极的是办公室的陈文成经理，他还有几个问题要赶紧发问……

GS任务和临时性额外任务有什么区别？

陈文成：卢老师，听您前面的辅导，滚动GS考核确实很实用，也好落地。不仅仅我们办公室牵头公司级的督办任务马上用得上，并且我们对职能部门员工考核也找到一个很好的抓手。在您辅导的时候，我还有几个困惑的问题，想再请教一下！

卢老师：好的，请说！

陈文成：这个GS任务和我们平时说的临时性的、额外的任务有什么区别呢？

卢老师：有很大区别。其一，GS任务中有些具有临时性和突发性的特点，而有些却是事先计划好的。比如某一个部门有一项年度任务是每年11月一定会干的。对于这个部门的月考核或季考核来说，这项任务就是这个部门11月或四季度的GS任务，这其实是有计划的，而不是临时下达的。其二，也是更重要的，GS任务可不是“额外”的任务，而是基于一个部门或员工本职范围内的工作，属于“份内”的任务！

李一飞

这就是前面卢老师辅导说的，GS来自于岗位说明书的最后一个“职责”：完成上级交办的其他工作！

卢老师

当然，这个“其他工作”也不能随意下达，还是要根据员工岗位分工来合理下达。比如说，人力资源部有“薪酬福利”和“教育培训”两个岗位，现在上级有一项“制订公司年度培训规划”的GS任务下到人力资源部。请问这个任务应该下给哪个岗位的员工？

李一飞

那肯定是下给“教育培训”岗的员工呀，这本来是一个与培训相关的任务，下给“薪酬福利”岗的员工是没道理的。

卢老师

没错。很多GS任务可能具有临时性、突发性特点，但不是“额外”的。这点很重要！

陈文成

我理解啦！这样产生一个新问题。如果GS任务是基于本职工作的，那这个员工就不能因为这项GS任务而申请加分？

卢老师

准确地讲，不是不能加分，而是不能先申请加分。还是刚才这个案例，“制订明年培训规划”的任务下给了“教育培训岗”的员工，这个员工如果找领导说：“领导，你给我下达了一个额外任务，我要求加分！”

陈文成

那肯定不行呀！这是他的本职工作，做好就是应该的，做不好我还要扣他分。当然，员工做得很好，应该还有加分机会！

卢老师

没错，员工首先不能因为接收一件GS任务而申请加分，而是完成得好有可能加分，完成得不好，也会减分。

李一飞

那如果刚才那个案例，将“制订明年培训规划”的GS任务，领导因为各种情况，最后要交给“薪酬福利岗”的员工，该不该给这个员工加分？

陈文成

李经理脑袋转得好快呀！虽然我们经理通常都会依据岗位分工来安排任务，一般不会出现李经理说的情况。但是现实中，确实存在交叉安排工作的情况。比如员工休假、任务很急需要临时协调等等。从我的理解来看，这时候应该给承担非本职工作的员工适度加分！

卢老师

没错，这也是GS任务和“额外”工作的重要区别。GS任务属于“份内”的工作，最后考核有三种结果：有可能加分、有可能减分、有可能不加分也不减分。而“额外”的任务，从激励角度应该有适度加分的机会。

张晓菲

我们公司在有些岗位上设置了AB角备份，有一个主岗和兼岗的问题。如果一项任务，本来应该给A角，因各种原因，最后给了B角，该怎么算分呢？

卢老师

如果事先已经定义好了AB角规则，这个任务就是B角“份内”的工作，就应该按照GS任务规则来处理，根据该任务的完成情况给B角加分、减分或不加不减分。

GS考核是否会导致做多错多？

陈文成

那这又产生了一个新问题，如果GS不是加分项，那GS对于任务多的员工是否不公平？会导致“做多错多”呢？（很多经理点头表达了同样的担忧。）

卢老师

这个问题问得很好！我们在推广滚动GS的过程中，很多人也表达出同样的困惑，我们来一起分析一下这个问题。首先我们来看GS任务多少的问题，这是由员工岗位工作特点决定。有的员工GS任务多、有些员工GS任务少，我们在设置一人一表的GS权重时就应该有所不同，比如，任务多的员工GS权重30%，任务少的员工GS权重10%。

李一飞

我还准备给我们部门大客户经理的GS权重都设置成10%呢！原来GS权重还要有区别？

这是当然的。大客户经理的GS权重设置10%是没有问题的，因为大家岗位是一样的。但是你们大客户部肯定不止这一个岗位，还有技术支持岗位、综合管理岗位等，这些岗位员工的GS权重就不一定是10%啦。

卢老师

李一飞

那倒是的。也就是说，同一岗位员工GS权重可以一样，而不同岗位员工GS权重不一样？

也不一定。如果两个员工岗位不同，但是GS的工作量差不多，也可以设置一样的权重。为什么我们一直强调绩效管理的基础是岗位管理，就是这个原因。做一人一表之前，设置一人一表的GS权重是第一步，首先要对员工岗位做工作分析，根据GS任务多少来确定GS权重。

卢老师

刘安国

我是否可以这样理解，我们在组织考核中，对集团各部门考核的GS权重也应该有区别？

那是必须的。比如我们服务的很多企业，人力资源部GS权重基本在30%~40%，而类似行政后勤的部门GS权重大概在10%~20%。

卢老师

刘安国

这也是合理的。GS权重少的部门，往往常规工作多，职责KPI权重高；GS权重多的，往往常规工作少些，职责KPI权重也低。看来，核心还是KGB框架的组合问题。

陈文成

不仅是对部门考核，对员工考核也应该如此。这个我能理解。可是我还是有困惑，即便是调整不同员工的GS权重，怎么解决“做多错多”的问题呢？比如A员工任务少，每个月平均1个GS任务，我们设置GS权重为10%；B员工每个月平均3个GS任务，我们设置GS权重为30%。好像B员工还是“吃亏”了？

看来陈经理进入一个“自我设定”的误区啦。我们来从概率上推演一下这个问题。请大家看一下投影附图：

卢老师

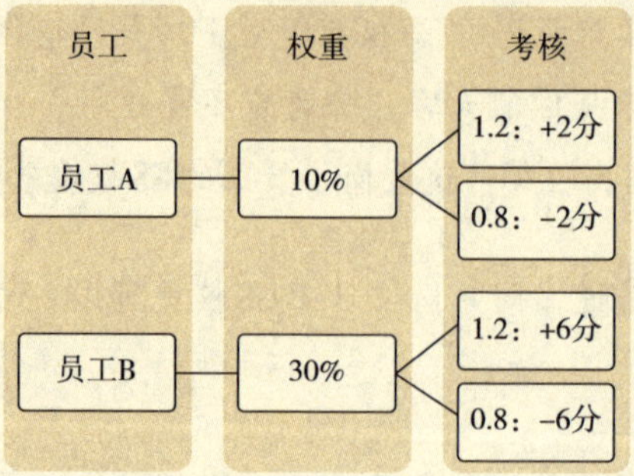

卢老师：如图，我们以陈经理说的AB员工举例。假如A员工平均一个月只有一个GS任务，如果员工做得很好，按照分段评估法，上级评价系数1.2，这个任务相当于加了2分（1.2×10−10=2分）；如果员工做得不好，按照中国管理者“和”打法，也不会扣很多，比如评价系数0.8，相当于扣了2分。按同样的打分尺度，如果B员工一个月的三条GS任务都完成得很好（其实这种概率并不高），上级评价每个任务系数都是1.2，共加了6分（1.2×30−30=6分）；如果三条GS任务都完成得不好（这种概率也不高），上级评价每个任务系数都是0.8，共减了6分。看上去，B员工吃亏了，因为他有“减6分”可能，但其实他也有“加6分”可能。而A员工看上去扣分可能性少，但其实加分机会也少。

陈文成：嗯，这也符合我们办公室现状。我们的行政文秘是服务公司领导的，有时领导表扬得多，“骂”得也多。而综合文秘就感觉“波澜不惊”，得到领导表扬和批评都不多。所以GS任务的加分和减分幅度是对称的？

卢老师：确实如此。因为GS采取的是分段评估法，有三种可能性。任务多的员工，加分幅度大、减分幅度也大。任务少的员工，加分和减分的幅度都少。而我们一些企业对GS任务考核采取的是“做好应该，不好就扣”的评价体系，所以对于任务多的员工自然就不公平。

张晓菲：我补充一下刚才老师的分析。其实B员工三个GS任务都做得很好的概率并不高，理论上是可以加6分，实际上加到4分就很不错啦。反过来，三个任务都做得很差，扣6分的可能性也不大，最多扣4分。所以我认为B员工实际加减分幅度在+4与-4之间是合理的。

陈文成

张经理的分析我认同，可是即便减分幅度缩小，还是B员工扣分可能性大于A员工的呀？

卢老师

别忘了还有第三个系数：主动创新系数。实际上B员工GS任务多的情况，有可能其中个别任务有主动创新的要求，如果这个任务加上主动创新系数1.1或1.2，这个任务不但不会扣分，可能还会加分。所以B员工的实际得分区间是-2到+4区间波动了。

陈文成

卢老师意思是，如果设置好AB两个员工GS总权重，合理用好GS考核的三个系数，最后AB两个员工GS数量虽然不同，但是从时间概率上看，最后的减分区间其实是一致的？

卢老师

是的，理论推导下来是这个结论，实际考核结果也是这样的。任务多的员工，任务完成情况是“东边不亮西边亮”，考核的波动容易抵消，GS总分会趋于权重分；而GS任务少的员工，单个任务好就是好，不好就是不好，反而得分波动性大。

李一飞

嗯，我明白了，这就好比是股票投资组合。一笔钱全部砸在一只股票上，可能赚得多，也可能亏得多。但是如果这笔钱做股票投资组合，可能赚得不多，但是亏得也不会太多。

卢老师

给李经理点个赞！这个比喻很恰当！陈经理是否理解了呢？

陈文成

嗯，我得好好消化一下。现实中怎么去说服员工任务多和少的差别问题？员工可能更希望是接受任务少，而不是任务多。难道以“工作分工不同”作为理由？

卢老师

当然，“工作分工不同”是合理的理由。有的岗位就是专项任务多而常规工作少，有的岗位正好相反。除此之外，还有一个岗位价值和薪酬逻辑的问题。之前我们谈到天平模型的时候，提到了薪酬的8字原理

"以岗定薪、按绩取酬"。完整意义上的薪酬应该是先做岗位称重（岗位价值评价），确定薪酬基点；然后通过绩效考核确定员工薪酬在基点上的波动，这就是合理的薪酬绩效策略。拿刚才A、B两个岗位举例，如果去做岗位价值评价，哪一个岗位的价值更高？

张晓菲

那应该是B岗位比A岗位价值高。专项任务多的岗位，往往对员工能力要求高，岗位责任也要大些。

陈文成

我有点明白啦。B员工岗位价值系数高、薪酬基数高，组织投入也大，这个岗位员工就应该承担更有挑战任务，所以GS多是理所当然的。这也体现了"收益与风险"的对等原则。

张晓菲

这是理想模型，也确实应该这样干。但是我们是一家国企，也出现了"倒挂"的情况。有些员工工作简单，但薪酬系数却不低，这样对于那些工作任务多且重，但薪酬级别不高的员工就很不公平。

卢老师

是的，张经理言之有理！我们一直强调人力资源是一个系统工程。不能光靠绩效一个模块解决所有问题，需要逐个去完善。就说刚才的岗位价值评价问题，很多单位都很清楚意义重大，但是不敢去推行，怕"惹事"。

马清波

不瞒老师，我们公司曾经想做，但是领导一直没有下决心。不过，看这形势，也是迟早的事，届时再请卢老师专题指导一下薪酬的课题。现在我们还是回到绩效专题上吧。

GS可以采取工单加分吗？

张晓菲

卢老师，我有一个想法，是否可以将GS改成累加制计分？当月没有GS任务的员工得0分，有任务的员工按权重系数加分？这样任务多的员工就会心理平衡一点，而且会鼓励员工多申请任务、主动揽活？

卢老师

张经理的思考有深度，要点个赞！如果对GS采取所说的“加分制”策略，这时候GS就不是目标考核，而变成了类似“计件制”的任务工单考核。这样带来的新问题是，没有GS任务的员工会觉得不公平。员工会说“不是我不想完成GS任务，而是上级没有分配给我，而导致我没有加分机会”。如果任务采取申请制，又会跨越岗位分界，破坏岗位的分工原理。因此类似于“提成制”“任务工单制”“计分制”的量化考核体系，比较适用于“一岗多人”的情况，这样可以鼓励大家多主动申请任务、形成你追我赶的局面。但是对于职能部门，我们不建议用“任务工单计分”模式。

张晓菲

老师说的也是。将GS当作加分因素，对于没有GS任务的员工不公平；将GS当作减分的因素，对于任务多的员工似乎不公平。有点纠结呀！

卢老师

其实不用纠结。GS属于目标管理模型，把握几点：第一，GS是基于某一岗位“份内”工作，不是额外的；第二，GS要依据岗位实际确定权重，不能一刀切；第三，GS的分段评估系数是三段论，不能当作纯粹加分，也不能当作纯粹减分；第四，用好主动创新系数做适度加分保护。

当月没有GS任务该怎么计分？

陈文成

明白了。还有一个特殊情况怎么处理？假如某一个员工当月没有GS任务，按老师的解释，是否就是应该给权重分？这样对于任务多的员工多少会带来一些不公平的感觉。虽然有加分机会，但是毕竟也有减分机会，也没有体现出任务多少的差别？

卢老师

这还是前面“GS多与少”问题带来的纠结。极端情况是会出现当月没有GS的情况，我们具体的处理方式有两种：一是给基准权重分；二是在权重分基础上打八折。我们一些客户还专门增加一个GS调节系数来调节一个部门内部GS任务多少的差异问题：高于部门平均任务数的提高调节系数；反之降低调节系数。这样可以倒逼员工主动来申请任务，而不是等着领导来下达任务。当然从GS设计本意上讲，第一种方案更符合，但是如何鼓励员工主动申请任务呢？建议可以在主动创新系数上做文章，如果员工主动申请任务，可以给予1.1的主动创新系数进行保护。

陈文成

我明白了。老师的意思是GS要通过“加分”的方式鼓励员工申请任务，而不是通过“减分”的方式倒逼员工来申请任务？

卢老师

是这个意思。因为考核的结果最终是一种波动，不同的理念给员工的感觉可就不一样。我们讲一个寓言故事。东风和西风比赛，看谁能量大。西风说，那我们比谁先将人的衣服给掀下来。于是西风带着冷气猛吹，人们怕冷，衣服越裹越紧；而东风带着温暖拂面，人们越来越热，自己脱掉了衣服。最后，东风压倒了西风！

陈文成

谢谢老师的精辟演绎，很有哲理，值得回味！最后一个问题，GS的信息化系统可以推荐使用吗？

卢老师

当然可以，回头我推荐给人力资源部马经理，你们也可以申请先试用一下的。

陈文成

太好啦！我先在我们办公室内部用起来，如果可行，准备将公司的督办任务在系统上跑起来。谢谢老师辅导！受益良多！

（辅导会课间休息……）

【读书笔记】

- GS任务属于部门或岗位本职工作体系内的任务，具有临时性、突发性的特点，但不是额外的工作。做好就是应该的；做不好，会被扣分；做得出彩，可以加分。
- 不能将GS当作单纯的加分或减分因素。将GS当作加分因素，对于没有GS任务的员工不公平；将GS当作减分的因素，对于任务多的员工也不公平。
- 如何避免GS考核“做多错多”现象：

—GS是基于某一岗位“份内”的工作，不是额外的；

—要依据部门或岗位的不同来确定一人一表中GS的总权重，不能设成一样的权重；

—GS的分段评估系数是三段论：可以加分、也可以减分，正常是达标。任务多的员工，加分机会多、减分机会也多；任务少的员工，加分机会少、减分机会也少；

—用好主动创新系数做适度加分保护。

- 如何鼓励员工主动申请GS任务：

—可以通过主动创新系数、“加分”的方式来鼓励员工申请任务，而不是通过“减分”的方式倒逼员工来申请任务；

—主动申请要有个度，要避免为了申请而申请，那就是无事生非、无病呻吟！

3.12 行为指标KBI如何设定?

故事导入

稍事休息后，绩效辅导会继续进行……

通过前面的辅导，大家对于KPI和GS的详细操作细节有了更多认识。KGB模型中还剩下一个KBI，因为这块权重不高，加上前面老师辅导说KBI主要由人力资源部牵头，所以其他经理们没有提出问题，反而人力资源部的经理马清波坐不住了，赶紧发问……

为什么要引入关键行为KBI考核?

马清波：卢老师，前面您辅导了一人一表KGB框架中的“K”和“G”，下面是否要开始辅导“B”啦？因为您说这个KBI主要是我们部门牵头做指标字典，所以特别请求辅导一下哈！

卢老师：好的。KBI（Key Behavior Indicator），称为关键行为指标，主要用于平时（月度/季度）考核中，考核重点是员工的日常行为规范。

李一飞：我插入一个问题，前面说的KPI和GS的组合感觉已经考核得很全面了，为什么还要引入行为规范的考核呢？

卢老师：KPI和GS固然全面，但是并没有面面俱到。加上管理规范的组织内部，还是需要对员工日常行为做一些牵引，比如劳动纪律、职业行为、创先争优等。

马清波

哦，那KBI和KPI、GS有什么不同呢？

卢老师

KPI和GS都是基于岗位的，不同岗位、不同员工的KPI和GS权重和内容都不同。而KBI是基于组织的共性要求，比如一个部门甚至一个公司KBI内容可能都是一样的，而且KBI权重一般都还一样。

马清波

嗯，前面您辅导说过，KBI一般配置10%权重？

卢老师

的确如此。月度或季度考核，我们称为平时考核体系，一般考核权重以KPI和GS为主，所以权重在90%左右，KBI作为行为规范的考核，权重一般建议配置为10%，有些单位配置为5%。

谁来设计KBI？

马清波

因为KBI是共性内容，所以老师建议我们人力资源部来牵头设置指标字典？

卢老师

是的。如果各部门都自行设计KBI，那就五花八门、风格和标准都不统一。所以我们一般建议人力资源部来设计两个KBI字典：一个针对员工，一个针对管理者。管理者和员工字典要有所不同。然后再给各部门自行选择KBI，配置到员工的一人一表中。

马清波

如果各部门从我们给的KBI字典中选择，是否各部门也可以自行定义KBI？

卢老师

是的。公司可以在字典中定义好，哪些KBI是必选的，哪些是可选或自行添加的。

马清波

这个KBI怎么描述和考核呢？

卢老师

大家请看投影附表：

考核指标	权重	指标说明	计分方法	取值来源
规范管理	2	遵守公司规范化管理规定。	× 着装不符合规范，每次扣0.5分； × 个人办公区域整理不规范，每次扣0.5分； × 其他不符合规定的行为，被公司通报，每次扣0.5分	办公室
考勤纪律	2	遵守《员工考勤实施细则》	× 上班迟到、早退每次扣0.5分； × 旷工，每天扣10分（不足1天按1天算）； × 替他人打卡、请人代打卡，每次扣1分	人力资源部
会议纪律	2	按照《会议管理办法》要求准时参加会议	× 会议或培训迟到、早退，扣1分/次，无故缺席，扣2分/次； × 其他违反规定的行为，被公司通报，扣1分/次	办公室
人才推荐	加分	为公司推荐核心人才	√为公司推荐人才，被公司成功引进为助理级及以上人才，当月加2分/人；推荐核心人才，当月加1分/人	人力资源部
信息稿件	加分	踊跃向上级单位报送信息、撰写稿件。	√被上级单位采用，每条加1分；被集团公司采用，每条加3分（办公室专职宣传人员不适用）	办公室

马清波：卢老师，KBI看上去有点类似红绿灯考核的思路？

卢老师：是的。KBI是考核行为的指标，所以也不好量化，我们采用的是具象化的考核方法。这里用的方法也是红绿灯考核。

马清波：KBI和前面说的职责类KPI有什么不同？

卢老师：KBI和职责类KPI是不同的。后者是基于岗位职责提炼出来的，所以不同岗位职责类KPI不相同。而KBI跟岗位关联度不大，是基于组织的共性要求，不同岗位的员工KBI可能都是一样的。

陈文成：卢老师，您看表中最后一个指标“信息稿件”，我们办公室要拿这个指标考核相关员工，这个应该是我们的职责KPI，怎么这里KBI也有呢？

卢老师

问得好！观察仔细！这里“信息稿件”放在KBI是针对全体员工的，希望大家多报送高质量宣传稿件，所以对员工是加分项目。但是对于你们办公室的相关员工，写稿件是基本职责，没有达到基本的数量和质量要求，那是要扣分的，当然做得出色，也会加分。

陈文成

有道理。这样体现区别对待，而且这项工作作为全员KBI也有助于提升我们的宣传工作，这个好！

KBI怎么考核？

马清波

卢老师，KBI该怎么设计？怎么考核？

卢老师

KBI的设计思路倒是很像职责类KPI，表述方法也是4~6个汉字，比如考勤纪律、信息稿件等。指标定义也是类似于红绿灯考核方法。绿灯代表加分行为，红灯代表减分行为。不同的是，KBI的验收采取的是“事件触发”原则：没有异常情况自动采取默认分，有异常的绿灯或红灯，才触发加减分。KPI的验收要事先设定初评人、复评人、终评人。只要设定好评价人，哪怕是基准分，也必须去评价一下。但是KBI却不用按人、按指标评价。发生了事件才触发评价。

马清波

嗯，这个可以大幅度降低考核成本。一方面，大部分人行为表现可能是正常的，异常的是少数人，挑出少数人来考核，其他就默认正常。

卢老师

是的。我们在考核信息化系统中，KBI也是这个设计理念。如果某个员工发生某项行为事件，就由事先设定好的评价人，在对应KBI中，选择这个人、选择特定周期记录行为事件，并给予对应加减分。这个员工在考核周期结束就能看到什么事情、什么原因加减分了。而其他员工没有记录行为事件，就是正常分。

马清波

明白啦，这种设计理念很好！那KBI的验收人是谁呢？部门负责人还是其他人？

卢老师：KBI的验收人一般是组织事先授权好的公共评价人，部门负责人参与评价的少。比如大公司每个部门都有部门文秘（专职、兼职都可以），其中一些类似考勤纪律、会议纪律等KBI，就是部门授权这些综合岗位的员工来评价。小公司会直接授权给相应职能岗位员工来评价KBI，比如考勤纪律直接由公司的人事岗位员工来评价。

马清波：前面您辅导说，要出两个KBI字典，员工的KBI我能理解，那管理者的KBI字典要注意什么？

卢老师：管理者的KBI和员工的KBI，很多是一致的，因为管理者首先是员工。但是对管理者还会有更高的要求，比如团队管理、部门文化建设、人力资源管理、财务预算管理等，这些指标的考核人往往是牵头的责任部门。比如你们人力资源部可以牵头对所有管理者的人力资源管理行为做评价，财务部对财务预算提出考核要求等。

马清波：这个好，相当于我们职能部门也有了一个抓手，通过KBI的设计来推进管理者重视管理的工作。

卢老师：确实如此。

（本次辅导会结束……）

【读书笔记】

- KBI（Key Behavior Indicator）：关键行为指标，考核部门及员工的关键工作行为。
- KBI设计要点：

  —基于组织共性要求；

  ——般统一权重，平时考核权重为5%~10%；

  —采用红绿灯标准进行考核；

  —指定部门及专人考核，采取事件触发原则考核。

第4讲

如何做年度考核？

4.1 年度考核与平时考核是什么关系?

做了平时考核，还有必要做年度考核吗?　年度考核和平时考核怎么衔接?

4.2 年度考核中业绩维度和非业绩维度该如何组合?

线性组合方式　平面组合方式

4.3 非业绩维度（KCI）该如何考核?

素质能力指标太抽象了，该怎么考核?　KCI怎么做匹配法考核?　KCI的行为量表怎么设计?

4.4 360度评价方法的优缺点是什么?

360度考核办法的吐槽　360度考核的意义和适用场景　360度考核的权重怎么配置?　360度考核过程要注意什么?　360度结果除了考核，还有别的用途吗?

4.5 强制分布法的利弊有哪些?

强制分布考核一起踩过的“坑”　强制分布法的起源与适用条件　强制分布法千万不要将“末位”妖魔化了!

4.6 强制分布法的常见问题解答

我部门的C比其他部门的A还好?!　人数少的部门怎么做强制分布?　不同管理者打出的分数能否在一起排队?　管理者打分尺度松紧不一该怎么强制排名?　部门副职怎么做强制分布排名?　中国企业适合搞末位淘汰吗?

4.7 年度考核结果可以应用在哪些方面?

年度考核结果如何与“里子”挂钩?　年度考核结果如何与“面子”挂钩?　年度考核结果如何与“位子”挂钩?

4.1 年度考核与平时考核是什么关系？

故事导入

一转眼，到了年终考核的时候……

年终的绩效考核无论对于管理者还是员工，都是一个不容回避的话题，因为考核结果会影响到员工的“三子”：面子、里子和位子，因此大家都很关注。

根据辅导计划，卢老师应约来到糖人通讯公司，进行年度考核的辅导。人力资源部经理马清波开场讲话……

做了平时考核，还有必要做年度考核吗？

马清波：卢老师，您好！欢迎您再次来到我们公司进行绩效辅导。前期在您辅导之后，我们各位经理普遍反映收益良多、很受启发。并且我们将您推荐的很多好的方法用到工作中，在组织绩效和员工绩效方面都做了很多的优化改进。我们已经开始启动了年度绩效考核工作，关于这一块工作，我本人和其他部门经理还有很多困惑，特别向您请教一下！

卢老师：非常好！知易行难，再好的方法关键是要用起来，然后不断优化！也为你们点个赞！下面，看下各位经理们在执行中有什么问题或者新的困惑？

李一飞：卢老师，您好！每次辅导都是我打头炮，这次还是我先来问吧。最近有一个新问题。上个星期，公司发文马上要组织年终考核了，需要我们各部门经理对员工进行年终评价，要评分、评级还要进行沟通反馈。

我就困惑了：在您的辅导下，我们各部门每月都已经考核了，考核结果每月都有应用和反馈机制，绩效管理已经常态化，是否还有必要再进行年底考核呢？

卢老师：嗯！我建议还是有必要进行年底考核的。因为平时的考核与年底考核关注点是有不同的。请大家看下投影附图：

平时考核	年度考核
· 侧重业绩评价 · 强化过程管理 · 结果应用薪酬	· 侧重综合评价 · 强化发展导向 · 结果全面应用

卢老师：我们从三个方面说明一下：其一，平时考核如月度或季度考核，侧重在业绩评价；而年底考核侧重在综合评价，在业绩评价基础上，还会增加对员工综合素质、能力等维度的评价。而素质、能力类的指标因为平时考核周期短，是很难见分晓的，所以一般会放到半年或年度这种长周期体现出来。其二，平时的考核侧重过程管理，就事论事多；而年底考核侧重发展导向，要更多关注人的成长。其三，平时考核结果主要应用在“里子”——月度绩效工资方面；但年底考核结果除了应用年终奖外，还会运用到员工岗位异动、职业发展、绩效改进等诸多方面，属于“三子”——面子、里子、位子的全面应用。因此年度考核还是很有必要的。

年度考核和平时考核怎么衔接？

李一飞：明白了。那年度考核和平时考核怎么衔接呢？

一般组合模式有：月度+年度、月度+半年度、季度+年度等组合考核模式。

卢老师

李一飞

按您之前的辅导，我们大客户部每个员工都已经有一人一表，并执行了月度考核。如果增加年度考核，我们是否还需要给每个员工制订年度的一人一表？

那倒没有必要！年度一人一表跟月/季度一人一表重叠的内容会比较多，且在年初制作出来，年末调整的可能性也大。我们通常的做法是将平时的考核成绩做简单平均（或加权平均），当作年度的业绩维度分数。

卢老师

李一飞

这样倒是简单啦，我们也希望这样做。但是有一个问题：有些指标是属于年度指标，平时考核可能没有体现或体现不完整，如果只拿平时考核数据平均值作为年度考核业绩得分，是否不完整呢？

李经理的问题很到位，看来仔细思考过这个问题！有3个建议供参考：其一，如果是年度指标在某月/季度没有体现出来的，我们建议在平时的一人一表中，对该指标取基准值处理，发生数据时再进行考核。其二，在营销部门还会出现一种时序进度问题，比如某员工1~11月营销指标完成不理想，但12月完成全年目标任务，这时候的处理方式通常是在12月的考核中做补差处理。其三，专门增加一个年底指标调节项，权重为10%~20%，然后将平时考核平均成绩按权重80%~90%，合成一个年度业绩得分。

卢老师

李一飞

嗯，我个人比较倾向于方案一的方法。方法三有点啰唆，还要费心再增设年度指标。方案二的情况我个人并不倾向于补差，因为某个销售员工1~11月完成都不好，12月即便完成全年目标，我认为也不应该给这样的员工全部补齐前面扣的分，因为时序进度的滞后对公司销售队伍的信心和现金流都会产生影响。这种行为我们并不提倡！

是的，这需要看每个单位的导向。我们辅导过一些单位，员工月度有一人一表，年度也有一人一表。年度一人一表中会将该员工月度考核结果的平均值作为一个大权重的KPI来算分，然后增加几个年度指标。

卢老师

马清波

这样做好像有点啰嗦，我们公司领导希望考核简单一些。卢老师的建议是怎样的组合呢？

卢老师

简单的方法是不搞年度一人一表。年度考核将平时考核结果加权平均或算数平均作为年度业绩维度得分；然后再启用一个年度的素质能力测评，作为另外一个维度；最后将两个维度结果进行组合，得到年度考核得分或等级。

马清波

我们也准备这么干啦。有一个问题，平时成绩“算数平均”好理解，“加权平均”怎么加权呢？

卢老师

一般是前面考核周期的考核成绩加权少，后面周期的加权多。比如前6个月的考核结果按40%加权、后6个月的考核结果按60%加权。

马清波

明白了，谢谢老师！

（绩效辅导会继续进行……）

【读书笔记】

- 平时考核与年度考核的关系：

  —平时考核强调业绩评价，年度考核强调综合评价；

  —平时考核强调过程管理，年度考核强调发展导向；

  —平时考核主要应用薪酬，年度考核结果全面应用。

- 平时考核与年度考核的组合推荐模式：

  —月度考核＋年度考核；

  —月度考核＋半年度考核；

  —季度考核＋年度考核。

- 年度考核业绩维度构成方式：

  —月度/季度考核成绩算数平均或加权平均；

  —在上述基础上，可以单独增加一个年度指标考核，组合加权。

4.2 年度考核中业绩维度和非业绩维度该如何组合？

故事导入

辅导会继续进行……

人力资源部经理马清波正在组织全公司的年度考核工作。正好他有几个具体问题想请教一下卢老师……

马清波：卢老师，您好！近期我们在做全公司的年度考核工作。刚才您提到年度考核中除了业绩考核维度外，还有素质、能力等维度的评价。我们现在也是这样操作的，想请教一下年底考核中业绩维度和素质、能力等维度的权重应该怎么分配呢？

卢老师：年度考核中，除了业绩维度外，还有一个非业绩维度，包括素质、能力、品德、价值观、领导力等。不同组织对非业绩维度的定义不太一样。业绩和非业绩这两个维度的组合方式通常有线性组合和平面组合两种方式。

线性组合方式

马清波：哦，这很有趣！什么是线性组合方式？

线性组合方式是将业绩考核与非业绩考核各按一定权重加权，算出员工年终考核得分。常见权重组合方式请大家看下投影附表：

卢老师

员工类型	业绩维度	非业绩维度
普通员工	80%	20%
中层管理者	70%	30%
高层管理者	60%	40%

马清波

这么说，我们公司目前用的就是线性组合。我们所有员工目前都用的是2-8组合，虽然统一权重比较简单，但确实感觉没有体现出不同层级员工的差异。看来这也是我们后期的一个改进方向。那什么又是平面组合呢？

平面组合方式

平面组合方式是将业绩维度与非业绩维度按照两个独立的正交维度，类似于X、Y坐标轴，划分若干象限或方格，然后再将员工放到不同象限或方格中确定员工的考核等级。

卢老师

马清波

平面组合方式听起来感觉比较复杂。线性组合就是加权，多简单呀！平面组合的好处是什么呢？

两种组合方式各有其优缺点：线性组合简单好操作，但也会有过多强调业绩导向之嫌疑。比如某员工业绩很好，但另一个维度评价结果很低，如果业绩维度权重高，其实就掩盖了另一个维度的问题。比如，今天我们很多大企业都很看重价值观的评价。实践也证明：价值观与组织不一致的员工，业绩越好、能力越强的，对组织造成的破坏也将越大！

卢老师

马清波

确实如此！我们公司领导最近总是在谈价值观的问题，类似的案例在我们这里也是越来越多了。

卢老师

考核方式的选择一般跟企业发展阶段和战略诉求是有关系的。初创期的企业，强调业绩导向，所以一般用线性组合，业绩维度权重高，这样导向清晰，简单好操作。成熟的企业，往往讲究平衡发展，所以考核策略也是平衡的。平面组合的方式还有一个很大的好处是对管理者及员工职业发展是有帮助的。通过两个维度的坐标可以很好确认员工的位置，更有针对性地进行绩效改进和制订员工职业发展计划。而线性组合方式中，低权重维度的信息容易被掩盖掉。比如，很多国外企业经常用到的效能方格就是一个好的做法，大家请看下投影附图：

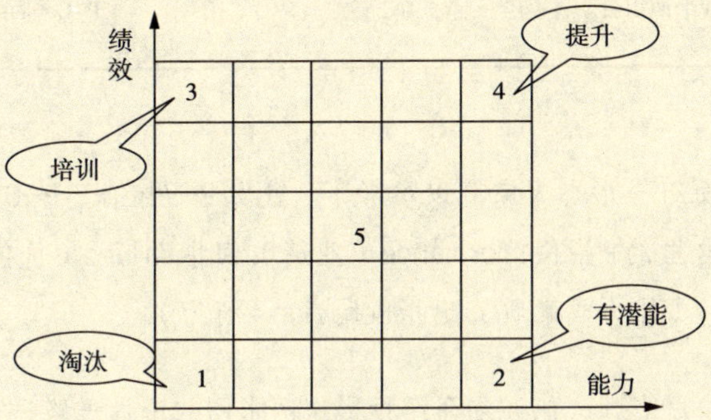

员工效能方格

卢老师

这个图中，绩效维度是纵坐标，能力维度是横坐标，划分了若干个方格。然后通过绩效考核和能力测评工具，将员工放到对应的方格中，再对员工进行相应的职业发展规划。

马清波

嗯，这个图我们公司之前做人才盘点时也用过。这种平面组合方式通过对员工两个维度的识别，确实可以精确区分员工并进行针对性的培养和改进。除了这种效能方格，还有别的平面组合方式吗？我们公司年底也要进行强制分布ABC等级，线性组合时强制分级就很容易，只需要将两个维度进行加权得到总分，然后将总分强制排序即可评ABC。那平面组合又该如何去对应ABC呢？

平面组合也是可以事先定义好考核等级的。请大家看下投影附图：

卢老师

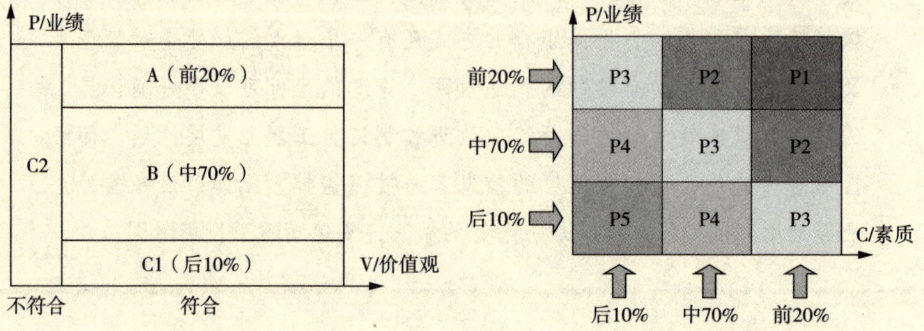

P-V平面组合　　P-C平面组合

有几种平面组合形态大家可以参考下。比如P-V组合、P-C组合、P-B组合等。这里的P指Performance（业绩），V指Values（价值观），C指Competency（能力或素质），B指Behavior（行为）。

卢老师

马清波

有点意思！卢老师，能详细介绍投影这两张图的设计思路吗？

好的。左边图是国内一家著名的通讯上市公司对于员工的考核等级划分。C2属于价值观“一票否决”的，只要价值观不符合，不管业绩怎样，考核结果就是C2，这样的员工是要被“劝退”的。而价值观符合的员工，再根据业绩强制分布比例确定为A、B和C1，如果两个考核周期都是C1的员工是要辞退的！

卢老师

马清波

这就是传说中的“末位淘汰”？我们也一直想干，没有下决心，领导有顾虑。那右边这个图是什么情况？

右边这个图是一家电信运营商对下属县公司总经理的考核等级划分。业绩和素质都在前20%的考核等级为P1，这是奖励和提拔的“白名单”；业绩和素质都排在后10%的考核等级为P5，这是要下课的“黑名单”。其余按一定规则确定为P2、P3、P4考核等级。

卢老师

马清波

确实让人耳目一新、开拓了思路。但我还是有一个困惑，按道理一个人的能力/素质/行为等优秀表现，最终应该体现在其业绩方面的优秀，两个维度分开考核，是否会重复呢？

你这个问题提得很好。从长期看，一个人的能力、素质优秀应该是表现在业绩上的优秀。但从短期看，未必是同步的。比如，我们很多组织的预算目标任务因为受经济环境、市场竞争、资源条件等影响使得业绩维度波动性较大，如果用传统的加权模型可能对人的评价是片面的。而平面组合会更全面，且有利于发现员工短板，便于后续职业发展和绩效改进。

卢老师

马清波

有道理。结合我们企业的现状，我们希望对员工强调业绩导向，对管理者强调均衡发展，可否对普通员工使用目前的线性组合方式，而对管理者使用平面组合呢？

当然可以。某著名互联网大厂对普通员工考核就是用业绩和素质的加权考核模式，而对其基层、中层和高层管理者，都是用的业绩+领导力的平面组合方式。

卢老师

马清波

太好了！我们最近正在思考这个问题，下一步也准备对年度考核办法进行优化。谢谢您，卢老师，这次的辅导对我启发很大！

不客气！

卢老师

（辅导会继续进行……）

【读书笔记】

- 业绩维度和非业绩维度的组合方式：

  —线性组合：业绩维度和非业绩维度，按照不同层级进行加权处理；

  —平面组合：业绩维度和非业绩维度，按照XY轴形成平面结构，划分若干方格。

- 初创期的企业，强调业绩导向，一般用线性组合，导向清晰，简单好操作；成熟的企业，往往讲究平衡发展，多用平面组合。平面组合对管理者及员工职业发展有帮助。

- 价值观与组织不一致的员工，业绩越好、能力越强的，对组织造成的破坏也将越大！

4.3 非业绩维度（KCI）该如何考核？

故事导入

辅导会继续进行……

人力资源部经理马清波还在回味着两个考核维度怎么组合的问题，大客户部的李一飞经理突然向他“发难”，将了他一军，还引起其他与会经理的集体吐槽，这是什么情况呢？

素质能力指标太抽象了，该怎么考核？

李一飞：马经理，我给你们人力资源部提个意见呗！我觉得不管年底考核是用线性组合还是平面组合，首先得把这非业绩维度的考核做明白。你看，每年人力资源部让我们给员工做能力素质评价，考核指标比如学习创新能力、执行能力等，下面的选项是“超强、很强、一般强”什么的，你说我们怎么选呀？什么是超强？什么是很强？这让人很纠结呀！

陈文成：就是，整个在拍脑袋！

张晓菲：何止是一个人拍脑袋，现在不都是360度评价吗？那就是一群人都在拍脑袋！

马清波：各位经理们，请息怒！说实话，关于非业绩维度的指标该如何考核，我们也摸索了好几年，一直没有找到合适的方法。正好今天专家在这里，我也特别想请教一下卢老师这块该如何优化呢？

各位经理们，我也得为人力资源部说句公道话。目前你们公司对非业绩维度的考核办法，也是绝大部分单位都在用的方法。非业绩维度的指标，有些单位也称为KCI（Key Competency Indicator），如价值观、能力、品德、素质等，按照“冰山模型”，这些都属于冰山以下的部分，且在水下非常深的位置，确实是很难准确评价的。这不像我们前面讲的一人一表的KGB考核模型：KPI是有数说数，GS是有事说事，KBI侧重行为考核。而KCI、价值观等过于抽象，确实很难评价。那有没有优化方法呢？推荐两个方法：一是匹配法；二是具象化！

卢老师

KCI怎么做匹配法考核？

马清波

“具象化”方法我们前面辅导过，就是行为化和事件化，那什么是“匹配法”？

是这样的。非业绩维度的指标，如价值观、品德、能力、素质等，没有绝对的好坏，而是与某种标准的适配度。比如价值观就不存在好与不好的问题，而是与本组织价值观的匹配度和一致度。

卢老师

马清波

那就是说，非业绩维度的考核先得要有一套组织的标准，然后将每个人与组织的标准进行匹配，看符合程度？问题是组织的标准应该如何提炼呢？

如果企业推行价值观考核的，一般该组织的企业文化建设会比较规范。而价值观是企业文化的核心。人力资源部需要从企业文化中提取关键要素，然后将该要素结合组织当前关注重点和被考核群体的特点“具象化”为若干关键行为事件，设计成行为量表，最后用这个行为量表评估被考核对象的“行为一致性”。

卢老师

KCI的行为量表怎么设计？

马清波：那什么是行为量表呢？

卢老师：之前我们很多企业用的考核量表属于感觉性量表，比如针对某一个评价要素，评价选项常常是“很好、较好、一般”等感觉性的指标。行为量表首先要对评价要素进行行为事件描述，请大家参见投影附表。然后再针对该行为事件出现的频率进行评价，一般用“总是、经常、有时、偶尔、从不”等行为频率指标。

评价要素	关键行为事件
战略认同与执行力	• 领悟和理解公司战略及工作重点，不留余地坚决贯彻和执行公司各项决策； • 有不同意见通过正当渠道提出，不散布消极言论，不搞当面一套、背后一套
诚实与守信	• 遵守公司各项规章制度，具备职业操守，言行一致； • 不虚假报账； • 言必诺，行必达

马清波：我们公司以前确实用的是感觉量表，行为量表倒是一个改进方向。另外，我们公司暂时还没有提出价值观考核，目前用的是素质能力考核，那怎么提炼素质能力的标准呢？

卢老师：这个问题提得好！素质能力的标准首先就需要建立被考核岗位的胜任能力模型。然后再依据该模型提炼岗位的行为考核标准。

张晓菲：我们公司目前的问题就是缺乏基于岗位的胜任能力模型，不管什么岗位，能力考核要素都是一样的，比如所有岗位都考核“创新能力”。可我觉得有的岗位我们并不主张员工去创新！有的岗位创新还会带来问题。目前的能力考核项目没有差异化，也没有针对性！

卢老师：张经理说的是对的。基于岗位的胜任能力模型提炼出来的能力素质项的考核标准，针对性更强，且有利于后期的员工能力提升。

马清波：哦，怎么操作呢？

卢老师：一般每个岗位的胜任能力模型大约有5~7个要素，每个要素一般会分成若干级别，通常以雷达图方式表达出来。请大家看下投影附图：

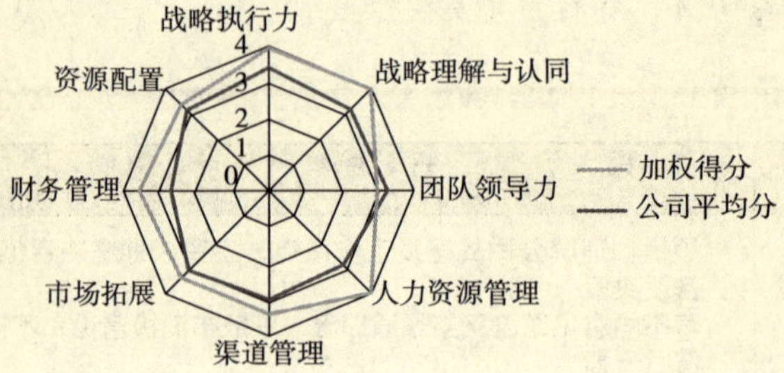

卢老师：首先，我们根据这些能力要素设计成行为量表；然后组织测评，每次测评后锁定员工的3个能力短板；最后，管理者针对这些短板为员工制定能力提升计划，这样才真正体现考核的目的：促进员工能力提升、改进我们绩效！

马清波：那这个能力指标谁来评价呢？

卢老师：如果是普通员工，一般会采用直接上级评价，结合内部客户或关联同事评价；如果是管理者，一般会用360度测评。

马清波：这我就明白了，目前我们也基本是这样来评价的，关键问题是能力模型要先做出来，并根据能力模型设计出行为量表，然后组织测评。

卢老师：是的，马经理总结得很好！

（辅导会继续进行……）

【读书笔记】

- 非业绩维度指标，指价值观、能力、品德、素质等内容考核。有些单位也称为KCI（Key Competency Indicator），关键能力指标、关键素质指标。
- 非业绩维度的指标，没有绝对的好坏，而是与某种标准的适配度。考核方法要用具象化考核和匹配法。
- 基于价值观考核：

—从企业文化中提取核心价值观；

—结合组织当前关注重点和被考核群体的特点“具象化”为若干关键行为事件，设计行为量表；

—用这个行为量表评估被考核对象的“行为一致性”。

- 基于胜任能力考核与能力改进：

—建立岗位（或岗位族）的胜任能力模型；

—根据能力模型设计行为考核量表；

—组织360度评价，识别员工能力短板，制订针对性发展规划。

4.4 360度评价方法的优缺点是什么？

故事导入

辅导会继续进行……

大家一说起年底考核，就自然想到了360度考核办法。每年都在用360度考核，每年都有反对的声音，人力资源部经理马清波特别希望能找到一些优化的办法。所以马经理首先开始了他的提问……

360度考核办法的吐槽

马清波：卢老师，关于年底的360度考核我一直很困惑。现场的很多经理也跟我反馈过这类问题，我也不等他们集体向我“开炮”了，我先主动提出来，不知道有没有改进的办法？

卢老师：你们目前在使用360度考核中发现的主要问题是什么呢？

马清波：我先说两个问题吧！一是360度考核量表设计的问题，不知道该考什么、怎么考核；二是谁来评价的问题。不同评价人的权重该如何设计？其他问题请经理们也补充一下吧！

张晓菲：原来我们是不管什么考核对象、不管什么考核维度，都是一张考核量表，这显然有问题；后来优化了一下，针对管理者和员工有两套表，不同维度的考核内容也有差异了。但感觉针对员工这块的量表应该更有差异化和针对性。

卢老师：没错，一张表打天下是不合适的。360度考核要根据不同对象设计不同量表，更准确地说，应该是根据岗位的要求来设计。设计依据就是前面我们所说的该岗位的胜任能力模型。同时不同维度也应该体现考核量表的差异。比如上级更关注的是执行力，同级更关注的是沟通协调，下级更关注的是团队领导力。同时考核量表设计时多用行为量表，而不要用感觉性量表。

李一飞：我个人觉得绩效考核主要应该是针对业绩部分，按照前面辅导时说的：有数说数，有事说事。这些非业绩的部分考多了，感觉业绩部分反而没有突出。

陈文成：我认为还有一个很重要的问题，360度考核会破坏团队的和谐！因为我们员工也要相互评价，每年到360度评价的时候，感觉办公室的空气都有点怪怪的。而且每次360度考核下来，得分高的好像都是人际关系好的，似乎在“拼人气”！

360度考核的意义和适用场景

卢老师：看来问题还不少！首先得说下，360度考核还是有其价值和意义的。360度考核提法最早起源于国外公司，其实我们国内很多行政事业单位和很多企业用到的对干部的民主测评、群众评议也是类似的方法。它的基本原理是：依据“约哈里窗口”*，人对自己和别人的认知是有局限性的。如果对一个人的评价，仅仅是从一个维度做出来，可能不全面不客观。而且每个人在不同人面前表现的行为模式也会有差异，所以从不同维度，如上级、同级、下级、自我、客户等方面去评价一个人会更全面，结果也更接近于真实情况。所以360度考核也称为多角度反馈。用中国人常说的一句话：大家说好，才是真的好！

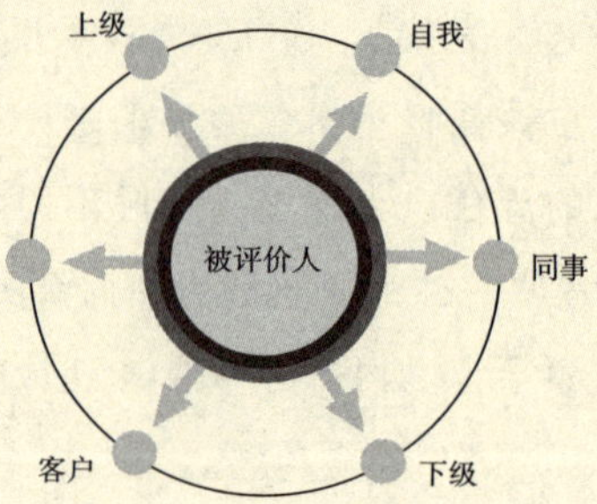

马清波：360度考核一般用来对能力、素质等非业绩维度的评价，是否可以用360度方法来考核业绩维度呢？

卢老师：这个通常是不行的。业绩维度考核我们还是建议用KPI+GS的组合方式，采取“有数说数、有事说事”的原则。当然具体到某些特定的KPI或GS可能会用到360度全方位评价的方式！

马清波：哦，愿闻其详！

卢老师：比如说，KPI中的“内部客户满意度”指标，很多单位会组织类似360度方式进行统计评价。而一些GS任务的评价验收人采取多人验收加权的模式，也是类似采取了360度评估的思想。

360度考核的权重怎么配置？

马清波：嗯，明白了！我们公司年底采用的是前面说的线性组合的方式，那这样360度考核所占权重是否不能太高？

卢老师：这是必须的，尤其是处于市场竞争环境下的企业，还是要强调业绩导向，如果360度考核占的权重过高，那真会像陈经理所说的，是在鼓励“老好人”啦！一般我们建议：如果用100分组合的方式，360度考核建议占10%~30%分权重，大的权重还是要放在业绩维度，强化业绩导向！

马清波

我们目前对于中层干部也是采用360度考核，通常有三个维度：上级、同级和下级，都参与评价，各维度权重关系应如何配置？

卢老师

三个维度是标配，甚至在有些国有企业中，最多会配置到6个维度，如一把手、分管领导、非分管领导、同级、下级、自我评价。维度权重参考如下两表：

3个维度权重参考

维度	上级维度	同级维度	下级维度
权重	50%	20%	30%

6个维度权重参考

维度	一把手	分管领导	非分管领导	同级	下级	自我
权重	30%	20%	10%	10%	20%	10%

马清波

除了360度评价维度要区分权重外，每个维度里面的考核要素，是否还需要设置权重呢？

卢老师

当然是可以的。每个维度一般会有5~7个要素，为体现要素的重要性差别，可以设置要素权重。不过很多单位更多采用平均权重的方法，这样统计起来更简单。

马清波

对于普通员工，是否也适合做360度评价？

卢老师

这就看企业导向了。很多企业的普通员工并不用360度评价方式，非业绩维度主要还是上级直接评价。如果使用360度评价，除了上级评价，还有同事评价，有的还会增加内部客户评价，比如针对机关部门的员工，会让其直接服务的一线员工进行评价。

360度考核过程要注意什么？

张晓菲

我们公司目前员工用的就是360度评价。其中同事评价中有这样一个问题，很多同事并不了解别人的工作，评价时有点“瞎打分”！

卢老师

没错，这种情况经常会发生。优化的原则是：谁在现场让谁考核！评价前一般要先选择一下与被评价者工作有关联的同事或内部客户。

张晓菲

如果360度考核选择紧密关联人来评价，是否会导致评价人过少而引发的数据失真的情况？

卢老师

这是有可能发生的。因为评价人少，个别评价人打分的异常会对结果产生较大的波动，一般这种情况，需要跟踪小样本的评价结果，异常数据需要做特殊处理。

马清波

是啊，这样一来，组织360度评价工作量真挺大，问卷也多，数据也多，汇总也麻烦！原来公司还准备立项开发一个信息系统。这样也能提高效率，还能更加客观一点。

陈文成

信息系统也不能完全做到匿名，我们公司员工很多都是做IT的，很多人担心个人电脑IP地址被追踪，这样也会影响打分的心态。

卢老师

这种顾虑是不无道理的。所以很多单位倾向于用纸质匿名问卷，当然人力资源部就很辛苦，年底问卷发放、回收和统计工作量很大。有些企业自己开发的360度评价系统，有的也会线下发随机密码，采取半自动的方式。当然，我们也可以借助网上第三方360度评价系统。互联网时代很多工具是可以拿来即用的。

马清波

我们之前用纸质问卷时，有些评价者对所有人所有项目打分都是一样的，这种情况需要特别处理吗？

卢老师

这种情况如果在严谨的体系中，会当作废卷来处理，说明评价者评分是不认真的。优化方法：一是事前做申明；二是事后进行剔除处理。

也有些单位没有当废卷处理，这取决于各单位的管理状况。

360度结果除了考核，还有别的用途吗？

马清波

360各个维度的得分需要对被评价者公开吗？

卢老师

为避免不必要的人事矛盾，360度考核结果一般不会公布各维度的得分明细，而只公布被评价者的总得分及排名。当然，现在很多企业从员工能力提升的角度，人力资源部会给被评价者及其上级一式两份的360度综合反馈报告，除了总分外，还会根据被评价者在每个维度中相对于平均水平的弱项，识别出员工能力短板，以用于后期的能力提升和绩效改进。

张晓菲

这样太好了。以前总觉得360只是用来做考核的，经专家这么一解读，发现作用还真大。马经理，你们人力资源部前面工作也做得不少，100步你们走了99步，但大家总觉得是为了考核而考核，能否将最后一步也走完，给我们管理者和员工每人一份测评报告，也让我们明确自己的改进方向？

马清波

张经理提议很好，这是我们要努力改进的。不过，这最后一步，每人一份360度测评报告，可又要增加我们成倍的工作量。会后我要专门请教卢老师有没有网上360工具能自动生成总体报告和个人报告的，这样效率就会高很多！

卢老师

确实，现在都是移动互联网和大数据时代，人力资源管理也不能总停留在“小米加步枪”的年代，也需要升级换代，提高我们的工作效率。回头我们单独交流一下信息化系统。

（辅导会课间休息……）

【读书笔记】

- 360度评价，也称为多角度反馈。基本原理是：如果对一个人的评价，仅仅是从一个维度做出来，可能不全面不客观。考虑每个人在不同人面前表现的行为模式也会有差异，所以从不同维度，如上级、同级、下级、自我、客户等方面去评价一个人会更全面，结果也更接近于真实情况。
- 360度考核可以配置多个维度，每个维度可以配置不同的量表，每个量表可以配置不同评价要素，每个要素可以配置不同的权重。

—中层干部：通常配置上级维度（还可以细分为一把手、分管领导、非分管领导）、同级维度、下级维度；

—普通员工：通常配置上级维度、同事维度、内部客户维度等。

【参考资料】

* 约哈里窗口（Johari window）：1955年，美国心理学家约瑟夫·卢夫特（Joseph Luft）和哈里·英汉姆（Harry Ingham）提出了分析人际关系和传播的“约哈里窗口”，被广泛应用于人际沟通、组织管理、心理分析等领域。如下图所示：

	自己知道	自己不知道
别人知道	开放区	盲目区
别人不知道	隐秘区	未知区

4.5 强制分布法的利弊有哪些？

故事导入

辅导会继续进行……

强制分布法是目前国内外很多企业都在使用的方法，也是在业界引起很大争议的方法。一些人认为此方法很残酷，企业不应该使用；而事实上国内外许多优秀的企业都在纷纷使用它。此方法非常独特，其优点和缺点都非常明显。那我们企业该不该使用呢？

人力资源部经理马清波提出了他的困惑……

马清波：卢老师，刚才提到360度考核，对我们启发很大。我这儿还有一个更大的困惑，就是关于年底对员工做强制分布等级的问题。这一直是我们的焦点问题，争论了好几年。不知卢老师能否给我们一些专业的意见？

卢老师：你们公司现在的强制分布是怎么执行的？用了几年了？

马清波：我们是参照美国通用电气（GE）公司“活力曲线”的做法，每年底要求各部门都要评选20%的A、70%的B和10%的C。已经用了3年。

卢老师：对ABC有分数要求或文字定义吗？

马清波：有的。我们制度里面A定义为优秀，B定义为称职，C定义为不称职。同时对于每个等级分数也有参考线：A要求90分以上，C要求70分以下，B在70~90分之间。

你们现在对各等级的考核结果如何进行应用？

卢老师

马清波

年度被评为A级的员工，会上公司光荣榜、年终奖系数上浮、可以晋级薪档，还可以参加高职级的竞聘；而被评为C级的员工，年终奖系数下浮、连续两次C还会列入“末位调整”计划。

嗯，我基本了解贵公司的做法啦。马经理，从你们人力资源部现在执行强制分布方法的情况看，主要的问题是什么？

卢老师

强制分布考核一起踩过的“坑”

马清波

最大的问题还是文化和认识上的问题。诚如卢老师前面给我们辅导的中国式绩效管理的问题，强制分布作为一个西方的“舶来品”，特别强调管理者“区分”的责任，而在中国文化熏陶下的管理者特别喜欢做“老好人”，不愿区分，更不愿意将员工强行分档定级，所以我们也经常发现一些部门对两头的等级搞“轮流做庄”！其次，员工及管理者对强制分布的认识还很不到位，也不统一。比如在座的很多管理者也经常抱怨：我部门员工都很优秀，为什么一定要强行评出C？

李一飞

对于强制分布，我是极其有意见的，马经理也知道，我也没少找过他，也找王总反馈过！

哦，李经理能说一下你的具体问题吗？

卢老师

李一飞

好的。就拿去年底的考核来说。我们大客户部因为有较大业绩压力的原因，这几年一些业绩不好、能力不强的员工，差不多该走的走、调的调，剩下基本也都是精英啦。尤其是去年，我们部门业绩整体完成得很好，也得到公司嘉奖，部门内部大部分员工超额完成销售任务，即便是排在后面的，也都还接近目标。结果按人力资源部的要求，我们要评出10%的C，算下来有两个人。员工不理解，我也不理解！评个

B也就罢了，为什么一定要评C，还打一个标签：不称职！先不说奖金的问题，员工面子也过不去！我们也没法给员工解释。坦白地讲，我也不怕其他经理见怪，我觉得我部门的C比有些部门的A还好！

张晓菲
对此我也是有意见的。目前公司的强制分布比例是按部门一刀切的，没有考虑部门的整体绩效情况，容易打击优秀的部门。

陈文成
我们办公室这样的职能部门做强制分布更困难了，不像你们大部门，人数多，还好评等级。我们不到10个人，你们说怎么评？每个员工干的活差异很大，也不好比较呀！

强制分布法的起源与适用条件

卢老师
看来问题还真不少！我先系统讲解一下这个方法的原理、优缺点，然后再针对各位提的问题说一些我的改进建议。强制分布（Forced Ranking）方法最早起源于美国GE公司，发明者即是被誉为“全球第一CEO”的杰克·韦尔奇！他提出的“活力曲线”的方法风靡全世界。今天中国很多优秀企业都在使用这个方法。但这个方法很有“个性”：优点和缺点都很突出，所以在使用中不能照搬照套。要知其然，也要知其所以然。

马清波
那什么样的企业才适合用强制分布的方法呢？像我们这样的国企适合吗？这也是很多部门经理经常诘问我的问题！

卢老师
强制分布的考核方法与“是不是国企”没有关系！它有两个条件是缺一不可的：一个是竞争，一个是规模。首先，这个方法很适合竞争激烈的行业和企业。当初杰克·韦尔奇在GE导入这个方法也是因为竞争，最有名的典故就是杰克·韦尔奇提出的“NO1、NO2”策略。其次，这个方法适合组织规模大的企业。因为通常企业规模大，容易产生人员沉淀，活性不足。这个方法之所以叫“活力曲线”，就是这个原因。符合这两个条件的企业基本上都倾向于使用强制分布的考核方法，虽然有弊端，但是总体上利大于弊。所以这个方法跟国企与否没有关系。而如果一个企业是初创期，人员较少，更强调一种创业文化时，一般不建议采用强制分布法，可能缺点会比优点多！

马清波

我们公司倒是很符合这两个条件，所以管理层特别坚持用这个方法，固然在运行中有很多缺点，还是要求我们人力资源部坚持并做持续优化。

卢老师

这个方法对快速传递外部市场压力、激活员工内部活力确实很明显。它的基本原理就是统计学的正态分布概念：一群人中，总有一些人排到前面，一些人排在后面，而大部分人处于中间水平。如果画成一个统计学的曲线，就是“两头小、中间大”的正态分布结构（如图所示）。这个方法有点像体育赛事里面的锦标赛。锦标赛为什么成绩通常会比及格赛好，因为及格赛是“只要及格就OK了”，而锦标赛却是“没有最好，只有更好”！比如田径锦标赛，运动员站在起跑线，每个人都想取得好成绩，都不愿意取得差成绩，更不想成为“最后一个”。但又不知道谁会是最后一个，为了个人取得好成绩，只有玩命似地往前冲。当组织大部分人都有这种心态时，这个组织的整体业绩就很好了。这好比鲶鱼效应的作用，通过强制分布这条“鲶鱼”将组织其他“休克鱼”给激活起来。通过“抓两头、带中间”，前面牵引，后面倒逼，中间大多数人容易“随大流”动起来，这个组织就盘活了！所以搞强制分布考核的单位，真正的目的不是为了评末位，而是通过这样一种机制，让组织整体都活起来！

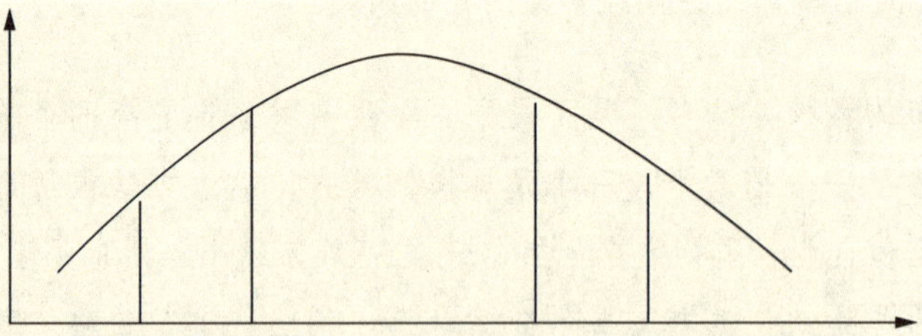

优秀	良好	中等	较差	最差
10%	20%	40%	20%	10%

李一飞

嗯，这个理念我还是很赞成的。看来这个方法抓末位是次要的，更重要的是如何推动组织业绩提升！可是现在我感觉我们是做“偏”了：每个部门，无论业绩好不好，都有强行指标，必须抓一个出来？！

强制分布法千万不要将“末位”妖魔化了！

卢老师

强制分布方法在使用中有几个典型的误区。第一，将“末位”给妖魔化了。任何组织都会有排在后面的人，但不代表排在后面的就是最差的。所以贵公司关于C的定义我建议修正一下，不要叫“不称职、不合格”。比如有些企业就叫“末位”“待改进”，或者更“正能量”的名字，如“后进”：我承认你进步了，但你进步得太慢了。这样员工也容易接受，经理们也好与员工沟通。

张晓菲

我觉得这个提法比较好。有时候与C级员工真的难沟通。你说业绩或其他方面排在部门后面也是正常的，但员工要是死抠文件，说他哪里“不称职或不合格”，你还真难拿出一个合理的说法出来。当然这里面还有另外一个问题：有的部门还真有不称职或不合格的问题员工，如果不区分，似乎又不能起到“大棒”的威慑力？

卢老师

是的。所以我们在给企业做咨询辅导时，通常建议企业增加一个D的等级，这时候可以将D定义为“不合格或不称职”，但注意这时候D级就不要强行预设一个比例。通常建议对D级设置几条高压线或负面行为清单：触犯了哪几条高压线或负面行为清单，年度考核直接D级。这样D级是没有比例限制的，甚至可以为0。所以很多公司将C+D≥10%作为末位的比例要求：如果D没有人，那C就是10%的比例；如果D级比例是2%，那C级比例必须≥8%。

马清波

这样好！增加一个D级，再配合“高压线”，确实可以解决不少原来的“逻辑缺陷”。

张晓菲

卢老师，我是否可以这样理解：D是及格赛，而C及以上是锦标赛。

卢老师

完全正确！这里还有一个问题，就是强制分布各级别分数不要强行要求，比如评A必须90分以上，评C必须70分以下等。分数只能是参考，不能作为必要条件。否则会引起二次“调分”：先用业绩合同评分，然后排序确定考核等级，再根据考核等级去调整最终考核分数。

张晓菲

卢老师太有经验了。我们之前就发生过这样的事情。比如经理给某员工打出了80分，结果按照强制分布比例，该员工被评为C，人力资源部又要求将分数调整到70分以下，员工也不理解，我们也下不了手。这给人感觉是先有了等级，再去凑考核分，那这样的绩效管理意义何在？！

马清波

张经理请息怒！这是前两年的事情，现在我们也没有再强行要求对应分数啦。分数现在只是参考！我们也在与时俱进！嘿嘿！

卢老师

绩效管理也是一个PDCA循环和不断完善的过程，尤其是西方的东西导入中国后，本就有一个消化和吸收的过程。正视问题、不断优化也是绩效管理应有之义！

（辅导会继续进行……）

【读书笔记】

- 强制分布（Forced Ranking）方法最早起源于美国GE公司，发明者是被誉为“全球第一CEO”的杰克·韦尔奇！他提出的“活力曲线”（20%A、70%B、10%C）风靡全世界！
- 强制分布方法有两个基本适用条件：

—适合竞争激烈的企业：通过该方法可以快速传递市场压力；

—适合人数众多的企业：通过该方法可以有效激发内部活力。

- 强制分布法属于锦标赛，不是及格赛。
- 使用强制分布法需要注意的几个问题：

—再优秀的团队都有末位，但不要将末位妖魔化、标签化；

—可以定义“不称职、不合格”的等级，但是不要设置强制比例，采取高压线方法进行考核；

—强制分布法中分数是参考，不能为了评定等级进行二次“调分”。

4.6 强制分布法的常见问题解答

故事导入

辅导会继续进行……

强制分布考核方法引起与会经理们的广泛关注，大家有很多困扰已久的问题，借着这次辅导会，他们的情绪被点燃了……

马清波：我知道大家对于强制分布考核办法意见比较大，就如卢老师前面说的，这个方法有利有弊。就我们公司现状来说，不是探讨做不做的问题，而是探讨如何做得更好的问题。正好今天专家在场，请各位经理畅所欲言，谈一下大家的困惑，请卢老师给大家解答一下。

卢老师：没错！在我们给企业咨询辅导的实践中，这个方法引发的问题点确实比较多，大家尽管提问，我有问必答！

我部门的C比其他部门的A还好？！

李一飞：还是我第一个打头炮吧！我前面也谈到过这个问题。我部门去年业绩整体不错，超额完成了公司下达的任务。但是按公司强制分布的政策，要评10%的C，我们部门有两个C的名额。其中一个稍微差点，评C，我没有意见而且赞同。但是另外一个员工年度业务目标也达成了，而且其他各方面表现都很不错，评C我就很不能理解。而且坦率地说，我们部门这个C比有些部门的A还好！

马清波

那也不能这样比吧？毕竟强制分布是锦标赛。你们团队总体很优秀，员工表现虽然也不错，可是总有排在后面的人吧？这样的方法不就是为了鼓励员工你追我赶吗？

李一飞

道理是这样说。但是一个公司内部，不同部门的员工横向比较也是人之常情呀。请教一下卢老师，这种问题有好的解决方案吗？

卢老师

当然是有的。首先我们并不主张企业内部将强制分布的比例做硬性摊派、搞一刀切。比如271的强制分布比例，不管什么部门都是一样的强制比例。

马清波

如果不是统一的比例，那用什么办法可以科学划分不同部门的比例？这样矛盾好像会更大呀。

卢老师

有办法的。我们通常会将部门考核结果与该部门的员工强制比例进行合理挂钩。请大家看下投影——“组织考核与员工考核的联动表”。通常的做法是考核为A的部门，其A级员工的比例要增加，C级员工比例要减少，甚至为0；反之亦然。

员工比例 / 部门考核	A/%	B/%	C+D/%
A	25	70	5
B	20	70	10
C	15	70	15

李一飞

我太赞成啦！我们部门去年考核结果是A，这样我们部门优秀员工比例可以多点，末位比例少，这才是合理的，也可以避免前面的问题。马经理你们人力资源部可要尽快修改政策，否则我们这样的“优秀”部门吃亏啦！

张晓菲

李经理，你也别高兴太早啦！你们大客户部前年考核结果不也很难看吗？按这个方法，你们C可就多啰！

李一飞

那我也认账。这样员工也能接受。

张晓菲

不过说实话，我个人也很认同这种联动方法。先组织考核，再个人考核。组织考核的结果应该影响到员工的强制分布比例关系。同时，这种联动也可以引导部门员工团结一致地先将部门业绩做好，很高明！

卢老师

张经理总结得很到位！过分地强调个人考核，会破坏团队的合力。先组织、后个人的考核，有助于凝聚团队。

马清波

这种联动确实很好，也很合理。难得我们经理们取得了共识，我们会尽快提交制度修订。感谢卢老师的建议！

人数少的部门怎么做强制分布？

陈文成

卢老师，我这里有一个具体的问题，请教一下怎么处理。我们公司有几个人数很少的部门，做强制分布考核就遇到了困难。比如一个部门4个人，10%的C比例只有0.4个人，总不能把人给“切”了吧？！但是如果按照四舍五入，这个部门好像总是没有C，也不合理。

马清波

没错！这可是一个老大难问题，公司每次考核都会被提及，但一直没有找到好的方法。

卢老师

这确实是一个很常见的问题。强制分布考核办法本来是从统计学来的一个概念。而很多统计学的结论对样本数量是有一定要求的。如果低于一定样本数，其统计学的意义也就不存在了。所以对于人数少的部门做强制分布考核时，我们通常不建议直接用比例去计算，这里推荐几个方法供大家参考。强调一下，下面我介绍的方法都有一定的适用条件，大家需要根据实际情况来做选择。先介绍第一个方法：时间换空间。

陈文成

这个方法听起来挺有“哲学思想”的！怎么操作呢？

卢老师

稍微解释一下。所谓时间换空间，是指空间不够，用时间延长去弥补。这里空间就是部门人数，时间就是考核周期。我们以矛盾更突出的评C的问题举例，如果是评A的问题，大家可以倒过来即可。比如一个部门4个人，要评5%的C，算下来0.2人，四舍五入等于0。如果这个单位执行月度考核和月度强制排名，我们就可以使用“时间换空间”的方法。4个人考核12个月，共有48个考核人月，48×5%=2.4，约等于2人。也就是说，这个4个人的部门，在12次月考核中要出来2个C人选。

李一飞

这个方法有点意思。如果是季度强制评C，那就应该是4个人×4个季度×5%=0.8，也就是说这个四个人的部门在四次季度考核中有一个C名额？

卢老师

完全正确，给李经理点个赞！举一反三能力很强。

陈文成

这个方法挺好，但是有一个现实问题。我们公司现在执行的是月度考核，但是月度或季度没有要求各部门给员工强制评ABC，而是做年度强制分布，怎么办？

卢老师

那你们就没有时间周期可以延长了。刚才介绍的时间换空间是要有时间裕度的。我们服务的一些客户就是在月度或季度要进行考核和排序，所以他们就可以用时间换空间。如果贵公司这种情况，那就推荐用下面介绍的方法。第二个方法是名额分配法。请看投影这张表格。人力资源部门事先将人数少的部门对应的ABC名额列出来（参考271比例设定分配名额）：

部门人数	A	B	C
1	0	1	0
2	0	2	0
3	0	3	0
4	1	3	0

续表

部门人数	A	B	C
5	1	3	1
6	1	4	1
7	1	5	1
8	2	5	1
9	2	6	1
10	2	7	1

马清波：这个名额分配法是事先将部门人数对应的ABC名额确定好，然后各部门对号入座即可？我们人力资源部倒是简单了，但是不知道逻辑基础是什么？部门经理怎么看这个方法？

卢老师：这个方法逻辑是仿照统计学的正态分布，画“钟形曲线”。使得人数少的部门强制分布比例接近于正态分布。这个方法引起争议也比较大。

陈文成：是啊，比如5个人部门就有1个C名额，比例达20%啦，超出公司10%C比例一倍啦。我要是部门经理，肯定有意见啊！

李一飞：这要是3个人的部门也会有意见，凭啥我们部门就没有A名额？

张晓菲：那你也不看看，3个人的部门也没有C名额呀？不能老看着问题吧！

卢老师：嗯，这个方法确实引发争议多，虽然一些公司用到这个办法，但是我本人并不推荐这个方法。前面说的“时间换空间”的方法我是推荐的，但是需要考核周期匹配上。我更推荐的方法是“并入大组织考核”。

马清波：并入大组织考核是合并到一个更大的组织中来做强制分布排名吗？二级部门可以合并到上面的一级部门。那一级部门怎么并入呢？

卢老师：一级部门就按公司分管领导的关系来构建大组织。比如某一位公司副总，分管了3个部门，这3个部门就形成一个大组织群体。请看投影附图。

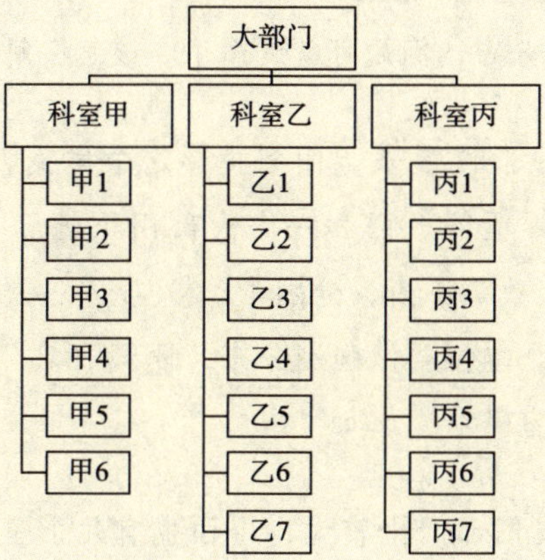

马清波：这个组织架构倒是很常见。如果图中科室是一级部门，那这里的大部门就是指分管公司领导？

卢老师：是的。人数少的部门直接做强制分布是很困难的，但是像上图一样，并入大组织考核就可以解决难题了。

马清波：那这样会不会把问题搞得更复杂呢？本来是一个小部门问题，结果升级到大组织中来解决？

卢老师：这可不是“甩锅”，这是升维！有的时候低维度的问题很难在低维度解决，但是到了高维度，难题就很容易解决。刚才的难题——“人数少的部门如何做强制分布”，就转化成了另一个难题——“一个大部门里面下辖团队如何做强制分布”。而这个题目后面还隐藏着一个常见难题——“不同管理者打出的分数能否在一起排队”。

不同管理者打出的分数能否在一起排队？

马清波

卢老师一些观点很独到，我得好好消化一下。您后面提的难题也是我们在工作中经常遇到的，管理者考核打分时，手松手紧不一样，如果在一块排队做强制分布，问题可就太多了。该怎么解决呢？

卢老师

好的，不着急，我们慢慢来。回到投影这个案例，我们给一些量化数据，大家会更好理解。假如一个大部门下辖三个小科室甲、乙、丙，每个小科室人数都不多，分别是6人、7人、7人。大部门整体是6+7+7=20人。这个单位要做强制分布，评5%的C，有一个C名额，这个C该评给哪个科室呢？

张晓菲

这可是大难题，我们部门比较大，下面也有几个室，人数多少不一。现在强制分布考核背景下，大家都把“C”给妖魔化了，像避“瘟神”一样，大家对C是避之而不及。这该怎么评呢？

卢老师

嗯，这个问题确实很复杂，但是将这个问题搞清楚了，大家对强制分布中很多难题也就都搞懂了。下面我们列举几个实践中的应对方法，看看哪些能用、哪些不能用，各有什么样的优缺点。

李一飞

这个我喜欢，做选择题比做问答题容易！

卢老师

我们先看第一个方法“分数大排队法”：三个科室的经理各自对科室员工，按照一人一表进行考核打分，这样得到20个员工的考核分数。然后将这20个员工按照考核分进行排序，分数最高的为A，分数最低的为C。这个方法可以用吗？

陈文成

不能用。

李一飞

应该可以用吧！如果一人一表质量很好，管理者实事求是地去考核，就应该尊重原始考核分，好就是好、不好就是不好！

张晓菲

这个方法是不能用的。这也不是不尊重考核结果的问题。我们部门之前就遇到过这个问题，用类似的方法就出现了“攀比打分”的现象。因为一人一表很难做到完全量化，一些具象化考核指标中难免会有管理者的主观印象分。如果用这个方法做强制分布，一些管理者就会做“老好人”，都给员工打高分。

卢老师

张经理的分析是对的。这个方法我们是不推荐的。因为这20个员工分数是由三个经理评价出来的，每个经理打分尺度无法统一，有的经理打分偏松、有的经理打分偏紧。如果按原始分一起排队强制评C，打分偏紧的部门就会摊上那个C名额，经理压力会比较大，员工也会“数落”经理。这时，三个部门经理都会竞相给员工打高分，失去了考核的意义。

李一飞

哦，我明白了。之前学物理的测量系统时，好像提过系统偏差的概念。这20个分数其实是由3个系统测量出来的，而这3个系统没有调整系统偏差，所以不能直接排名。那是否可以先将三个系统偏差调校一下，然后将修正的分数一起排队呢？

卢老师

李经理自我修正能力很强！这个思路就是我马上提的第二方法：分数归一法。这里的分数归一有方差归一和算数归一。我们讲一个简单的算数归一法，请看投影。分数归一法的原理是这样的：第一步，甲乙丙三个科室经理对各自科室员工按照一人一表进行考核打分；第二步，计算每个科室员工的考核平均分：甲科室6个员工考核分平均95分，乙科室7个员工平均90分，丙科室7个员工平均85分。大部门20个员工的平均分90分。第三步，用部门平均分除以科室平均分得到每个科室的偏离系数，甲科室偏离系数是90/95=0.95，乙科室是1.0，丙科室是90/85=1.06。第四步，用这三个偏离系数分别乘以对应科室员工的原始考核分，得到修正的分数。最后将这20个员工的修正考核分进行大排队，修正分数最高的为A，最低的为C。请问经理们，这个方法可以用吗？

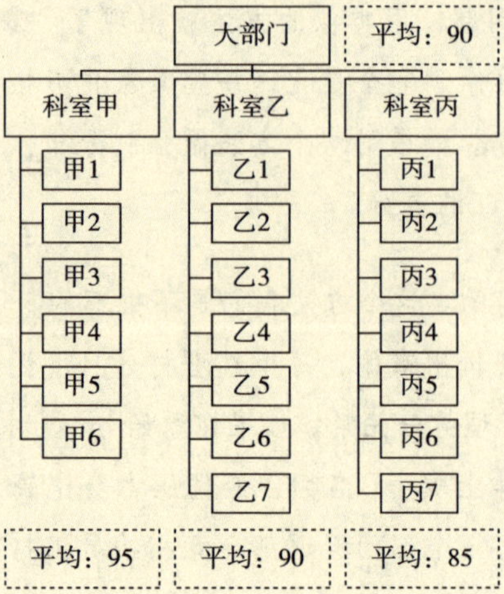

李一飞：这个应该可以用了吧？修正了三个经理的系统偏差。处理过程看上去还挺高大上的。

张晓菲：我数学没有那么好，好像看上去可以使用。

陈文成：这个方法还是不能用，有数据操控的风险。

卢老师：看来还是陈经理有经验。在这个小样本案例中，我们还是不推荐使用这个方法。因为这是一个数学的处理方法，数学学得好的经理马上就破解了这个方法。比如我是科室经理，就将我科室员工的原始考核分尽可能接近，这样经过归一化后，我科室没有A，也不会有C。

张晓菲：真是有才！这都想得出来。如果三位科室经理都这么干，这个方法好像就失效了。

李一飞：但是这样的代价是虽然是科室没有C，但是A的机会也少了，值得这样吗？

陈文成：有人的地方就有江湖，有江湖的地方难免算计。这个案例中，大部门只有一个C名额，哪个科室肯定都不想“背锅”。一旦这个唯一的C名额落到本科室，科室经理无法给员工“交差”呀。所以这时候大部分经理们心态往往是：宁可不要A，也坚决不能有C！

李一飞

高、果然是高！陈经理分析很精辟！

卢老师

确实如陈经理所说，这个小样本案例，我们并不推荐大家用归一法，容易被人操控数据。当然在大样本案例中，我们是推荐用归一法的。甚至于一些公司为了解决管理者考核打分的系统偏差问题，还专门购买了一些考核信息化系统来计算偏差值。

李一飞

考核的套路是太多了。那请问还有别的高招吗？

陈文成

我倒是有一个新思路，看是否可行？类似我们办公室这样的后台部门，即便是做了一人一表，但是因为量化指标少，具象化的指标多，人为主观的因素无法避免，干脆我们年底就组织员工投票得了。票数多的为A，票数低的为C。也不用纠结一人一表、人数多少的问题啦？而且我听说公司有部门就是这么干的。卢老师前面说的360度考核是否也是这个思路？

马清波

陈经理，这个办法可不能用哈。公司确实有几个部门这么干过，可是这些部门员工考核申诉到现在都没有处理完，员工情绪很大。其中就有这么一个申诉案例：这个部门有一个业务骨干员工，业务很好，但是这个员工比较内向，跟同事打交道较少，当然这个岗位也不需要与其他人有太多工作交集。结果年底他们部门就是用这个投票法将这个员工评为C啦，后来这个员工一气之下离职了。这个部门经理现在很后悔，目前这个岗位的空缺很影响工作。而部门内一些人缘好、业务能力一般的员工却还顶不起来空缺。

陈文成

这个案例应该是个特例吧？我跟有些部门经理聊过，他们说这种投票法评出的A和C的人选，和经理心目中的印象是一致的！那不挺好的吗！

张晓菲

即便如此，也不能用这个方法！这样考核导向完全错了。以后部门经理安排工作，员工都不用听了，都去请客吃饭送礼，搞人际关系，这是什么导向呀。

卢老师

这个投票法选ABC，也称为民主评议法。这个方法看上去很民主，其实是干着最不民主的事。而且部门经理很容易将考核责任甩锅给员工："这个考核结果是大家共同投票选出来的，跟我没有关系哈！"这种经理很容易遭员工所不耻：又想考核，又不想承担责任。而且这个方法不需要一人一表，也不用走PDCA流程，只需要年底举手投票就可以了。所以我们是坚决反对这种方法的。

陈文成

看来这个方法是激起了"公愤"！那针对这个难题，有什么好的解决办法吗？

卢老师

有的，针对刚才这个难题，我们推荐两个解决方案，对于解决管理者打分手松手紧不一的问题很有效果。目前很多企业也都用起来了。

管理者打分尺度松紧不一该怎么强制排名？

卢老师

我们推荐的第一个方法是"委员会合议法"。这个方法的操作要领是：第一步，先由每个科室经理按一人一表考核员工，得到员工考核分；第二步，科室内部按照员工考核分进行从高到低排序；第三步，案例中三个科室的末位候选人分别是甲6、乙7、丙7进入待定区；第四步，大部门领导和三个科室经理组成一个委员会，讨论决定三个待定人选谁是最后的C人选。当然，这是以评C举例。如果是评A，流程是一样的。

李一飞

嗯，有点意思，好像现在有些选秀类的电视综艺节目也是这种思路。这样确实可以避免管理者打分松紧不一的问题，管理者的评分，最后转换成了排序，原始分数高低就不重要了。

马清波

刚才我在思考，如果我们公司本部用这个方法，工作量可能不小。比如，我们20个职能部门，每个部门内部进行考核排序。然后每个部门排在前面的一个进入“优秀待定区”，后面的员工进入“末位待定区”。公司总经理办公会就好比是合议委员会，领导们来确定待定区的A和C的人选。这样是可以操作的，但是领导工作量有点大，可以简化一下吗？

卢老师

当然是可以的。可以将集团20个部门，按公司领导分管的部门分成若干个组团。人力资源部按照每个组团的总人数将ABC名额分配给各分管领导。这样每个组团部门少，来操作委员会合议法就比较简单了。

李一飞

我想到了一个问题。因为在正态分布的考核办法中，评C的压力比评A的压力大，是否有些管理者为了避免唯一的C名额落到本科室，而将部门最优秀的员工拿出来跟别人PK选C？

张晓菲

田忌赛马的招数都用起来啦，真有才！经理如果真这样干，就应该将他科室那个优秀员工评C。明显是钻规则漏洞嘛！

陈文成

这个方法还有一个问题，就是会形成俱乐部式的争吵。虽然三个末位候选人都是三个经理选出来的，但是一旦进入合议时，每个经理肯定都会说自己员工好话，想办法不让自己科室那个员工被评为C。如果相互说服不了，最后矛盾上交给上面的大领导。

卢老师

没错。委员会合议法确实有上述的问题，但是优点明显比缺点多。这种方法是将很多人的排序问题简化成几个人的排序问题，也避免了不同管理者打分尺度松紧不一的问题，所以推荐大家使用。就刚才这个案例场景，我更推荐“联动排序法”。

李一飞

这个好记，简称“联排法”！具体怎么操作呢？

卢老师

请见投影附图。联动排序法的操作步骤是：第一步，大部门根据一科一册对三个科室进行考核并排序；第二步，科室根据一人一表对员工考核并排序；第三步，末位科室的末位员工就是C人选。这个案例中丙7就是C人选。

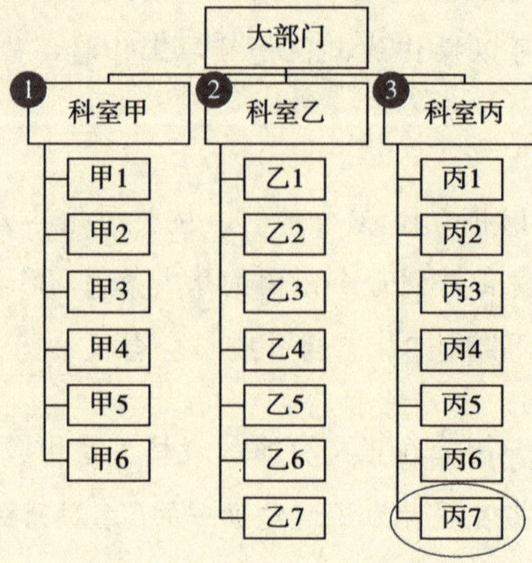

张晓菲：我喜欢这个方法！这样很合理。先做组织考核、再做个人考核，组织考核结果要影响到个人的考核等级。这个思路跟老师前面辅导的方法一致，这样就可以引导员工不要各自为政，先要团结协作将团队业绩做好！

马清波：这个方法挺好！我有一个具体问题，刚才是评C的情况，如果是评A怎么处理？

卢老师：评A和评C路径一样，反着处理即可。比如这个大部门只有一个A名额，显然是甲1；如果有2个A名额，应该是甲1和乙1；如果有3个A名额，就是甲1、乙1和丙1；如果有4个A名额，就是甲1、乙1、丙1和甲2。以此类推。

李一飞：如果将A和C都选出来了，剩下就是B啦？！哦，太机智了。正态分布的考核办法，难点是找两头。两头的名额少，先找出来，剩下大头就不用找啦。

陈文成

这个方法是挺好，但是有一个特例该怎么解决？比如甲6是整个大部门里面公认的最差的一个。但是甲科室太优秀啦，联排法保护了甲6。丙7员工可能就拿这个说事啦："甲6那么差，为什么不是C？而我却是C？！"

卢老师

陈经理考虑问题很全面！这个虽然是小概率事件，我们在实践中还真遇到过。这个也是"联动排序法"的缺点。当然这种情况下，我们通常建议将"委员会合议法"和"联动排序法"结合起来。两个方法各有缺点，但是结合起来，反而毛病少了。

李一飞

这叫"双剑合璧"、完美无缺！具体怎么操作呢？

卢老师

如果两个方法结合，我们建议先使用"委员会合议法"，这样本案例中的甲6员工很容易被合议为C，甲科室经理也不太好意思为甲6争取太多，毕竟科室里面一个太差的员工总是会影响科室成绩的，这时也需要用上考核的大棒。

李一飞

而且甲科室经理对甲6员工还好解释："甲6，这个C可不是我定的，这是部门合议确定的！"漂亮的"甩锅"动作！

卢老师

呵呵，不要这么"厚黑"嘛。不过，有时候也确实需要给经理们找个台阶下，强制分布法带给经理们的压力确实会比较大。

马清波

如果三个末位候选人差不了太多，"委员会合议法"不能达成共识，那就用"联动排序法"？

卢老师

是的。这时再用"联动排序法"，科室和员工相对都比较服气。

马清波

卢老师，那我总结一下你前面讲的内容，看我是否理解正确？"对于人数少部门如何强制分布"的问题，如果条件允许就推荐用"时间换空间"的方法；如果不能用，就并入到大组织中（或按分管领导组团），采用"委员会合议法"或"联动排序法"？

卢老师

理解完全正确！

部门副职怎么做强制分布排名？

马清波

卢老师，关于强制分布，我们这里还有一个难题，就是关于副职强制排名的问题！我们现在的规则是部门正职的考核结果跟着组织考核走，目前这个没有问题，大家接受度也很高。但是部门副职的排名问题就大了，副职究竟是跟部门员工一起强制排名，还是单独强制排名？

张晓菲

我先来"吐槽"下！我们公司目前副职是跟员工一块做强制排名，这样非常不合理。因为副职相对来讲，比一般员工肯定要优秀些，如果优秀指标给到副职，那员工被评为优秀的机会就大大减少了，这对员工也不公平，而且还会让员工说闲话，"官官相护"什么的。如果副职发扬风格，不和员工一起参加优秀评选，那最多也是良好等级，这样副职以后的晋升和职业发展也会受到影响。因为我们公司现在很多人力资源政策都跟考核结果紧密挂钩了。所以我强烈建议副职要单独排队！

马清波

张经理的意见我是完全理解的。这个政策我们人力资源部也是一直想调整，但是有一个很大的顾虑，借此机会也想请教一下卢老师怎么解决。第一个问题，副职考核一般是由部门正职和分管公司领导一起来评价。如果把副职放在一起排队，是否会导致这些领导们为了下属副职利益而集体放水？打分尺度如何统一？第二个问题，副职人数一般比较少，一般部门只有一个副职，大一点的部门有两个副职，人数少的排队问题，在这里更突出了。前面谈的强制分布的两大难题在副职考核这里集中暴露了。因为这些难题没有想好解决方案，所以特别请教一下老师！

卢老师

嗯，副职考核和强制排名确实是一大难题，但是也有解决办法。首先，我们强调一个基本原则，副职是不能与员工放在一个考核单元的。如果有的单位规模大、副职多的，还要按副职分工内容不同划分考核单元，比如管营销的副职、管生产的副职、管综合的副职等。不同的考核单元是单独进行强制分布排名的。而规模小点的单位，正职一个考核单元、副职一个单元、员工按部门或分管领导分成若干考核单元。

马清波

这个理解啦！问题是：如果副职划分成一个考核单元，怎么避免上级领导打分“护犊子”的问题？

卢老师

大家可以思考一下前面我们辅导的方法，对于管理者打分手松手紧的问题，是怎么处理的？正好也看大家学习的内容“消化”没有？

李一飞

我记得！用“委员会合议法”或“联动排序法”！

卢老师

没错！这里我们推荐使用两次“委员会合议法”并结合“联动排序法”。请见投影附图。比如一位公司领导分管三个部门，一共有5位副职，我们看怎么做强制排名。操作步骤是这样：第一步，部门正职和分管公司领导先按一人一表对副职进行考核，并在部门内部排序。只有一个副职的不用排序。第二步，计算候选名额。候选人名额依据公司标准比例换算（建议加一个差额）。比如，某公司A和C比例分别是20%和10%，这时A和C的候选名额（增加差额后）分别是2个（=5×20%+1）和1个（=5×10%+1）。第三步，分管领导和三个部门正职组成委员会，确定A候选人和C候选人。本案例中，A候选人从甲1、乙1、丙1中选2个，要参考所在部门的考核结果（联动排序法思路）。C候选人从甲1、乙2、丙2中选1个，也要参考部门的考核结果。A、C候选人也要进行排序。第四步，候选人名单提交公司总经理办公会讨论，由公司领导组成的委员会（第二次）从A候选人中确定最终A人选，从C候选人中确定C人选。其他的副职确定为B等级。

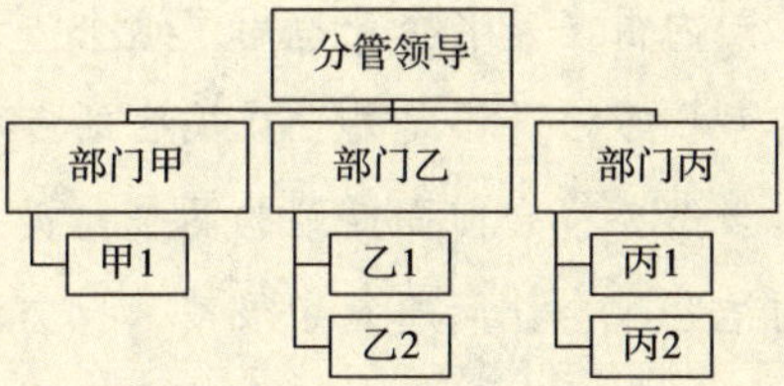

李一飞

哎呀！看上去好复杂，但是仔细一推敲，逻辑非常合理！

马清波

嗯！确实不错，将前面推荐的几个方法综合用上了，很有操作性，有一个细节请教一下。在确定A和C候选人的时候，甲部门那一个副职好像参与两次待定？

卢老师

是的。必须要这样。部门只有一个副职，第一名和最后一名都是他。所以通常要参加两次候选待定。当然，如果结合联动排序法，会简单一些。如果所在部门的考核结果好，可以不用参加C候选；如果所在部门考核结果不好，不能参加A候选。

马清波

明白了。太好了，帮我们解决了一个大难题，我们回头马上调整考核方案！

中国企业适合搞末位淘汰吗？

马清波

卢老师，我这里还有一个很困惑的问题。国外很多企业推行强制分布+末位淘汰的方法，我们公司也曾经用过，但是因为涉及劳动争议，还有内部反对的声音，所以后来末位淘汰就暂停了。而近期公司因为面临市场环境压力大，有领导提议要恢复末位淘汰，要求我们人力资源部做政策研究和方法优化，所以请教卢老师，我们国企是否适合用末位淘汰方法？如果用，该怎么用？

卢老师

强制分布与末位淘汰的结合，最早是国外的GE(通用电气)公司率先使用的，后来国外、国内很多著名企业也用了这个方法。就如我们前面所说，强制分布的考核方法并不是外企或民企的专利，事实上很多国企都全面采用了，当然要符合前面提到的两个前提条件。当然，强制分布和末位淘汰的结合，会让问题复杂很多，也会涉及国内劳动法和国企常被人诟病的“铁饭碗”问题。我们管理咨询公司这几年参与了很多国企的人力资源三项制度改革项目，其中一项改革就是劳动用工制度改革，目标就是要实现员工的“能进能出”。所以说不是因为国企，就不能淘汰员工，而是怎么淘汰的问题。我先问下马经理，你们末位淘汰规则是怎么定义的呢？

马清波

我们公司现在按照上级国资委要求，也在推进人力资源三项制度改革。领导就是看到了上级政策的支持，也下决心要解决我们国企“员工能进不能出”的问题，所以才重提末位淘汰的概念。原来我们的末位是年度考核的C，就要协商解除劳动合同。

卢老师

如果是这样的政策，按照现行劳动合同法，确实容易引发劳动争议。前面辅导中我们说过，强制分布考核方法是锦标赛、不是及格赛。一个优秀团队里面总有后10%的C，但不代表这些人是最差的，也不代表他们不合格。按现在的劳动法，要是企业解除员工劳动合同，你要举证员工不合格、不胜任岗位要求的事实。而且有些情形，一次不合格还不行，你得安排培训、辅导，只有举证多次达不到组织的要求，才能解除劳动合同，当然，劳动法规定的员工补偿也不能少。

马清波

确实如此！最近我们也好好研究了一下劳动法，感觉限制性东西还很多。如果我们要重启末位淘汰，同时要合法合规，卢老师有什么建议呢？

卢老师

第一，让企业法律顾问参与进来，合法合规是前提。第二，强制分布中增加D档，定义为“不称职、不合格”，但不要定比例。要在公司考核制度中明确D档的高压线或负面行为清单，明确哪些行为可以直接解除劳动合同。第三，末位淘汰的要求建议修改为：员工连续3个考核周期中有两个C，报公司批准后可以解除劳动合同。第四，相关制度要经过职代会通过。第五，建立全员绩效管理体系，保留一人一表和平时考核数据记录。

马清波

非常好的建议！设立D档并定义高压线和负面行为清单的做法很好！这样主动权就在公司，丑话先说在了前头！

张晓菲

这个末位淘汰有一个现实的问题，就是人员补充问题。现在我们公司各部门的人力资源都不算富裕，一个萝卜一个坑。如果将绝对“差”或相对“差”的人淘汰了，势必要补充人。如果补充的人水平还比不上淘汰的人，不就尴尬了吗？这就好比“短板原理”，将最短的木板拿掉了，结果换上的那块木板还更短！

李一飞

我倒觉得没有关系。我很支持末位淘汰。绝对“差”的要淘汰，相对“差”的也要淘汰，即便是补充的人水平不行，也可以倒逼着靠后的那些人有危机感，从而促进组织整体的快速成长。这就是“鲶鱼效应”的作用。

张晓菲

李经理的意思，莫非是养条带刺“闲鱼”，无所事事的，时不时刺激下其他员工？

李一飞

嘿嘿！闲也不至于，但是时不时刺激一下团队是有必要的！

陈文成

李经理，你们营销部门量化指标多，一个岗位很多员工，也好比较，你这么干是没有问题的。但是我们后台部门本来量化指标少，一个岗位一个人，这要是淘汰了，补充人没有那么容易呀！

卢老师

关于末位淘汰，我再补充几个信息。当年杰克·韦尔奇在GE公司用这个方法时，确实有一个得天独厚的优势。GE公司当时已经形成了人才聚宝盆效应，GE的经理和员工离职后，到别的企业都很抢手，外面的很多人也想去GE“镀金”，所以GE当时找人并不太发愁。只要招的人水平比淘汰的人水平高，团队人员的平均水平也会不断提升，组织业绩也会越来越好，对人才的吸引力也会越来越强！这种正向循环打造了一个强大的GE！所以张经理说的顾虑不无道理。一个入口不顺畅的企业做末位淘汰确实有问题。中国今天的一些明星企业，不愁招不到好的人，所以很多就在用末位淘汰的方法。另外一方面，李经理说的鲶鱼效应的作用在末位淘汰的企业发挥得很突出。这样的企业目的不是为了“干掉”最后一个人，而更重要的是让其他人有不断前行的动力。

李一飞

嗯，这叫杀鸡给猴看！

马清波

李经理很犀利！我提炼一下大家说的内容，看是否正确？对于“绝对差”的，事先定好高压线或负面行为清单，该淘汰要淘汰；对于“相对差”的，要给予一些改进和辅导的机会，符合一定条件的也要予以淘汰。

卢老师

是的，这还只是战术层面的方案。是否推行强制分布、末位淘汰的方法，战略层面还有几个问题要评估。首先，公司所处行业竞争性问题。竞争性强的企业会更倾向于用这个方法。其次，组织规模大小的问题。组织规模大、内部活力不足的，往往希望用这个方法激活队伍。第三，是否国企，也要适度考虑。毕竟国企的社会责任和员工稳定的问题，也是一个重要的考量点。对于国企，我建议用前面所说的中国式绩效管理“和而不同、稳中求进”的思路，可以换个提法——“强制分布、末位调整”。

马清波

我明白了。强制分布+末位淘汰的组合用法还得看国情与司情。这个“末位调整”提法有新意，怎么操作呢？难道末位不用淘汰了？

卢老师

不是的。符合一定条件的，比如违反高压线的，该淘汰还是要淘汰；对于其他的相对排名靠后的末位，在其“三子”——面子、里子、位子方面要予以调整。包括换岗、降薪、降职等方面要有明确的政策。

李一飞

这叫“死罪可免、活罪难逃”！

马清波

李经理，你是语不惊人死不休！还有一个问题请教一下卢老师，管理者是否可以做末位淘汰？

卢老师

当然可以。员工都做末位淘汰了，管理者为什么不可以呢？不过，管理者的淘汰不是离开公司，有降职的，更多是转岗到技术或业务岗位。贵公司的员工职业发展通道应该也是执行“双通道”吧？我们很多管理者就是由“专业通道”的技术/业务高手提拔过来的，如果管理者在团队管理方面有差距，可以继续做回技术/业务的高手。

马清波

是的，我们公司叫作“转非”——转非领导职务。这样一来管理者的压力很大，一方面要考核团队，另外一方面自己也要接受考核排序。

卢老师

确实如此，管理者是企业的中流砥柱，不仅担负业务组织的责任，也要担负人员管理的责任，压力确实很大。当然，高明的管理者需要将这种压力传递下去，将考核的“最后一公里”打通，横向到边、纵向到底，这样全员绩效管理工作体系就构建起来啦！

马清波

确实如此，感谢卢老师今天的精心辅导，全是干货，收获满满！

（辅导继续进行……）

【读书笔记】

- FAQ：我部门的C比其他部门的A还好，怎么处理？

  —强制分布比例不能一刀切，要根据部门考核结果决定员工分布比例；

  —考核优秀的部门适度增加A比例、降低C比例；反之亦然。

- FAQ：人数少的部门怎么做强制分布？

  —如果月度或季度做强制排名，推荐用时间换空间方法；

  —升维处理：将小部门并入大组织考核。

- FAQ：不同管理者打出的分数能否一块排队？

  —不推荐：分数大排队、分数归一法；

  —坚决反对：投票法（民主评议法）。

- FAQ：管理者打分尺度松紧不一，怎么强制排名？

  —委员会合议法：部门内部先考核排序，确定A和C待定人选，委员会确定最终人选；

  —联动排序法：先对部门考核排序；部门再对员工考核排序；末位部门的末位员工即为C人选；

  —上述两方法结合使用。

- FAQ：副职怎么考核排序？

  —分管领导和部门正职对副职考核，同一部门内部多个副职要排序；

  —按分管领导组团，依据副职人数核算A和C待定名额（要增加差额）；

  —分管领导与部门正职组成委员会，结合联动排序法，确定A和C待定名单；

  —待定名单提交公司总经理办公会确定最终A和C的人选。

- FAQ：中国企业适合搞末位淘汰吗？

  —对于“绝对差”的，事先定好高压线或负面行为清单，该淘汰要淘汰；对于“相对差”的，要给予一些改进和辅导的机会，符合一定条件的也要予以淘汰；

  —强制分布+末位淘汰的组合用法还得看国情与司情；

  —国企对于相对末位，推荐使用“强制分布、末位调整”的策略。

4.7 年度考核结果可以应用在哪些方面?

故事导入

年度考核结果的应用既是员工非常关注的话题，也直接影响绩效管理的最终效果。年度考核结果应用除了传统的奖金激励外，是否还有其他更为全面的应用方式？这些方式又该如何操作呢？下面我们来聆听绩效专家的辅导建议……

马清波：卢老师，关于年度考核的应用问题，我们想特别请教一下。

卢老师：你们之前是怎么用的？有什么问题吗？

马清波：我们之前的年度考核主要是用在年终奖和员工职业通道上。从您前面的辅导中，我们感觉到还有很大的改进空间。想听听卢老师的建议。

卢老师：好的。年度考核结果的应用好坏直接会影响绩效管理循环的效果。绩效应用是绩效循环的最后一个环节，而这个环节会产生倒逼作用，会强化另外3个环节的使用效果。而且年度结果应用与平时考核应用不同，平时考核主要用在月度绩效奖金，而年度考核结果应用将很全面，会系统影响员工的“三子”：面子、里子和位子。也就是我们前面天平模型中所说的“六能”：收入能增能减、岗位能上能下、员工能进能出。

年度考核结果如何与“里子”挂钩？

马清波：这个“三子”提法很好记。“里子”应该是指钱吧？

卢老师：是的。“里子”是大家普遍关注的薪酬问题，到年底主要就是年终奖，有些单位还有递延奖励、股票期权、任期激励、弹性福利、旅游基金等。年终考核结果一般会直接影响到员工的年终奖。

马清波：我们目前年度考核主要也是应用在年终奖方面。那具体使用时，应该用年度考核分还是考核等级系数代入算年终奖呢？

卢老师：两种情况都有。用原始考核分计算年终奖比较简单，但是考虑到有些部门给员工制订的一人一表质量不好，加上管理者打分的“和谐”问题，导致员工的原始考核分差距不大，年终奖的激励效果不太好。所以我的大部分客户反而是用考核等级对应系数来计算年终奖。

马清波：嗯，我们公司之前也是用原始考核分换算，发现奖金差别不大。后来推行强制分布后，根据年度考核结果先确定考核等级ABC，然后再按考核等级对应系数来计算年终奖。请问卢老师，评C的员工奖金可以为0吗？

卢老师：我们一般建议分成ABCD四档。如果D档定位为不称职、不合格，一般对应奖金系数为0~0.5，有些违反高压线的严重行为是可以确定为0的。如果ABC档采取正态分布比例20%：70%：10%，一般对应奖金系数是1.2、1.0、0.8；如果ABC档采取金字塔分布比例10%：20%：70%，一般对应奖金系数是1.2、1.1、1.0。

马清波：明白了。前面您说的弹性福利是指什么？

卢老师：我们很多公司的福利是固定套餐，而弹性福利可以根据员工需求定制，员工满意度会更高。年终考核结果也可以在弹性福利方面做些文章，让绩效优秀的员工有更多选择。

年度考核结果如何与“面子”挂钩？

马清波：理解了。“三子”里面的“面子”是否指评先、评优？

卢老师：不全是，也包括员工得到的某种尊重、荣誉等。传统企业每年会评选优秀员工、先进分子等，还可以将优秀员工，如A级员工上光荣榜、给员工家属发感谢信、慰问金等，这都是有“面子”的事。

马清波：正好有一个问题，A档员工正面宣传都是应该的，需要树立榜样的作用。那为了鞭策一下C档或D档员工，适合张榜公布末位员工的名字吗？

卢老师：这个要看情况。如果是违反公司高压线被评为D档的员工，往往还有公司的通报，这个按文件制度肯定要公开，起到警示的作用。但是对于相对排名后面的末位员工，我不建议公开名字，还是要保护一下员工的隐私。因为人都好点“面子”，有时候人的面子比里子还重要。中国有句古话“扬善于公堂、归过于私房”，就是这个意思。

马清波：确实如此。那对于末位员工，主要还是要通过管理者告知和反馈考核结果？这对管理者可是一个不小的挑战！

卢老师：是的。这就需要管理者做好绩效管理的第三次沟通——绩效结果的反馈沟通。这个需要较高的技巧，后面我们会专题辅导。

年度考核结果如何与“位子”挂钩？

马清波：年度考核结果应用的第三子“位子”是否就是指职位晋升？

卢老师：还不完全是。“位子”从广义上讲，包括能进能出、能上能下。前面说的末位淘汰、末位调整也是涉及“位子”的异动。当然这种是极少数，大部分的变动是职级、岗位的变动。

张晓菲

关于年底员工晋级，我有一个具体问题要请教一下。我们公司现在的政策是优秀A档员工才有晋升的机会，但毕竟A档名额是有限的，B档名额多，那这样良好的员工晋级机会少。如何解决这一问题？

陈文成

有的时候我们经理人员还不得不搞平衡，为了让一些长期B档的员工有机会晋升，不得不在年底时搞“轮流坐庄”，还得给一些优秀员工做思想工作，将名额让给要晋级的B档员工，这不是“逼人就范”吗？

卢老师

呵呵，看来问题还真不少！我提一个具体建议，对于解决这类问题是很有帮助的，而且现在很多企业也都是采取类似的思路，就是“员工积分账户”的概念。每一个员工都有一个积分账户，包括业绩积分、司龄积分、学习积分，等等。通常情况，业绩积分占的权重比较高，其他积分是补充。比如年度考核A档员工积5分、B档员工积3分、C档员工计0分、D档员工计-3分。每一年司龄计1分。我们可以规定“满6分升一薪档”“-3分降一薪档”，等等。

张晓菲

这个思路不错！这样年度A档的员工一年就可以升档，而不用熬年头。而B档员工也有机会晋级升档，大家都有奔头！我理解这个积分在员工晋级升档后，应该清零吧？

卢老师

是的。比如积分账户有7分，今年升档用了6分，账户还剩下1分。如果想继续升档，就得继续累积积分。

李一飞

这就像我们打游戏一下，要累积计分，买装备用完了积分，还得继续累计。高明！将员工牢牢“绑住”了！

马清波

李经理说得很形象！感谢卢老师的辅导，很有启发，回头我们需要好好优化一下现有的制度。

（本次辅导结束。）

【读书笔记】

- 年度考核结果应该全面应用在“三子”和“六能”上：

  —三子：面子、里子、位子；

  —六能：收入能增能减、岗位能上能下、员工能进能出。
- 年度考核结果应用年终奖通常建议用考核等级对应系数来计算。
- 优秀员工和违反高压线员工可以张榜公布名单，其他等级不建议公开。
- 采用“员工积分账户”来对应年度考核等级，让其他考核等级员工都有希望。

第5讲

如何做三次沟通？

5.1 **绩效管理需要沟通、沟通、再沟通!**

管理的要义在于沟通　正式沟通和非正式沟通　哪三次沟通?

5.2 **绩效目标如何进行沟通?**

绩效目标制订的双向沟通三步法　为什么让员工参与目标制订?　怎样管控好目标对话的分歧?　目标对话时如何面对老找借口的员工?

5.3 **绩效辅导如何进行沟通?**

为什么要做绩效辅导?　绩效辅导常见误区　不同类型员工怎么做绩效辅导?　绩效辅导的最佳模型：情境领导

5.4 **绩效结果如何进行沟通?**

绩效结果反馈流程　绩效结果反馈要做好哪些准备?　开始正式面谈　如果员工对考核结果不认同怎么办?　沟通话术/模板

5.5 **如何进行绩效发展面谈（PDI）?**

什么是绩效发展面谈（PDI）?　PDI流程：GROW模型　个人职业发展规划（IDP）

5.6 **员工考核申诉怎么处理?**

可以赋予员工考核结果申诉的权利吗?　考核申诉流程怎么设计?　考核申诉率可以与管理者的考核挂钩吗?

5.1 绩效管理需要沟通、沟通、再沟通！

故事导入

转眼间，到了第二年年初，公司正在进行上年度考核。一方面，经理们正苦恼着如何将考核结果告知员工；另一方面，如何与员工就第二年的目标任务达成共识也成了大家的难题。

绩效管理顾问卢老师应约来到了糖人通讯公司，进行最后一次辅导……

管理的要义在于沟通

马清波：欢迎卢老师再次莅临公司进行辅导！我们的年度考核已经启动，可能经理们普遍挺为难的一件事就是与员工做绩效沟通。根据计划，我们今天的辅导主题就是绩效沟通。下面掌声有请卢老师！

卢老师：谢谢！再次见到大家很高兴。前几次的辅导，我们都是侧重于“事”，今天的辅导我们要侧重于“人”——关于绩效沟通的问题。在绩效管理的闭环中，绩效目标最重要，但是绩效沟通却是最难的。

李一飞：确实如此！每个员工情况都不同，沟通起来要花很多心思。话说重了，怕员工接受不了；说轻了，又怕没有效果。有时候甚至感觉跟员工沟通比跟客户沟通要难很多！

卢老师：看来李经理是深有体会啊！绩效沟通对各位经理确实是一个很大的挑战，这里不仅仅是沟通技巧问题，更是沟通的认知问题。我们来看一个我所服务客户的真实案例，这是一个考核为C档的员工写给公司总经理的辞职信，请大家看投影：

尊敬的××总：

您好！

很遗憾，在您收到这封邮件时，我已辞职离开公司了……

…… ……

作为一名刚刚来公司不到一年的新员工，我承认我在某些工作经验上还很不足。在我来公司之后不久，我也或多或少听说了国内企业普遍有的一些考核问题：管理者考核中的主观印象、管理者求和谐的心态、绩效考核结果轮流坐庄、新进的员工往往成为绩效考核的末位……这些事实在我上个季度被评为C的时候，我已经慢慢想通了、接受了。从美国学成回来，我很有激情、很有信心能在公司做出一番成就，我也一度认为我可以做得比很多同事好。可是被评为C让我很受打击，自己反思确确实实有些工作做得不如其他人好，然而，我无法接受的是，在我入职以来，我的上级却从来没有跟我有过真正有意义的沟通，在上一季度考核结果出来后好一段时间，他似乎有意无意地避开和我单独相处的时候。而在这一次的绩效考核中，我又被评为C，结果出来后，他还是和上次一样，趁我不在的时候将考核结果放在我的办公桌上让我签字确认。我觉得我这一季度的工作很多都有改进了，应该不至于再一次拿C了，便拿着考核结果去问他我哪里做得不好。他说了一通我思想态度不够端正、团队精神缺乏、太有自己的想法、与组织发展方向不太符合……我问他具体体现在哪些事情上，他支支吾吾说不出来，便随便打发了我："反正，你就是做得不够好，你自己回去跟同事对比一下就明白了。"

…… ……

李一飞：从这封辞职信的内容上看，这个员工是一个"海归"，又是一个新员工。我们公司现在也有一些这样的员工，可能性格和做事方式受国外环境的影响，跟国内有点不同，而且这些员工往往自我感觉良好。可能经理也不太喜欢这个员工，要不然怎么评了两次C？估计平时跟他的经理没少产生冲突。

张晓菲

听起来李经理还有些幸灾乐祸呀！说实话，这封辞职信反映的问题，在我们公司也有，估计人力资源部收到了不少这样的员工申诉。比如新员工评C的问题，在我们公司也很普遍。一些经理认为新员工刚来没有什么产出，就应该被评C。这个理念就是不对的。前面老师辅导过，考核要“先和自己比，再和别人比”。考核应该是表现除以目标的“相对值”，而不是“绝对值”。

卢老师

为张经理点个赞！前面内容学得很好。这个案例中反映出来的问题，确实有新员工评C的问题，但还不是我们这次关注的重点，虽然这个问题也需要改进。我在调研中了解到，这家企业其他部门也有将新员工评C的，可是为什么这些员工没有离职？更没有向总经理写“告状信”？

陈文成

这个我有体会，我来说一下！我们办公室是后台部门，考核的量化指标不多，所以在强制排名时，我们作为经理人员难免有些拍脑袋和搞平衡的做法。那些被排名后面的员工确实也不开心，但是如果给这些员工安慰安慰、叨咕叨咕，效果还真不错。有时候员工未必是认同这个考核结果，但是管理者跟员工主动沟通和交流，大部分员工还是能理解管理者的。沟通沟通嘛，一“沟”就通啦！

卢老师

嗯，陈经理现身说法的案例很好！这封辞职信，我更希望是各位经理从管理者角度去找一些问题，看有哪些地方可以改进的。

张晓菲

我觉得可以用“三不”来形容：不愿、不敢、不会。这封辞职信中，这位管理者不愿主动与员工沟通，他的沟通是很被动的；好像也不敢面对员工；最后员工提出质疑，也不会沟通，居然让员工自己去琢磨。我要是员工，肯定也会申诉。

卢老师

张经理的“三不”总结得很好！考核制度再完美，如果管理者与员工的沟通没有做到位，再好的制度也会流于形式。另外一方面，我们组织的考核制度很难一开始就设计得很完美，也需要一个不断完善的过程，如果在这个过程中，管理者的沟通做得很到位，制度本身的问题也会被消除在萌芽状态。所以，杰克·韦尔奇说“管理就是沟通、沟通、再沟通！”

李一飞 所以说：我们绩效管理有三次沟通？

正式沟通和非正式沟通

卢老师 呵呵，是的！绩效管理的三次沟通，后面我们会专题辅导。绩效沟通从形式上分，有正式沟通和非正式沟通两种形式。正式沟通包括小组或团队会、部门例会；定期的或不定期的书面报告；一对一或一对多面谈，等等。

李一飞 好像绩效管理的三次沟通都是正式沟通的形式。那非正式沟通是什么呢？我理解是否正式沟通就是刻意设计好的，非正式沟通随意性大点？

卢老师 那还不是这样。非正式沟通，虽然不需要刻意准备太多，但是也不能太随意，至少管理者在沟通之前还是要先清楚要沟通哪些内容，用什么样的方式沟通。非正式沟通，是指形式比较灵活多样、环境更宽松的沟通方式，不需要太过严谨正式的方式。比如和员工一起吃吃饭、喝喝咖啡、进行团建活动、碰面闲聊等，都属于非正式沟通。

李一飞 嗯，这个我有体会，有的时候，跟员工一起喝顿酒，好像胜过千言万语。这应该就是非正式沟通吧？

卢老师 李经理很幽默！酒喝多了伤身！非正式沟通有很多种形式，可不是喝酒一种方式哈。

张晓菲 非正式沟通这个概念很好！有的时候，碰到一些不好沟通的人、不好沟通的事，正式场合效果不好，换个环境、换种形式效果不错。

卢老师：是的！提醒一下各位经理们，绩效管理的三次沟通主流都是正式沟通的形态，非正式沟通可以作为一种补充，但千万不要本末倒置：正式沟通不好好做，整天都去非正式沟通啦。另外，非正式沟通虽然形式是非正式的，但是沟通内容不能太随意，还得管理者事先做好功课。不管是正式沟通还是非正式沟通，前提都是管理者要知道讲什么，知道怎么去讲，要切忌泛泛而谈或者草率行动，最后完全没有达到预期效果，或者干脆还产生了负面效果。

李一飞：看来这里沟通学问不少，不是喝顿酒这么简单的。那绩效的三次沟通分别是什么呢？

哪三次沟通？

卢老师：请大家看下投影附图。绩效管理的三次沟通是按照绩效管理循环过程来划分的。

期初目标沟通	· 在考核期初，上级与下属就绩效目标以及实现目标的措施、步骤和方法所进行的面谈
期中辅导沟通	· 在工作过程中，上级针对下属的绩效表现，特别是存在的问题进行实时沟通和辅导
期末结果沟通	· 在考核期末，上级就下属的绩效表现、考核结果和下阶段能力发展计划进行沟通和反馈

李一飞：以前我们说的绩效沟通都是指绩效结果反馈沟通，这里还有目标和辅导沟通？

是的。考核结果结束后再沟通，已经“大晚特晚”了。如果前两次沟通做到位了，绩效结果的沟通也就水到渠成。

卢老师

李一飞

那这三次沟通里面，哪一次更重要呢？

如果一定要排个顺序，绩效目标的沟通最重要，绩效结果的沟通最难，而绩效辅导的沟通最花时间。

卢老师

李一飞

我还以为绩效辅导的沟通就沟通一次呢？

当然不是！绩效辅导的沟通是无时无刻的，它是属于过程沟通，根据需要随时都有可能展开沟通。

卢老师

李一飞

明白了。期待卢老师辅导一下三次沟通的具体方法！谢谢老师！

（辅导会继续……）

【读书笔记】

- 杰克·韦尔奇：管理就是沟通、沟通、再沟通！
- 再完美的考核制度都无法弥补经理和员工缺乏沟通所带来的消极影响。良好的沟通能够及时排除障碍，最大限度地提高绩效。
- 绩效管理沟通的两种形式：正式沟通和非正式沟通。
- 绩效管理中的三次沟通：

—期初目标沟通：在考核期初，上级和下属就绩效目标以及实现目标的措施、步骤和方法进行的面谈。

—期中辅导沟通：在工作过程中，上级针对下属的绩效表现，特别是存在的问题进行实时沟通和辅导。

—期末结果沟通：在考核期末，上级就下属的绩效表现、考核结果和下阶段能力发展计划进行沟通和反馈。

5.2 绩效目标如何进行沟通？

故事导入

辅导会继续进行……

大客户部的李经理近期正苦恼如何跟员工制订下年度的绩效目标。所以绩效目标沟通辅导一开始，李经理就抢先发言了……

绩效目标制订的双向沟通三步法

李一飞：卢老师，您说期初要进行绩效目标沟通，难道是说在我们制定好了绩效目标之后，要跟员工进行一次沟通，告诉他们我们要达成什么目标吗？

卢老师：没那么简单，如果是按照你说的那样，那不叫沟通，那应该叫直接向员工下达目标任务。我们这里讲的绩效目标的沟通，是指在制定目标和确定实施计划的过程中与员工的沟通，应该是双向的交流。

李一飞：啊？制定目标也要与员工沟通？为什么呀？我们承接了上级的目标任务之后，肯定是第一时间要下达给员工的，万一与员工沟通，他们说他们不愿意做，或者做不到，那不尴尬啦？

卢老师：你先别急！如果在目标沟通过程中，下级表示不愿意接受目标，可能有两方面的原因：第一，是你分解下达的目标确实不合理，所以员工不接受。那这个时候你就需要通过与员工沟通，了解清楚员工为什么觉得这个目标不合理？员工不愿意接受目标是因为有哪些困难？然后你再进行合理的调整，制定出更科学合理的目标；第二，可能是员工故意找借口推脱工作任务，可能是畏惧，也可能是想偷懒，那作为管理者，你就更需要通过沟通了解员工的真实想法，找出问题所在，有针对性地去解决问题。

李一飞：这么说好像也有道理。那具体怎么与员工进行目标沟通呢？

卢老师：我推荐管理者与员工做绩效目标沟通时采用“双向沟通三步法”，一共有三个步骤：说明、草拟和确定。具体请参见投影附图：

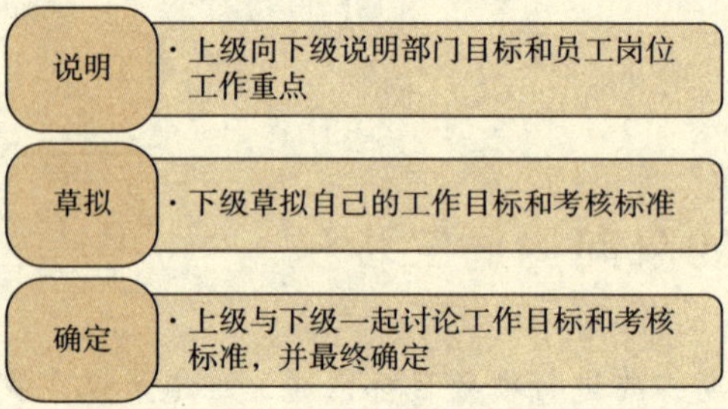

为什么让员工参与目标制订？

李一飞：这个三步法第一步好理解。可是这第二步让员工来参与草拟工作目标和标准，这样做的目的是什么呢？

卢老师：这个方法来自于管理大师彼得·德鲁克的目标管理（MBO）。目标管理一经提出，享誉全球，被喻为“第九段管理”！可是很多人片面地理解目标管理的思想，以为目标管理是“以结果为导向”，而其实目标管理更核心的思想是“参与管理”！各位经理们，大家可以讨论一下，让员工参与到目标设定中有什么好处？

陈文成

我来先说一条。让员工参与绩效目标的制定，可以使绩效目标更加合理、更具有可行性。因为员工与管理者相比可能更直接地了解他们的工作实际情况。员工是目标的执行者，他们对所在岗位的工作往往是最了解的，对可能遇到的问题也是最熟悉的。如果管理者仅仅闭门造车、凭自己主观想法分解下达目标，而不参考员工的意见，那目标是不具有操作性的。

李一飞

对对，这点我深有体会。以前我当大客户经理时，直接面向客户，整天泡在客户那里，对客户的需求、行业趋势、产品应用情况都非常熟悉。现在带团队后，虽然也要见客户，但是毕竟次数少多了，很多市场信息都只是从员工的汇报中知道的。没有调查没有发言权。

张晓菲

我感觉让员工参与制订目标更大的好处是从“要我干”变成“我要干”，这样可以更好地调动员工的工作积极性，树立员工的主人翁精神。你想吧，平时都是上级定目标、下级执行。现在让员工参与目标制订了，员工是否有特别被重视、被尊重的感觉？

李一飞

还真是。人一旦被重视了，就特别有激情；激情来了，就容易激动；激动的心，就容易导致颤抖的手，可能目标就冲高啦！

马清波

李经理高兴早啦！现在员工什么场面没见过呀，这么点“恩惠”员工还是HOLD住的。我感觉让员工参与制订目标，还有一个好处是为后面的绩效结果沟通埋下伏笔。员工参与制订的目标，从心理学的角度看，这就是一个心理契约。以前领导下目标，员工都是感觉“在完成领导的事”；现在员工自己定目标，那是在“完成自己的事”。替别人干事和替自己干事动力肯定是不同的！哪怕最后考核结果出来不理想，员工也比较心服口服，那后面管理者与员工进行结果沟通，也相对容易些。

李一飞

确实如此。我突然还想到有一个好处，不知道对不对。我觉得让下级参与目标的制订，其实也是一个培养下属的过程。我们管理者老是给员工下达目标任务，员工时间长了会很被动，总是在等任务。而如果员工主动参与目标制订，其实让员工站在管理者角度思考问题，这对员工是一个很好的培养，而且慢慢地管理者也会更轻松了。

卢老师

非常好！通过各位经理的头脑风暴，我想大家对于这个问题有了更全面的认识。我们简单总结一下：目标管理的核心是参与管理，让员工充分制订目标的过程，可以极大地调动员工的积极性、培养员工的主观能动性！而且员工最后对考核结果的认同度也比较高。

怎样管控好目标对话的分歧？

李一飞

双向沟通三步法的第二步，让员工参与制订目标确实很好，但是有一个问题：如果员工定的目标跟上级的期望值有较大的差距，该怎么办？毕竟绩效管理与员工个人利益息息相关。人性的特点也是“趋利避害”的，员工为个人利益好，将目标调低，而目标是考核的分母，这样考核结果好看，应用到“三子”对自己更有利。这个问题该怎么解决呢？

卢老师

确实如此。这就是为什么“双向沟通三步法”要执行第三个步骤的原因。第三步就是管理者和员工要就目标达成共识，这一过程也叫“目标对话”。目标对话对管理者来讲，是一个巨大挑战，需要管控好分歧，包括目标偏高或偏低的问题。

李一飞

目标偏高的情况应该很少见吧？员工的普遍心理应该都是少干活、少担风险、多拿钱，谁会主动把自己的目标调高呢？而且如果是我的员工制订的目标比我对他的期望值要高的话，我肯定是双手点赞，那就不存在沟通的矛盾了，这样多好！

卢老师

这可未必！虽然目标偏高的情况是小概率的，但是也存在。很多情况来自于新人群体，尤其是那些刚毕业、迫切想要证明自己价值的员工。他们往往对组织的资源、工作的任务等信息还不够了解，不能很好地定位自己目前在组织中的角色、价值，迫切想要干出成绩来，可能这个流程中目标会冲高。遇到这种情况，如果你要是按员工定的目标来，后期他们出现了各种困难，目标完成得不理想时，他们的信心会受到很大打击，甚至还会埋怨你这个领导：为什么开始设定目标时，不多加指导他们。下次再遇到有难度的任务时，他们就可能畏首畏尾、推三阻四了，这样对新人的成长是很不利的。

李一飞

噢，老师您看问题比较深刻，确实对于新人还不能听之任之，需要引导其制订出合理的目标。可是新人毕竟是少数，我们大部分部门里面还是“老油条”员工多，大家对于考核规则很熟悉，这个流程中目标偏低了怎么办？怎么和员工进行有效的目标对话呢？

卢老师

嗯，目标对话是讲技巧的。如果做不好，目标对话就会变成“目标吵架”或“讨价还价”。

李一飞

老师经验太丰富啦！这些现象我们都有。有时候跟员工讨论目标，就感觉像在菜市场买菜一样，你说一个价，我说一个价的，最后敲定一个中间价，成交！这还算好的。有时目标形不成共识，还容易吵起来，脸红脖子粗的，本来管理者与员工是就目标、就事情讨论，后面方向一偏，却变成了人与人之前的问题，挺没意思的。所以我想，与其这样，不如我也不跟员工费劲讨论目标，直接将目标分解下达给员工，也干脆利落。再说啦，现在公司给我们部门的目标好像也没有与我们过多协商呀？

卢老师

看来这个目标沟通的氛围需要从上到下都构建起来。即便如此，我还是建议各级管理者在你力所能及的范围内做好目标对话的过程，哪怕“目标吵架”也是值得的。因为“目标吵架”总是好过于“结果吵架”！

李一飞

确实如此！目标吵架那是伤嘴皮子，结果吵架那可是伤感情的事。有时候吵一吵也没有坏处，可能彼此的关切都了解清楚了。不过，最好还是不要吵，有什么样的策略来管控这种风险呢？

卢老师

目标对话是讲技巧的，这里我提几个注意事项供大家参考一下。第一，充分了解双方的期望。你既要让员工清楚你对他的目标期望值，你也要深入了解员工自身的想法。目标对话时，可以让员工先说，你再来说；也可以你说完你的想法，然后听下员工的意见。管理者一定要营造沟通的氛围，让员工开口，而不是管理者在那儿搞“一言堂”。

李一飞

嗯。这个理解，就是要“知己知彼、百战不殆”！

卢老师

第二，分析实现目标所需的资源和条件，而不是讨论目标太高或者太低的问题；这是很多管理者容易陷进去的误区，他们在和员工沟通目标时，要么对员工的意见一一反驳，最后让员工不得不接受他们的看法；要么一味想要表现出同理心，结果被员工牵着鼻子走。

李一飞

呃，老师您太了解我们，有时一旦争执目标高与低，很容易陷入上下级的对抗中而出不来。

卢老师

是的。管理者和员工之所以会有目标的分歧，很多时候是因为大家看问题角度不同、获得信息的渠道有差别而导致的信息不对称，没有对错之分。

李一飞

这么说，目标对话一个重要的目的是通过双方的沟通来消除信息的不对称，从而达到目标的共识？

卢老师

是的。管理者与员工讨论目标时，要避免讨论目标高或低的问题，而是双方拿数据、讲事实，讲出彼此设定这种目标的理由，这样才是有效的沟通。第三，求同存异，寻求解决的途径和方法。管理者与员工沟通目标时，有分歧很正常。但是要先确认彼此相同点和有共识的地方，再解决分歧点。管理者要去分析引发分歧的问题在哪里，然后和员工一起就问题点探讨如何去寻找解决途径、创新方法等。

李一飞

嗯，我最近看书学到了一个词——“共情”，应该差不多就是这个意思。先通过共同点找到频率共振，然后一起去解决有分歧的问题点。

非常棒！读书使人进步！第四，寻求自身的改进之道。通过与员工的目标对话，管理者也需要不断地反思自己的行为，思考一下员工的诉求是否合理，后期该如何改进等。

卢老师

目标对话时如何面对老找借口的员工？

李一飞

嗯，这些建议都很好！那如果遇到一些“老油条”的员工，上述方法都用了，但还是不认同目标，并且有些目标我们认为他是可以完成的，可他就是在那里推三阻四，找各种借口来否定目标，我们又该怎么去沟通呢？

张晓菲

没错，有些人找借口会成习惯的。你刚给他捅穿一个借口，紧跟着又出来一个，往往这样的员工让我们管理者很头大。老师您有什么好的技巧吗？

好，这里我推荐一个具体的技巧——“漏斗式追问”。要领是：当员工针对某一目标提出理由或借口时，先不急于去否定，而是顺着员工推脱的理由追问下去，注意不是问一个问题，而是一组问题，且这些问题要像漏斗一样去聚焦，不能发散。

卢老师

张晓菲

类似于剥洋葱的方法，最后直达问题的“核心”。

没错。我们可以演练一下。比如某个员工提出来“这个任务在6月底前完成不可能做到”。你不用着急去反驳，更不用去争吵：“我认为6月底可以完成，你为什么觉得不行？”那属于吵架的前奏！你可以这样来问员工：“你觉得6月底完成这个任务有难度，那请问你对这个任务的时间规划是怎么安排的？”

卢老师

李一飞

如果员工回答说：“我觉得最早在7月底才能搞定这个任务。”那后面不就聊不下去，又要杠起来了？

卢老师

这时你就要进行漏斗式追问，可以接着追问这个员工："你既然说7月底完成，那请问这个任务6月底你计划做到什么程度、7月上旬和中旬又做到什么程度？"

李一飞

我大致明白这个"套路"啦！如果员工回答了某一个里程碑时间节点，继续追问他的具体安排是什么。通过这样的漏斗式追问可以判断这个员工是真的思考过，还只是随口找的一个借口。

卢老师

没错，李经理悟性很高！实际上员工发出反对的声音，其背后有合理的成分，也有不合理的东西，交织在一起。运用漏斗式追问法可以识别哪些是真正的问题所在，哪些只是借口。将水分（借口）挤出来，真正的石头（问题）就露出来了。

李一飞

这就是水落石出！问题是，如果这些方法都用尽了，员工还是不认同目标，怎么办？目标对话还需要继续吗？

卢老师

当然，即便如此，建议我们还是要走完目标对话的过程。因为目标对话的最后一点好处是，即便员工不认同目标，也可以让员工认同你这个人！

李一飞

这个怎么讲？

卢老师

管理者主动启动目标对话的过程，也代表了对员工的一种尊重。同时，也让员工知道我们下达目标的出发点，知道组织目标的分解流程，这样在某种程度上，也是让员工更能理解管理者。

李一飞

明白了，这也是一种共情！看来这个绩效目标沟通的"双向沟通三步法"，一步都不能少！谢谢老师的辅导！

（辅导会继续……）

【读书笔记】

- 绩效目标制订的双向沟通三步法：

—第1步：说明，上级向下级说明部门目标和岗位工作重点；

—第2步：草拟，下级草拟自己的工作目标和考核标准；

—第3步：确定，上级与下级一起讨论工作目标和考核标准，并最终确定。

- 让员工参与绩效目标制订的好处：

—让制订的目标更加合理，更具可行性；

—树立员工的主人翁精神，调动员工的积极性，从“要我干”变成“我要干”；

—为之后的绩效结果沟通做好准备；

—可以培养员工，引导员工主动思考工作。

- 目标沟通的原则：

—充分了解双方的期望；

—以肯定的态度去讨论目标，分析实现目标所需的资源和条件，而不是讨论目标太高太低的问题；

—寻求解决的途径和方法；

—求同存异。

5.3 绩效辅导如何进行沟通？

故事导入

辅导会继续进行……

因为前面说到绩效辅导的沟通是最花时间的，所以大家对绩效辅导的沟通有很多顾虑，对于怎么做绩效辅导，大家都很迷茫……

为什么要做绩效辅导？

李一飞：卢老师，绩效目标沟通在年初，绩效结果沟通在年底，那绩效辅导沟通是否在年中才进行？

卢老师：不是的。绩效辅导沟通属于过程沟通，贯穿绩效管理全过程，每月、每周、甚至每天，管理者可能都在做绩效辅导沟通。

李一飞：哦，那什么是绩效辅导？

卢老师：绩效辅导，我们简单地定义，是指管理者通过给员工提供指导和启发，鼓励员工自我发展、发挥潜能，在完成绩效目标的同时，提升员工的能力。绩效辅导有两个显而易见的好处：一是强化过程控制；二是帮助员工成长。

李一飞：我们市场部门的考核就是以结果为导向，员工也比较认同考核结果。那过程中绩效辅导意义何在呢？

没有完美的过程，何来完美的结果？即便是销售部门，现在越来越重视销售过程管理了。销售标准动作到位了，销售结果完成概率更高。一项目标或任务下达了，不等于目标/任务就完成了！任务下达到任务完成之间，需要定期跟踪和辅导。只有这样，才能保证任务能及时有效地完成。IBM前总裁路易斯·郭士纳曾说过：“如果你强调什么，你就检查什么，如果你不检查就等于你不重视。”你布置完任务，却一直不去跟进，就容易给员工一种心理暗示是“这个任务其实没那么重要”，那么员工的工作重心很可能就不会放在这任务上了，特别是一个周期长的任务，如果你没有及时跟进，员工甚至可能早就忘了有这么回事，等期末时你去考核他，他还顶你一句：“我看你没有跟进过，就以为这个任务不重要，可以不用做了，后来就忘记有这回事了。”

卢老师

李一飞

这个确实如此。有时候，给员工下达目标后，管理者如果不去跟进，员工可能会出现偏差，这时候的绩效辅导可以起到纠偏的作用。

张晓菲

我觉得绩效辅导很重要，这个过程也是一个培养员工的过程。

是的，绩效辅导属于在岗培训（OJT，On the Job Training），效果比脱产培训还好。工作现场就是培训现场，管理者就是培训老师。

卢老师

绩效辅导常见误区

李一飞

绩效辅导好是好，那管理者岂不是要花很多时间做绩效辅导的沟通？

其实绩效辅导并不是需要管理者额外去花时间，平时管理者对团队的日常管理都是在做绩效辅导，只是大家没有感觉到而已。有效的辅导应该及时和持续，每次辅导的主题要精简和明确。

卢老师

李一飞

那业绩优秀的员工需要做绩效辅导吗？

当然！绩效辅导不仅仅针对绩效表现有偏差的员工，优秀员工也需要做绩效辅导。管理者通过辅导可以认可优秀员工的表现，同时鼓励员工继续保持并持续改进。只不过对优秀员工辅导的频率会低很多。——卢老师

陈文成：绩效辅导会不会让员工觉得管理者是在吹毛求疵？是在批评员工？

张晓菲：我觉得员工可能还真有这种感觉，现在很多员工挺敏感的。

各位经理的担心有道理。针对这个问题，提两个建议：一、注意辅导沟通技巧，好话也需要好好说，不要让员工产生负面和对抗的情绪。二、绩效辅导需要常态化安排，比如通过部门周例会或月例会的方式，一对多或一对一的方式进行辅导。不要让员工感觉针对某一个人。——卢老师

李一飞：有些员工是“孺子不可教也”，还需要辅导吗？

有教无类嘛！管理者事先不要戴有色眼镜看员工。只要这个员工还是你团队成员，管理者有义务也有责任帮助员工去成长。所以绩效辅导不仅必须，而且还要更精心去设计。当然在必要的情况下，也可以寻找组织或更有经验的管理者协助。——卢老师

不同类型员工怎么做绩效辅导？

陈文成：卢老师，有一个具体问题，部门内员工的情况各不相同，管理者该怎么进行辅导呢？按孔子的教育理念，应该因材施教吧？

这是必须的。从现代组织行为学的研究成果看，一个管理者要学会权变，根据员工不同，采用不同的方法。——卢老师

李一飞：这对我们管理者可是一个不小的挑战。

确实如此。为了更好理解绩效辅导方法，我准备了两个案例，请大家看下投影。先讨论一下这个案例。——卢老师

怎么延期啦？

员工小张3月份有一项重点工作任务，要求3月底完成，在进展过程中遇到一些棘手的问题，但他从不主动提出。在周例会和日常工作汇报中，谈及进展情况时，总是说“进展正常”。但到月底，经理发现工作存在较大问题，进度延迟。

大家讨论一下，为什么会这样？管理者应该怎么处理？

李一飞：这个案例中的员工小张就是一个“闷头雷”。工作中明明有问题，还不主动找领导寻求支援，活该他受罪！

陈文成：这样的员工在现实工作中还真不少。也可能是这个员工工作方法不对，他应该知道什么事情、在什么节点主动去汇报。

张晓菲：我觉得这个员工可能是心态问题。是否怕说出了问题会让领导或同事看轻了他，认为他无能，干脆就不说了。这是典型的打肿了脸还充胖子！

卢老师：各位经理的分析都很在理，当然都是从员工角度分析的。从管理者角度分析的话，看看有什么问题？碰到这样的情况，应该怎么进行绩效辅导？

张晓菲：老师的提醒很及时！员工固然有问题，管理者也应该好好反思一下。员工没有主动汇报，管理者也应该主动去问询，而不能等到出问题了再“秋后算账”。对于这个案例，我提第一个建议：重要工作事先要确定好进度计划，关键节点管理者要主动“下沉”，了解员工工作状况。

李一飞：张经理所言极是！我提第二条建议：给员工要事先定好规则，什么事情、在什么节点必须要主动汇报。

陈文成：我补充一点。对于这样的员工还要做足思想工作，鼓励他讲问题，不要怕丢面子。有问题主动说，领导可以协调资源协助他。一旦出现问题，反而后果很严重。

卢老师

各位经理的建议都很好。概括下来都是从两个维度去做员工绩效辅导，一个是“人”的角度，一个是“事”的角度。“人”的角度需要了解员工的心理、特点并做出疏导，“事”的角度需要管理者和员工两方面做出方法的调整。下面我们再来看一个案例。请看投影。

又来了！

周一一上班，员工小王就来到李经理办公室。他见到李经理说，“经理，早，昨天晚上给你发了封邮件，是关于××工作的，问题是这样的，……，你看应该怎么办？”这是小王就这个项目第三次给他发类似的邮件了，前两次李经理花了不少时间给他提出了解决方法。小王经常是一遇到问题就找经理，而李经理也总是停下手头的工作来为小王解决问题，为此李经理还加了不少的班。

为什么会这样？作为经理，这一次该如何处理？

陈文成

我觉得这个案例的小王员工工作独立性太差，没有自己的思考，这方面需要好好改进一下。

李一飞

真是啥员工都有！刚才案例中的小张员工是一个“闷头雷”，你问啥啥也不说。这个案例的小王员工正好相反，把领导给“折磨”坏了！没事找领导汇报工作。相对而言，我更喜欢这个小王员工，至少员工积极主动汇报工作进展。

张晓菲

李经理，你这是在刷存在感。员工一不会干，你就冲上去，员工倒是喜欢你这样的领导。可是有没有想过，这种“折磨”领导的员工不就是我们领导给“惯”出来的吗？这个案例员工是有问题，我觉得管理者问题更大！

卢老师

张经理很犀利，分析很到位！我们在辅导中，会遇到各种各样的员工。这个案例的员工就很典型。作为管理者，一方面要培养员工独立思考、独立解决问题的能力；另一方面，管理者确实要反思我们的辅导方法是否有改进的空间。我们企业的管理者很多都是从技术/业务高手提拔而来，很多都是“专家型”选手，多少有点专家的心态。员工问个什么事，管理者也喜欢冲上去进行“专业指导”。大家还觉得特有成就感。问题是时间长了，员工逐渐形成了依赖性，有什么事都是“早请示、晚汇报”，而我们的管理者却越来越累，却还乐此不疲！

李一飞：卢老师说得很对！有的时候，看到员工在某一件事情上没有思路或不会做很痛苦的样子，就忍不住冲上去帮助员工，看来是帮了倒忙！

陈文成：有些员工真不会的，管理者也应该去帮助一下，不能一概而论。

张晓菲：帮忙是可以，但也要注意方法。对于这样的员工，管理者还是要提供思路和建议，而不是越俎代庖地帮他干了。

李一飞：那这样的员工，应该怎么辅导呢？

卢老师：我给大家介绍一个“猴子理论”。一个员工向领导来汇报“工作有问题怎么办”的时候，这个员工身上有一只需要照顾的“猴子”。如果领导自己将这事给干了，那只猴子就跑到领导身上了。

李一飞：这个理论有点意思！怪不得领导都这么忙，原来是背了很多员工的“猴子”！那该怎么拒绝“猴子”上身呢？

陈文成：我要是管理者，会这样回答：“你觉得该怎么办？”

李一飞：这个回答是可以阻止猴子上身，可是员工真要不知道该怎么办，那不是凉了员工的心？

卢老师：你可以这样来回答：“这会我比较忙，明天下午4点有一点时间。届时你再仔细琢磨了一下这个问题，先拿几个解决方案，到时我们一起讨论一下！”

张晓菲

嗯，这个回答比较妥当！一方面管理者没有回避员工的问题，要帮助员工解决问题；另一方面，还是要鼓励员工自己先去思考解决方案。

李一飞

我明白了，就是让员工给领导提供选择题，而不要给领导做问答题！

卢老师

是的。猴子管理讲究技巧！以后这类的问题，要从员工和管理者两个维度来解决问题：一是培养员工独立分析问题、解决问题的能力；二是管理者也要学会收手，不能大包大揽。

陈文成

卢老师，刚才的两个案例都非常好，也很典型。但是员工的情况多种多样、五花八门，我们作为管理者有没有一劳永逸的方法来给员工做绩效辅导呢？说实话，说完这个问题，我都觉得无厘头。如果有这样的“好”方法，估计部门管理也不是难题啦！

绩效辅导的最佳模型：情境领导

卢老师

其实陈经理的设问很好。管理虽然没有一劳永逸的方法，但是还是有规律可以去遵循的。我推荐一个特别好的辅导模型：情境领导*。这是著名的组织行为管理学大师保罗·赫塞博士和他的学生布兰查德博士在20世纪60年代联合提出的一个领导力模型，很适合管理者给员工做绩效辅导。

张晓菲

我之前在MBA班上《组织行为学》课程时，老师有讲到情境领导这个理论，很有名，好像属于权变领导理论的范畴。

卢老师

张经理学得不错。不过，情境领导可不仅仅是一个理论，更是一个行为模式，方便我们管理者去掌握和实践。保罗·赫塞博士还将其开发成一门《情境领导》的实战课程，风靡全球，这门课程也是世界500强企业经理人的必修课，国内很多知名企业也将其列为必修课。2003年，保罗·赫塞博士在中国亲自培训和认证了一批讲师，我有幸也是其中之一。

马清波

那太好了，我们公司每年有管理干部培训班，届时请卢老师给我们分享一下这门课程。情境领导的核心思想是什么呢？

卢老师

简单地说，一个管理者在管理团队时，不能用一成不变的方法，而要随着员工不同、情况不同采用不同的领导风格。用八个字概括，就是“因地制宜、因人而异”；用四个字概括，就是孔子的经典教育理论“因材施教”。

李一飞

那这样，管理者岂不是很辛苦？原来总说，让员工适应领导，现在是让领导来适应员工。员工情况千差万别，管理者这样多累呀！

卢老师

管理也是一种修行，管理工作丝毫不比业务工作容易。为什么管理者要根据员工的情况进行权变，我们打一个比方：钉钉子用什么工具最合适？肯定是锤子最合适；将一张大白纸弄成两半，裁纸刀或剪刀最合适。锤子可以将大白纸弄成两半吗？当然可以，但是效果就不如裁纸刀那么好。现实工作中，有的员工就像一枚钉子，有的员工就像一张大白纸，如果一个管理者只会锤子的工具，到处锤来锤去，对钉子的员工特别受用，对大白纸的员工不是不能用，但效果就没有裁纸刀那么好！

李一飞

我明白了。正是因为员工的不同，一个管理者有的时候要学会锤子的工具，有的时候需要用裁纸刀，有的时候需要用大棒，有的时候需要核武器。所以管理者得掌握十八般武器！

卢老师

那倒不用，管理者不需要掌握这么多武器，掌握四种工具即可：S1（告知式）、S2（推销式）、S3（参与式）、S4（授权式）。这就是赫塞博士通过大量的组织行为学研究得出的成果。情境领导模式，就是管理者根据工作内容，评估员工的工作准备度R1、R2、R3、R4，然后匹配对应的领导风格S1、S2、S3、S4。

张晓菲

那怎么表明领导风格和工作准备度是匹配的？

问得好！我的总结是：既把事搞定，也让人舒服点！ 凡是不匹配的，要么事情没有搞定，要么员工不舒服！所以这也是衡量绩效辅导好坏的金标准。

卢老师

张晓菲

很精炼！这也是老师之前辅导中说的“人、事和谐”？

没错！绩效辅导过程，最终都要从人和事两个维度入手。这两个维度都摆平了，就是好的管理！

卢老师

李一飞

太赞啦！马经理，建议你们人力资源部尽快安排卢老师给我们管理者培训一下《情境领导》课程，我要第一个报名。我们中的大部分管理者都是业务能手提拔的，业务能力还可以，但是管理方面都是自己在摸索。平时业务培训很多，管理培训还需要再加强。

马清波

没问题！难得李经理有这样的“觉悟”啦，我们将尽快安排！

（辅导会继续进行……）

【读书笔记】

- 绩效辅导：管理者通过给员工提供指导和启发，鼓励员工自我发展、发挥潜能，在完成绩效目标同时，提升员工的能力。
- 绩效辅导的好处：强化过程控制；帮助员工成长。
- 绩效辅导要关注人和事两个维度：

—核心：既把事搞定，也让人舒服点！

【参考资料】

* 情境领导：由组织行为学家保罗·赫塞于20世纪60年代早期创立，在1969年，保罗·赫塞与肯尼思·布兰查德共同提出了的情景领导理论。核心思想：管理者在管理团队时，不能用一成不变的方法，而要随着员工不同、情况不同采用不同的领导风格；用八个字概括：因地制宜、因人而异；用四个字概括：因材施教。

情境领导模式三部曲：

第一步：明确员工的工作任务和要求。

第二步：评估员工在该工作上的准备度：

✓ 准备度一（R1）：没能力、没意愿或不安；

✓ 准备度二（R2）：没能力、有意愿或自信；

✓ 准备度三（R3）：有能力、没意愿或不安；

✓ 准备度四（R4）：有能力、有意愿并自信。

第三步：领导者根据准备度的需要选择合适的领导风格：

✓ S1（高工作、低关系）告知式——进行具体指示和严格监督；

✓ S2（高工作、高关系）推销式——解释决策缘由并允许讨论；

✓ S3（低工作、高关系）参与式——共同讨论并协助其自行决策；

✓ S4（低工作、低关系）授权式——下放决策和实施权力。

5.4 绩效结果如何进行沟通？

故事导入

绩效目标沟通和绩效辅导沟通做得再到位，最终考核结果出来还是要面对员工，这个过程让所有经理们都很痛苦，大家都在期待卢老师放大招，能减轻考核结果反馈的痛苦。大客户部的李经理照例率先发言了……

绩效结果反馈流程

李一飞：卢老师，前面说的绩效目标沟通和绩效辅导沟通虽然有难度，但总体感觉还是可控的。可是绩效结果沟通，那是太难啦。一提起它我觉得头疼呀。尤其是考核排在末位的员工，不知道该怎么面对？

陈文成：我深有同感。考核结果出来跟员工沟通的时候，那感觉真是“五味杂陈”！比如与A档员工沟通的场景，就像《春天的故事》，和风徐徐；跟B档员工沟通，就像《晚秋》，温暖却透露出寒意；跟C档员工沟通，就像《冬雨》，透心凉！

张晓菲：陈经理文采飞扬，不愧是公司的“大秘”。说实话，C档员工沟通是真困难，确实个别员工做得不够出色，强制排名排在了末位，也是理所当然的。可是结果反馈时，反倒是我们经理像个“小媳妇”一样，小心翼翼地，好像是我们做错了事情一样。

马清波：各位经理们所虑极是。我们人力资源部收到了很多考核申诉意见，确实是末位员工申诉最多，也有些B档员工申诉。我们通过申诉调查发现，有的是管理者考核流程做得不到位问题，但更多的还是沟通问题导致。所以特别请卢老师辅导一下，考核结果沟通的技巧。我想各位经理们都特别期待！

卢老师：好的！绩效结果的沟通，也称为绩效反馈，确实比目标沟通和辅导沟通要难很多。毕竟现在很多组织内，绩效结果跟员工利益挂钩很紧密，员工很在乎。特别说明一下，绩效结果的沟通效果取决于前两次沟通的情况。如果目标沟通不到位、过程辅导沟通不及时，绩效结果的沟通往往也做不好！

李一飞：确实是这样。那绩效结果沟通要注意些什么呢？

卢老师：好的。请各位经理看下投影附图。这是绩效结果沟通的流程图。按这样的流程开展绩效结果沟通，方便管理者去实践。

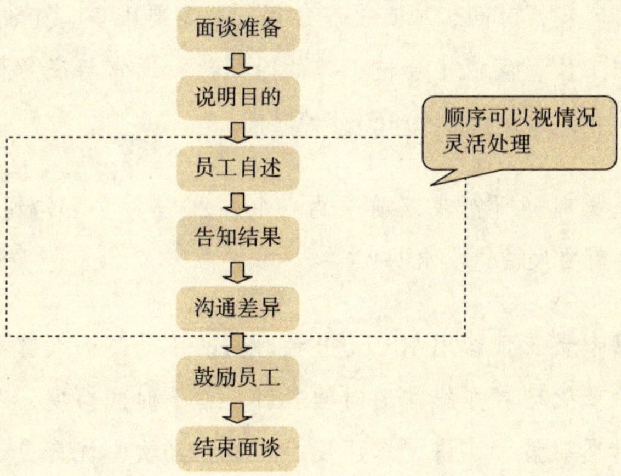

李一飞：这个反馈流程倒是很清晰。中间步骤顺序可以调整是什么情况？

卢老师：管理者告诉员工考核结果时，可以让员工先说考核周期内的表现，然后管理者告知结果，双方再进行沟通；也可以直接告知员工考核结果，请员工讲讲自己的想法，双方再进行沟通。

李一飞 那我可能喜欢第二种情况，直接告诉员工考核结果，看员工的反馈情况再沟通。既然结果出来了，直接反馈给员工，也别让员工去猜。

陈文成 我倒是倾向于第一种，让员工自己先总结反思一下绩效表现，再告诉他结果。也可以评估每个人对自己的认知情况。

张晓菲 我觉得这个顺序没有关系，还是看员工特点。这个流程第一步是面谈准备，看着这阵仗很大呀？具体要准备什么呢？

绩效结果反馈要做好哪些准备？

卢老师 因为绩效结果沟通难度不小，所以沟通前要准备充分，不打无准备之仗！准备内容包括时间、地点、座位等，都需要准备。先说沟通时间，最好选择非工作时间或不会被干扰的时间段，通常年底考核结果沟通时，要为每个员工预留出40~60分钟时间。

李一飞 要留这么久的时间呀？我以前平均一个人20分钟左右沟通完。另外，优秀员工也需要反馈这么久吗？

卢老师 首先，为每个员工预留出40~60分钟时间，不是每个人都要沟通这么久，而是希望管理者在排沟通时间表时，留下时间裕度，避免为赶时间而牺牲沟通质量，该讲的东西没有讲透。其次，优秀员工不代表可以少花时间沟通。有时，这些员工更希望得到管理者的认可和鼓励，也希望与管理者聊聊职业发展。所以建议分配给员工的沟通时间最好充分和均匀些。

李一飞 明白啦。那沟通地点方面有什么注意的呢？

卢老师

沟通地点通常建议在单独的办公室或会议室里面。如果条件许可，也可以去到公司的休闲区和咖啡间等，周围不要有其他熟悉的人，一般是一对一进行沟通。

李一飞

能不能节约点时间，采取一对多沟通呢？

卢老师

如果是平时的考核结果沟通，可以采取部门例会、考核回顾会等形式做一对多的反馈，但是年底的综合考核沟通，涉及排名和综合应用等问题，所以通常建议是采取一对一沟通，而且这个考核沟通结果在很多单位是需要员工签名的。

李一飞

明白了。沟通的时候座位的位置还有要求吗？

卢老师

是的。座位是很有讲究的。请看投影附图。问各位经理一个问题，图上管理者和员工的座位位置关系，有三个选择，你会怎么选择？

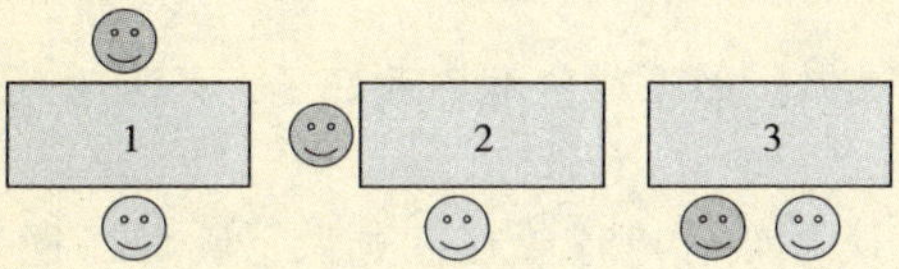

李一飞

哇！这也有讲究？我之前没想那么多，一般就按照第 1 种座位分布和下属面谈。

张晓菲

我选第二种。

陈文成

我选第三种。

卢老师

呵呵，看来还有些分歧！如果是绩效目标沟通和绩效辅导沟通，管理者和员工的座位位置倒不重要，但是绩效结果沟通，难度比较大，容易产生对抗，所以座位位置还是有讲究的。我们推荐图中 2 号位或 3 号位沟通，不建议 1 号位沟通。问大家一个问题，1 号位沟通方式在哪些场合见过？

张晓菲

甲乙双方谈判和面试。

陈文成

两国的双边会谈。

李一飞

审犯人！

卢老师

哈哈！大家说得都对！1号位一般见诸于很正式的场合，容易产生对立或对抗的情绪。2号位和3号位不仅拉近人与人之间的物理距离，也容易拉近心理距离，这样可以降低沟通的难度。

张晓菲

是的。有时候人与人的沟通，非语言信号比语言信号还能透露出更多的信息。比如，有时候跟某个人沟通，可能还没有开始讲话，就感觉这个沟通氛围不大对，最后这个沟通效果也不好。

卢老师

是的。这就是沟通中“场”的概念。好的沟通需要营造好的“气场”，否则沟通会很费劲。我们前面说的沟通时间、地点、座位布局等都会影响沟通“气场”。

李一飞

看来这沟通还真讲究！如果这些准备做好了，是否可以直奔主题呢？

卢老师

还不能着急！面谈开始时建议管理者先做下暖场，也是我们常说的寒暄。比如沟通开始前，先不谈工作，慰问一下员工的辛劳，或者聊聊下属感兴趣的话题，如新闻、家庭或健康等话题。但是切记：管理者暖场时要把握好度，也不能“暖”过头了。我有一个客户的管理者在40分钟沟通时间里，给员工“东扯西拉”了30分钟，这样有效的沟通时间不足。所以一般建议暖场的时间控制在5~10分钟以内。

李一飞

呵呵，还真是这个问题。有时候，一些员工不好沟通，管理者容易出现“迂回”的情况，这样确实本末倒置了。还是要直面问题。其实面谈准备就是为了营造一个良好的沟通氛围，鼓励大家敞开心胸、畅所欲言！那正式谈的时候，应该怎么入手呢？

开始正式面谈

做好准备工作后，接下来我们就开始正式面谈了，这时通常建议先说明一下面谈的目的。话术请看投影：

卢老师

说明目的

今天我们面谈的目的是一起回顾一下你这一年的工作情况，希望我们彼此有一致的看法。一方面肯定你的优点，另一方面也看看有哪些地方需要继续努力。希望通过这次面谈，能让我们共同合作完成工作目标，同时也使你在公司有更好的发展。

李一飞

嗯，这个导入词说得不错，四平八稳的，我得将它们背诵下来，以后每个员工面谈都这样开头！

不同的员工可以有些差异，但是大致的意思如上表达。这些话术都是我们在咨询辅导实践中总结出来的，大家可以在此基础上做一些优化。回头我将其他的话术模板通过人力资源部发给大家参考。

卢老师

张晓菲

太期待啦！以前我们自己净在那里瞎琢磨，有了话术模板，这样可以让我们少走很多弯路。

是的。管理者在正式场合跟员工沟通的内容，最好一次讲到位，不然"覆水难收"啊。

卢老师

李一飞

卢老师，按照您前面说的结果反馈流程，如果采取先告知结果，后让员工自述的顺序，一些不好的考核结果有时管理者不太好开口，有什么好的建议呢？

张晓菲

丑媳妇也要见公婆呀！实事求是说就好了。

是的，准备好了，就要如实告知员工考核结果，不要怕。当然，告知结果的过程也需要讲究点策略。首先，告诉员工本次考核结果和考核流程，有数说数、有事说事。其次，用汉堡原则讲述一下员工的优点、不足和对未来的期待。

卢老师

李一飞

这个汉堡原则是否也叫三明治法则？我之前参加公司培训时听说过的。

是的，汉堡原则（Hamburger Approach）是美国著名企业玫琳凯的创始人Mary Kay提出来的。请看投影附图。流程是：先讲员工的优点，再指出员工的不足、提出改进建议，最后的落脚点是展望未来、设定新目标，并以肯定方式结束面谈。

卢老师

李一飞

这个三部曲比较好，员工听起来也会舒服一点。那告知完结果，员工一般都有话要说，这时管理者要注意什么呢？光带着耳朵听？

呵呵，光听还不行，还必须是同理心的倾听！

卢老师

张晓菲

同理心就是站在对方的立场、换位思考、设身处地？

没错！倾听也是很有讲究的。员工在讲的时候，管理者要用心去听，站在他的角度去分析。不要轻易打断员工的发言，要鼓励员工讲出真实想法。

卢老师

李一飞

但是有些员工一讲起来，可是没完没了、东扯西拉的。那是否也要引导一下呢？

是的。根据我们的经验，管理者告知员工考核结果后，员工会有很多种情况：有的员工是兴高采烈，有的是愤愤不平，有的是沉默寡言，有的是滔滔不绝。所以管理者这时要适度引导员工的情绪，讲出自己的想法。

卢老师

如果员工对考核结果不认同怎么办？

李一飞

那如果员工对考核结果特别不认同，怎么办？

陈文成

嗯，尤其是考核在末位的员工，最不好沟通了。你说他考核结果不好吧，他还总扯出别人怎样怎样的。

是的。你们说的这个环节是绩效结果沟通中最难的，我们称它为“沟通差异”，往往出现在实际考核结果低于员工预期的时候。这个差异越大，员工会越觉得不公平，情绪波动也特别大。消除这种差异，功夫在平时，尤其是前两次沟通要做好！

卢老师

张晓菲

这个有道理！期初绩效目标达成共识，过程绩效辅导到位，考核数据和事实清晰，员工对考核结果的认同度自然也很强。

是的。管理者不能指望通过一次结果反馈将一年积累的问题全清零。要管控好考核结果的分歧，我提几个具体建议：第一，管理者要控制好自己的情绪。有时管理者因为员工对考核结果提出质疑或举证一些你认为是“瞎扯”的事实而火冒三丈。这时需要冷静，听一下员工的理由，也许其中就有合理的意见。第二，从相同点开始，再讨论分歧点。不要员工一提出意见，就急于反驳。沟通的基本法则是“求同存异”，这样更容易去解决问题。第三，重点要引导员工把关注点放在他们的绩效表现及与目标的比较上，而不是与别人的比较上。

卢老师

李一飞

嗯嗯，老师的建议很好，尤其是第三点，引导员工关注自己的绩效表现与自己目标的比较，而不是与其他人的比较。因为人与人之间，岗位或目标都是不同的。这样矛盾就在前面的绩效目标的沟通。

对的，这也是我们反复强调“目标沟通很重要”的原因。

卢老师

马清波

我站在人力资源部角度给各位经理们提一个意见哈。一些员工对考核结果不满意申诉到我们人力资源部，我们在调研当中，发现很多经理将员工考核结果不理想的责任“甩锅”给我们人力资源部。说什么“大家都很优秀，但是人力资源部给我们的优秀名额有限，所以你只能是这个考核结果”！

陈文成

抱歉哈，马经理！这个锅我确实也甩过。我们公司现在推行的正态分布，道理上我也接受、也理解。但是我们中后台部门员工表现跟各自目标比，肯定也是有差异的，只是这个差异没有像前台部门员工之间差得那么大。有时候这个员工评了A档，名额没了，其他员工也只有B档。所以跟员工沟通我们确实得找个台阶下，哈哈！

这个也算常见的，之前我们在公司人力资源部时，也没少被“甩锅”过，就是别太过了，这样容易“拉仇恨”。管理者还是要实事求是地讲清楚公司的考核规则、正面意义，给员工说明考核结果出台的过程，尤其是给员工强调：这个考核结果代表这一次，不代表永远，希望员工下次取得好的考核成绩。管理者沟通有诚意、面谈有技巧，很多员工还是能理解和认同的。

卢老师

李一飞

那最后结束怎么面谈呢？考核结果需要员工本人签字确认吗？

结束面谈时，一方面总结面谈的要点，更重要的是要鼓励员工提出新的方向和目标，肯定员工在上个考核周期工作付出的同时，给予其信心和指明下一步努力的方向。沟通结果是否要管理者与员工双方签名，看每个公司的具体做法。我们很多客户都要求沟通时留有纸面签字记录或者信息系统的记录。

卢老师

李一飞：如果员工就是不认同考核结果、不签字怎么办？

卢老师：如果是纸质流程，员工签字栏我们通常增加一句备注："该签名不代表你认同考核结果，代表你已知晓该结果"。员工如果不认同考核结果，可以启动考核申诉的流程。

李一飞：嗯，这个倒是挺好，但要是员工就是不签字怎么办？

卢老师：呵呵，这样的员工还真有。这时候领导可以代签，并写上何时告知员工考核结果、员工拒绝签名等事项。如果条件允许，管理者也可以邀请人力资源部员工等第三方来见证考核结果知达的过程，并请第三方代为签字。

李一飞：方法是真多！

卢老师：如果是上了考核信息化系统，签字流程还可以更加简化。这边考核结果一出来，马上系统会自动给员工发送考核结果通知，员工只要打开、看到考核结果，系统将自动帮助员工签名。如果员工不认同考核结果，可以启动考核申诉的电子流程。

马清波：这个信息化真好，使得考核流程更加透明、考核痕迹保留下来、信息流转速度更快。以前的时候我们有些管理者搞背靠背考核，把对员工的考核结果直接报给我们人力资源部，根本就没有告知员工，更没有沟通。员工是过了半年通过别的渠道才知道自己的考核结果，才开始投诉的。这样的考核还有什么意义呢？

卢老师：没错，有了考核信息化系统，可以促使管理者在考核时更加规范、组织的考核流程更加敏捷。但是信息化不能代替管理者与员工的线下沟通。

马清波：卢老师提醒得很对！

（辅导会继续进行……）

【读书笔记】

- 绩效结果面谈的流程：面谈准备→说明目的→员工自述→告知结果→沟通差异→鼓励员工→结束面谈。
- 汉堡原则：

  —肯定优点；

  —指出不足，提出改进建议；

  —展望未来，设定新目标，以肯定方式结束面谈。
- 管理者不能指望通过一次结果反馈将一年积累的问题全清零，功夫在平时。
- 管控好结果反馈的分歧，建议：

  第一，管理者要控制好自己的情绪；

  第二，求同存异，从相同点开始，再讨论分歧点；

  第三，重点要引导员工把关注点放在他们的绩效表现及与目标的比较，而不是与别人的比较。
- 信息化不能代替管理者与员工的线下沟通。

【沟通话术】

- 让我们一起来看看今年设定了哪些绩效目标？哪些是关键目标？
- 请你谈谈今年的绩效完成情况，亮点和不足在哪里？
- 很高兴你取得了这么好的成绩。
- 我真高兴有你在我们团队里。
- 今年你业绩不够理想，感到挺惋惜的。
- 你对统计出的业绩数据有异议吗？
- 请谈谈今年你的进步和不足吧。
- 你认为业绩好/不理想的原因是什么？

- 在哪些方面还有改进/提升的空间?
- 是否可以考虑尝试一下这个方法?
- 部门内优秀员工的绩效目标是怎样完成的？有哪些可借鉴的地方?
- 对下阶段的工作有什么想法和建议?
- 有什么困难？需要什么资源和支持?
- 你感觉哪方面的能力需要进一步提升?
- 你认为我们可以用什么方法来提升这方面的能力?

【沟通模板】

- 让我们总结一下，今年你的绩效分数是________，绩效等级是________，在________方面取得了较好的业绩，在________方面业绩不太理想，需要加强方面的工作。
- 让我们明确一下，下个考核周期你的绩效目标是________，工作重点是________，我们将采取的措施是________，我将在________方面给你提供帮助和支持。
- 关于你的能力发展，我们确定下季度需在________方面进行重点提升，达到的目标，提升的方式是________，希望我们共同努力来完成。
- 关于面谈中谈到的需要下去协调和落实的问题，主要有以下________方面。我会在________时间前将协调落实的情况反馈给你。
- 你看还有什么需要补充的?
- 如果对这些要点没有异议的话，我们将结束这次面谈。
- 如果对考核结果有异议，请向________提出。
- 谢谢你在面谈中的理解和配合，我觉得这次沟通非常有价值，我对你有信心，我愿意尽我的力量来帮助你，希望我们共同努力，取得更好的绩效。
- 如果在以后的工作中有什么困难或者建议，可以随时找我沟通。

5.5 如何进行绩效发展面谈（PDI）?

故事导入

在学习了绩效结果反馈的流程后，客服部的张晓菲经理总感觉还少点什么，所以她赶紧提出了自己的困惑……

什么是绩效发展面谈（PDI）?

张晓菲：卢老师，第三次绩效沟通，也就是绩效结果的反馈，管理者除了给员工反馈考核结果外，还可以做些什么事情呢？

卢老师：张经理的问题很好！绩效结果面谈，除了告诉员工考核结果外，还有一项重要的事情，就是管理者要帮助员工做职业发展规划和能力提升，这个过程我们称之为Performance Development Interview，简称为PDI，也就是绩效发展面谈。

张晓菲：那这个PDI多长周期做一次呢？每次考核都需要做这个流程吗？

卢老师：那倒不用。PDI通常是在年度考核或半年度考核这种长周期、综合考核结束时才去做的。日常的月度或季度考核一般不建议做PDI流程。

张晓菲：这倒也是的。能力的提升和变化短周期内不会太明显。那这个PDI流程应该怎么执行呢？

PDI流程：GROW模型

执行PDI流程，我们推荐一个非常好的GROW模型。请大家看下投影附图。

卢老师

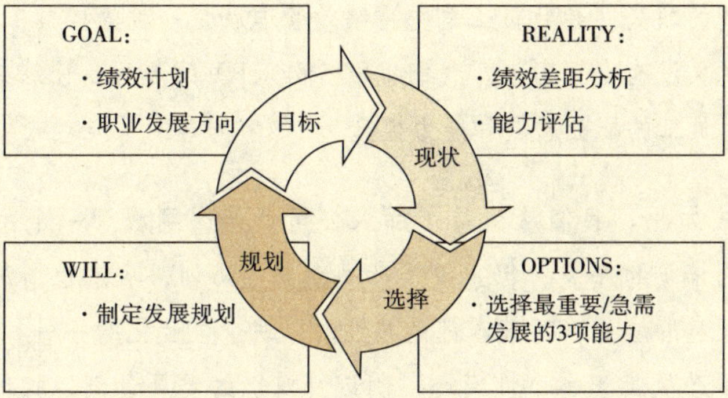

张晓菲

GROW这个单词本身也是“成长”的意思，这个模型意义很好、也好记忆！

卢老师

是的。GROW模型中：第一步，G是Goal（目标），管理者与员工先共同设定员工的绩效目标和职业发展方向；第二步，R是Reality（现实、现状），管理者和员工一起分析当前该员工的绩效现状与绩效目标计划的差距，并且给员工做本岗位胜任能力的评估；第三步，O是Options（选择），结合前两个步骤的分析，引导员工选择需要进行业绩改进的方面或急需发展的3项能力短板；第四步，W是Will（未来规划），管理者根据员工业绩改进方向和能力短板，与员工一起制订个人发展规划IDP（Individual Development Plan），指引员工下一个周期的工作。

张晓菲

这个PDI流程很棒！通过GROW模型，帮助员工识别能力短板和需要提升的方面，并且给员工制订职业发展规划。这样绩效管理给员工的感觉，不仅仅是考核员工，更重要的是发展员工。员工能力提升，带来组织业绩的提升；而组织业绩的提升，又能带动员工的成长。这是组织和员工的相互成就！这才是双赢！马经理，我建议咱们人力资源部在年度考核中应该尽快增加PDI的流程。

马清波

是的。上次我和王总参加卢老师的公开课，很受启发。我们在调研中发现，员工对绩效管理负面的情绪颇多，加上管理者在绩效管理全流程各环节的缺失，导致员工总觉得绩效管理就是一种管控员工的手段，其正面意义没有发挥出来。我们也准备引入PDI的流程，让绩效管理更好去牵引员工的职业发展和能力提升。

李一飞

确实应该如此。我们从新员工加入公司开始，到成为一个团队管理者，公司培训也不少，但主要是产品业务类培训，后来也增加了一些通用管理类的培训，可基本都是共性的，缺少个性化的指引。如果PDI流程能帮助员工识别个性问题、制订针对性的发展计划，相信可以精准、快速地帮助员工提升。之前的培训是上大课，现在PDI就是“开小灶”啦！

马清波

李经理说得很形象！PDI流程就是针对员工做的个性化提升方案。卢老师，我这里有一个具体问题：PDI需要识别员工能力短板，是否需要事先建立起每个岗位的能力模型，并组织360度的评价过程？

卢老师

是的。管理规范的企业应该要建立起基于岗位的胜任能力模型或任职资格体系，或者至少针对关键岗位，如一线销售、研发、管理者建立能力模型。如果按照我们前面设计的综合考核框架方案，评价过程不需要单独组织，可以共用年度KCI（关键素质能力）的考核流程。KCI的量表是基于岗位能力模型设计，考核一般就是360度评价，这样考核结果出来就可以识别员工的能力短板。

马清波

嗯，那这样就方便了很多。年度考核结果出来的时候，既可以得到员工的考核分，也可以分析员工的业绩弱项和能力短板，直接在考核结果反馈后同步做PDI流程。

PDI一般还是单独时间做比较好。因为考核结果反馈花的时间比较多，而且侧重于过去的评价和回顾。

卢老师

个人职业发展规划（IDP）

马清波

明白了，PDI要输出员工个人发展规划（IDP），这个IDP有模板吗？

有的，大家请看投影附图。这是一家公司的IDP模板，大家可以参考一下。

卢老师

XX公司员工职业发展规划书

（ 年 月－ 年 月）

一、下阶段职业发展目标：

目前定位	职业发展通道：软件开发	职位：______	职级：T2	子等：基础等
发展目标	职业发展通道：软件开发	职位：______	职级：T2	子等：普通等

二、个人能力分析：基于上期的绩效考核成绩和职业发展目标，参考所在通道的能力模型、能力要素，确定半年内急需提升的3项能力

能力项		现状及期望达到的目标
1	提升WinCE的开发能力	现状：具备WinCE上开发项目的能力，基本问题都能解决。 目标：了解WinCE发展动态，关注与手机终端开发密切相关的主题，深入了解WinCE平台，希望在以后的项目中，能够更优化，更简洁地完成任务，同时希望自己的所学，能够给其他同事带来价值。
2	掌握Symbian开发	掌握symbian网络开发技能,能处理较为复杂的网络连接服务及异常状况的处理 深入掌握symbian平台上的内存管理,在如何尽量小的占用内存方面有切实的方法 掌握symbian平台的GUI的设计和常用的编程方法.掌握symbian平台的中断处理.
3	整体把握项目业务	写PPT对斗地主/升级/五子棋这三款游戏进行系统结构.核心算法.平台差异方面的介绍,并在终端开发组内分享

三、个人职业发展规划：针对提升以上能力拟采取的策略及行动计划

策略	行动计划	实施时间	落实所需相关部门/人的支持
工作实践：通过完成有挑战性的工作，如主动承担挑战项目，大会发言、课程讲授，参加高阶会议等方式激发潜能，提升专业和综合能力；			
知识学习：通过参加课堂学习，利用在线学习、读书等方式学习知识和技能；	通过官方网站、购买图书，网上平台选课。	08.10-09.3	请登录网上平台查询开课情况、进行报名： 建议面授课程的学习每半年不超过3门；
导师辅导：通过接受导师辅导，或辅导他人，提升专业能力及个人影响力；	在symbian方面设定导师	08.10-09.3	
轮岗锻炼：通过转换岗位，从事不同工作，提升换位思考、全局视野等综合能力；	学习Symbian的开发,Symbian开发跟WinCE很相似，可以做下Symbian的事情。	08.10-09.3	
其他方式	在终端兴趣小组内进行一次wince的开发技术的分享	09.1	

特别提示：员工应对以上计划的具体实施情况、时间进行记录（也可以是未列入计划但基于个人发展的其它事项。），以便日后进行总结。；

员工签名：　　　　直接上级签名：　　　　日期：

李一飞

嗯，这种形式真的很好！如果我们当初做员工时，有这样的流程，我们的职业发展可以少走很多弯路。卢老师，我有一个问题，PDI流程应该是管理者来发起的吧？如果这样，管理者需要给每个员工制订IDP，都是个性化的，应该很累吧？

卢老师

那是必须的！前面辅导中我们反复强调，管理的任务是两个维度，一个是“人”，一个是“事”。管理者组织员工完成事情是一方面；另外还要培养和发展员工。而员工成长了，更能促进事情的完成。这也是管理者的价值和责任所在。

马清波

我想李经理可能关心的是PDI的工作量问题。卢老师，是否有快速的方式来提高PDI的效率呢？如果有信息化系统更好。

卢老师

还真有这样的信息化工具，不仅仅可以完成平时的月度/季度考核的绩效管理PDCA全流程，还可以执行360度能力测评和PDI流程。首先，配置岗位的能力模型、能力要素、测评量表。如果是业内共性的岗位，还可以直接引用能力模板修改。第二步，半年或年底时，基于岗位能力模型启动360度评价，输出员工能力报告，识别员工的能力短板。第三步，根据员工能力短板制作员工职业发展规划IDP，可以与公司现有的学习资源模块进行对接。比如为该员工设定个性化的课程学习方案，定期提醒员工开课消息，促进员工的学习等。

马清波

嗯，这样的系统很好。可以很好地将岗位管理、绩效管理、学习发展结合起来。而且可以将管理流程标准化，提高流程效率。回头请老师推荐一下系统工具！

卢老师

好的，没有问题！

（辅导会继续进行……）

【读书笔记】

- 绩效发展面谈PDI（Performance Development Interview）是指直线经理在考核结束之后就员工的改进与发展，与员工之间进行的正式面谈。
- PDI流程，推荐用GROW模型：

  第一步，G是Goal（目标），设定员工的绩效目标和职业发展方向；

  第二步，R是Reality（现实、现状），分析员工的绩效现状与绩效目标的差距，做本岗位胜任能力评估；

  第三步，O是Options（选择），引导员工选择需要进行业绩改进的方面或急需发展的3项能力短板；

  第四步，W是Will（未来规划），根据员工业绩改进方向和能力短板，制订个人发展规划IDP（Individual Development Plan）。
- 绩效管理给员工的感觉，不仅仅是考核员工，更重要的是发展员工。员工能力的提升，带来组织业绩的提升；而组织业绩的提升，又能带动员工的成长。这是组织和员工的相互成就！这才是双赢！
- PDI最后需要输出员工的个人发展规划IDP，为员工制订个性化的学习和发展计划。

5.6 员工考核申诉怎么处理？

故事导入

人力资源部经理马清波每年要处理很多员工关于考核结果的申诉，不堪重负，所以他迫切希望得到专家的指点，跳出“苦海”……

可以赋予员工考核结果申诉的权利吗？

马清波：卢老师，如果员工对考核结果不满意，是否可以进行申诉？

卢老师：当然可以，而且要在绩效管理制度中明确赋予员工考核申诉的权利。管理者有考核员工的权利，员工也要有考核申诉的权利，这是对等的。你们现在的制度有考核申诉的流程吗？

马清波：实不相瞒，现在制度中没有明确这块的内容。有些员工对于考核结果不满意，一般是找管理者的上级反映，有些也会直接找我们人力资源部来申诉，我们也是一事一议。我们有一个顾虑，如果在制度中明确了员工考核申诉的流程，是否会导致考核申诉比例大幅度提升？部门管理者和我们人力资源部可能会不堪重负呀？

卢老师：短期看，申诉率可能会提升；长远看，申诉率肯定是下降的。

马清波：哦，愿闻其详！

卢老师

我们分析一下员工为什么会进行考核申诉？通常是觉得考核结果不公平。而不公平感是怎么产生的？往往是员工实际得到的考核结果低于预期考核结果时，才会觉得不公平，才会引发员工的考核申诉。而且，如果实际考核结果比预期低得不多，一般人都不会申诉；只有差别很大时，才会申诉。那为什么会产生很大的预期差异，主要问题还是出在期初的目标设定和中间的过程管理没有做到位，功夫在平时！我们在制度中明确员工考核申诉的权利，其实是提醒管理者要慎用好自己的考核权，不要随心所欲、马马虎虎、上有政策下有对策。管理者如果能真正将绩效管理的PDCA循环各环节做到位，员工对考核结果的认同度自然会提高，申诉率肯定会下降！

张晓菲

我同意卢老师的观点！我们不能怕员工申诉，而不去在制度中明确员工考核申诉的流程。不破不立，只有面对问题，才能解决问题！

考核申诉流程怎么设计？

马清波

那这个申诉流程该怎么设计呢？员工向谁来申诉？管理者、上级领导还是HR？

卢老师

公司的绩效制度中要明确设立考核委员会，委员会下设考核工作小组。如果是集团级的单位，要设两级考核委员会（公司级和分子公司级）和相应考核工作小组。通常考核小组都是HR牵头。所以员工的申诉通常是由绩效专员或HRBP来受理的。因为员工的考核结果往往是管理者和上级领导共同协商过的，如果要改变这个结果，这时通过第三方更正式，而且这个过程也是在给管理者减压，避免管理者与员工的直接冲突。申诉流程可以根据组织规模大小，设计成一级或两级申诉。如果只有一级申诉，申诉处理意见将是最终意见。如果是两级申诉，第一级申诉意见反馈后，员工可以提出二级申诉，二级申诉将成为最终意见。

马清波

我们HR接到员工申诉后，该怎么处理？

HR要分别找员工、管理者双方沟通，这个过程叫申诉调查。申诉调查处理意见要先反馈管理者及其上级，最后反馈给员工。

卢老师

考核申诉率可以与管理者的考核挂钩吗？

马清波

卢老师，员工的考核申诉率是否可以跟部门管理者的考核挂钩？这样可以促使管理者做好绩效管理全流程。

李一飞

马经理，这个不合理吧。有些员工本来就有问题，他们一申诉，我们就要“背锅”，这不合理吧。

呵呵，李经理的担忧是有道理的。确实有很多公司会将考核申诉率跟部门管理者的考核挂钩。但准确地说，应该是考核申诉调整率，而不是申诉率。

卢老师

马清波

明白了，考核申诉调整率是指员工申诉后，经考核委员会调整考核结果的比例。这个确实比考核申诉率更合理，更能精准反映出管理者在考核中的责任。

李一飞

嗯，这还差不多！不然，这管理者太不好当了。

马清波

李经理也不要过虑。根据我们之前的考核申诉处理意见，最后调整考核结果的比例还是很低的。很多时候我们申诉调查后，发现管理者和员工双方都有问题的，基本上还是尊重了管理者的原始考核意见。否则让管理者情何以堪？只有那些太离谱的管理行为才予以纠正。

看来马经理你们人力资源部门的处理方式还是“很艺术”的。不过，即便是没有改变原始考核结果，还是要将申诉调查中发现的问题及时反馈给管理者，这样可以促使管理者更好地做好绩效管理全流程。

卢老师

马清波：确实应该这样，这个申诉过程也可以走信息化系统吧？

卢老师：当然，好的绩效信息化系统都有标准的申诉处理流程，这样可以留下考核痕迹。

李一飞：哎呀，想一想，这管理者真不好当呀。一方面要准确考核员工，还要让员工没有什么意见；即便是有意见，申诉调查还不要有太多责任。

张晓菲：李经理在这里大发感慨！做管理确实比做业务要难，跟人打交道很不容易。公司现在推行管理和专业“双通道”并行，要不然李经理再做回你的业务高手？！

李一飞：那算了吧。我还是接受挑战、做好管理者！毛主席说过：与天斗、与地斗，不如与人斗，其乐无穷！

（会场发出了会心的笑声，辅导会全部结束……）

【读书笔记】

- 管理者有考核员工的权利，员工也要有考核申诉的权利。
- 制度中赋予员工考核申诉的权利，短期看，申诉率可能会提升；长远看，申诉率肯定是下降的。
- 员工实际得到的考核结果低于预期考核结果时，才会觉得不公平，才会引发员工的考核申诉。
- 公司绩效制度中要明确设立考核委员会，委员会下设考核工作小组来受理员工考核申诉；集团级企业可以设立两级申诉机制。
- 可以将考核申诉调整率与管理者的考核挂钩，以促使管理者做好绩效管理全流程。

后　记

故事导入

绩效辅导会全部结束，人力资源部经理马清波带着卢老师，又来到糖人通讯副总经理王亚洲的办公室，展开了这样一场承上启下的对话……

王亚洲：卢老师，太感谢您了！这几次辅导会的效果特别好！每次马经理都给我进行了专题汇报，通过您专业和细致的辅导，不仅完善了我们现有的绩效管理制度，更重要的是帮助各级管理者提高了对绩效管理的认识，学会了绩效管理的工具。近期好几次的公司总办会议中，公司其他领导还说，发现我们公司这些中层干部的精神面貌都有变化，说话办事更有章法、更职业化了！还问我是不是对他们实施了什么魔法？哈哈！那还是感谢卢老师的辅导功劳！

卢老师：感谢王总赞誉！这不全是我的功劳。首先，还是贵公司的经理们很好学、也很开放，愿意打开心扉、直面问题，愿意做出改变，这是前提。否则我们永远叫不醒一个装睡的人。其次，这次我们用到的辅导方法，比单纯的培训效果要好。俗话说：授之以鱼不如授之以渔。

王亚洲：确实如此！后续卢老师对我们公司绩效管理体系建设方面还有什么好的建议呢？

卢老师：提几个建议供参考哈！第一，优化现有的绩效管理制度，包括组织绩效和员工绩效制度，有些方面确实需要打一些补丁；第二，构建绩效管理全流程PDCA循环，重点放在一人一表和三次沟通；第三，适时上线绩效管理的全流程信息化系统，固化绩效制度和流程，增加考核的透明性，也是为管理者和HR减负；最后，也是最重要的，加强对各级管理者关于人力资源管理能力和带队伍能力的培训，贵公司技术/业务干部很多，公司也有责任帮助大家去转型。

王亚洲

卢老师的建议非常中肯！这些确实也都是我们急需优化的。马经理，请记录下来，列个时间表，我们来逐个落实。卢老师，我还有一个想法，不知是否合适？

王总请说！

卢老师

王亚洲

第一次辅导中，您提到的人力资源3P天平模型对我启发很大。这是一个非常好的人力资源管理顶层设计框架。我最近一直在思考人力资源全盘的问题，发现仅仅是靠绩效管理，不足以解决人力资源所有问题。

王总说得没错，人力资源是一盘大棋！就如天平模型所说的，岗、绩、薪三者的关系：岗位管理是基础、绩效管理是核心、薪酬激励是根本！三个模块需要有机联动才能激活组织的人力资源。我们有时让绩效管理一个模块背负了太多的责任。

卢老师

王亚洲

是的！我们公司是一个国企，还有很多其他企业没有的特殊情况。我最近有一个想法，想邀请卢老师，担任我们公司的人力资源顾问，不仅仅辅导我们的绩效管理体系，也希望您来辅导我们人力资源其他模块的问题，同样采取类似辅导的方法，不知卢老师意愿如何？

感谢王总信任！我个人也很荣幸。通过这几次辅导，我对贵公司越来越熟悉，与马经理和其他经理沟通得非常愉快。而且教学相长，我也希望我的实践研究，能深入到一个企业中，带来帮助，我也与贵公司一同成长！

卢老师

王亚洲

太好了！感谢卢老师愿意继续担任我们的辅导顾问。我届时请马经理具体策划一下第二阶段的辅导范围和计划，再联系您！期待很快能再次见到卢老师！

一定会的！

卢老师

（未完待续……）

绩效管理
交流圈

感谢您阅读本书！

为方便与读者进一步交流，作者特意创建一个绩效管理交流圈。加入圈子，您可以获得如下权益：

- **加入微信群**
  我们按照行业和地域两个属性建立读者微信交流群。群中您可以与作者交流、与群友分享，认识更多朋友。

- **参加线下公开课**
  作者每年在全国主要城市举办十余场线下公开课，圈友报名可享受九折优惠权益。

- **参加线下管理沙龙**
  作者每年在全国主要城市举办线下沙龙或签名售书会，圈友可以免费参加。

- **收看线上直播和微课**
  作者不定期有线上直播或微课，开课信息将通过圈子微信群或微信号【HR易】发送。

- **阅读最新文章和下载管理资料**
  作者在微信号【HR易】发布最新管理文章、上传课件资料，欢迎阅读和下载。

加入圈子步骤

1. 请扫码加微信，并备注：实名＋单位＋省市＋行业；
2. 作者邀请加入微信群。

分享
学习
成长